Die Bonus-Seite

Ihr Vorteil als Käufer dieses Buches

Auf der Bonus-Webseite zu diesem Buch finden Sie zusätzliche Informationen und Services. Dazu gehört auch ein kostenloser **Testzugang** zur Online-Fassung Ihres Buches. Und der besondere Vorteil: Wenn Sie Ihr **Online-Buch** auch weiterhin nutzen wollen, erhalten Sie den vollen Zugang zum **Vorzugspreis**.

So nutzen Sie Ihren Vorteil

Halten Sie den unten abgedruckten Zugangscode bereit und gehen Sie auf **www.galileocomputing.de**. Dort finden Sie den Kasten **Die Bonus-Seite für Buchkäufer**. Klicken Sie auf **Zur Bonus-Seite/Buch registrieren**, und geben Sie Ihren **Zugangscode** ein. Schon stehen Ihnen die Bonus-Angebote zur Verfügung.

Ihr persönlicher **Zugangscode**

kz68-bjvf-c3w2-mn5u

Anja Ebersbach, Markus Glaser, Radovan Kubani

Joomla! 1.6 für Einsteiger

Galileo Press

Liebe Leserin, lieber Leser,

wenn Sie ein einfach zu bedienendes Content-Management-System suchen, liegen Sie mit Joomla! genau richtig. Zahlreiche erfolgreiche Websites zeigen eindrucksvoll wie leistungsfähig das System ist. Zudem lässt es sich durch sein modulares System leicht an Ihre individuellen Bedürfnisse anpassen. Die neue Version 1.6 – auf die viele Joomla!-Anhänger lange gewartet haben – bringt zudem viele Vorteile im Bereich der Rechteverwaltung.

Unsere drei Autoren Anja Ebersbach, Markus Glaser und Radovan Kubani kennen Joomla! von Beginn an und verfügen über viel Erfahrung in der Umsetzung von Websites mit dem beliebten CMS. Ihr neues Buch richtet sich vor allem an Joomla!-Einsteiger. Wenn Sie planen, eine kleine oder mittlere Internetpräsenz mit Joomla! zu realisieren, dann sind Sie hier richtig. Schritt für Schritt errichten Sie zusammen mit den Autoren einen ersten Webauftritt. Angefangen von der Einrichtung eines Testsystems, den ersten Webseiten bis hin zur Anpassung des Layouts finden Sie alles, was Sie für Ihre Website mit Joomla! benötigen.

Um die Qualität unserer Bücher zu gewährleisten, stellen wir stets hohe Ansprüche an Autoren und Lektorat. Falls Sie dennoch Anmerkungen und Vorschläge zu diesem Buch formulieren möchten, so freue ich mich über Ihre Rückmeldung.

Viel Erfolg bei Ihren Projekten wünscht Ihnen nun

Ihr Stephan Mattescheck
Lektorat Galileo Computing

stephan.mattescheck@galileo-press.de
www.galileocomputing.de
Galileo Press · Rheinwerkallee 4 · 53227 Bonn

Auf einen Blick

Der Name Galileo Press geht auf den italienischen Mathematiker und Philosophen Galileo Galilei (1564–1642) zurück. Er gilt als Gründungsfigur der neuzeitlichen Wissenschaft und wurde berühmt als Verfechter des modernen, heliozentrischen Weltbilds. Legendär ist sein Ausspruch *Eppur si muove* (Und sie bewegt sich doch). Das Emblem von Galileo Press ist der Jupiter, umkreist von den vier Galileischen Monden. Galilei entdeckte die nach ihm benannten Monde 1610.

Lektorat Stephan Mattescheck
Korrektorat Friederike Daenecke
Cover Barbara Thoben
Typografie und Layout Vera Brauner
Herstellung Steffi Ehrentraut
Satz III-satz, Husby
Druck und Bindung Bercker Graphischer Betrieb, Kevelaer

Gerne stehen wir Ihnen mit Rat und Tat zur Seite:
stephan.mattescheck@galileo-press.de bei Fragen und Anmerkungen zum Inhalt des Buches
service@galileo-press.de für versandkostenfreie Bestellungen und Reklamationen
britta.behrens@galileo-press.de für Rezensionsexemplare

Dieses Buch wurde gesetzt aus der Linotype Syntax Serif (9,25/13,25 pt) in FrameMaker. Gedruckt wurde es auf chlorfrei gebleichtem Offsetpapier.

Bibliografische Information der Deutschen Nationalbibliothek
Die Deutsche Nationalbibliothek verzeichnet diese Publikation in der Deutschen Nationalbibliografie; detaillierte bibliografische Daten sind im Internet über *http://dnb.d-nb.de* abrufbar.

ISBN 978-3-8362-1615-9

2., aktualisierte Auflage 2011

Inhalt

»Die neue elektronische Interdependenz formt die Welt zu einem globalen Dorf.«
– Marshall McLuhan

Vorwort

Ein einfaches System zum Erstellen von Internetseiten, das jeder bedienen kann – das ist der Traum, den viele Internetanwender haben. Die Aufgabenstellung ist komplex, denn es müssen einige technische und vor allem ergonomische Hürden genommen werden. Dennoch ist ein System angetreten, diesem Anspruch gerecht zu werden: Joomla!.

Schon die erfrischend peppige Oberfläche und das ansprechende Design der Standardoberfläche lassen vermuten, dass es sich um Software handelt, die nicht nur für Administratoren gedacht ist, sondern auch die Bedürfnisse des normalen Benutzers nicht außer Acht lässt. Dieser Eindruck hat sich an vielen Stellen bestätigt.

Bei aller Einfachheit darf jedoch nicht vergessen werden, dass hier Aufgaben bewältigt werden, die noch vor Kurzem einen Vollzeit-Webmaster beschäftigt haben. Bei näherem Hinsehen zeigt sich auch, dass einige Konzepte von Joomla! wie beispielsweise die Organisation der Inhalte etwas ungewöhnlich, vielleicht auch erklärungsbedürftig sind. Wir haben uns daher entschlossen, ein Buch zu schreiben, das diese Sachverhalte ausführlich erklärt, genau auf die zugrunde liegenden Konzepte eingeht und sich somit vornehmlich an Einsteiger wendet.

Joomla! ist sehr flexibel, und dementsprechend kann es auch in vielen Bereichen eingesetzt werden. Ob Sie eine private Homepage basteln, eine Vereinsseite betreuen, ob Sie eine Firma darstellen wollen oder eine Community zu einem Thema stricken – kein Problem mit Joomla!. Darstellen, informieren, verkaufen, diskutieren, Daten sammeln, kooperieren: All das sind mögliche Anwendungen der Software.

In diesem Buch besprechen wir die neue Version 1.6.1 von Joomla!. Diese Version unterscheidet sich nur ein wenig von der Vorgängerversion 1.5, aber grundlegend von älteren Versionen sowie dem ursprünglichen System Mambo. Wieder einmal haben die Entwickler uns gespannt warten lassen, was die neue Version so mit sich bringt. Herausgekommen sind entscheidende Vereinfachungen im

Bereich der Rechteverwaltung sowie der inhaltlichen Strukturierung, die Joomla! noch besser für die verschiedensten Anwendungsszenarien bereit machen.

Wir haben als Grundlage für die Beispiele im Buch die Erstellung einer Seite für eine kleine Gemeinde namens Tschumgau irgendwo in Bayern gewählt. Auch wenn Sie selbst keine Gemeindeseite erstellen, werden Sie schnell erkennen, dass die Aufgabenstellung so oder so ähnlich auch auf viele andere Communitys übertragbar ist.

Für wen ist dieses Buch?

Das vorliegende Buch richtet sich vor allem an **Joomla!-Einsteiger**. Wenn Sie planen, eine kleine oder mittlere Internetpräsenz mit Joomla! zu realisieren, dann sind Sie hier richtig. Es ist nützlich, aber nicht zwingend erforderlich, ein wenig Erfahrung im Umgang mit HTML mitzubringen und vielleicht auch Grundwissen über die Vorgänge im WWW zu haben.

Da das Buch in seiner Gesamtheit versucht, alle Bereiche des Einsatzes von Joomla! abzudecken, ist es auch für **Entscheider** eine Quelle, um sich ein umfassendes Bild zu machen.

Was erwartet Sie?

Sie finden in diesem Buch eine schrittweise Einführung in das Arbeiten mit Joomla!. In der **Einleitung** erfahren Sie ein wenig über die Hintergründe, Entstehung und Funktionsweise von Joomla!. Wir sprechen über die Einsatzmöglichkeiten und sehen uns einige Seiten an, die mit dem CMS betrieben werden. Nach der **Installation** sehen wir uns das System eingehend an und besprechen dabei ausführlich die Bestandteile des **Front**- und **Backends**.

In den Kapiteln zur **inhaltlichen Struktur**, zur **Gestaltung von Inhalten** und zur **Anpassung der Oberfläche** widmen wir uns dem Beispielprojekt, anhand dessen die typische Vorgehensweise erklärt wird. Eine **Benutzerstruktur** wird angelegt, und es werden die mitgelieferten **Erweiterungen** besprochen.

Gegen Ende des Buches geht es um den **Betrieb der Software**. Hier besprechen wir Themen wie Wartung, Datensicherheit und Übertragung von Joomla! auf den Webhost.

Die beigefügte CD enthält Joomla!, alle zum Betrieb der Software auf Ihrem Rechner nötigen Programme sowie die besprochenen Erweiterungen und Beispieldaten.

Typografie

Zur besseren Lesbarkeit des Textes verwenden wir folgende typografische Konvention:

- KAPITÄLCHEN kennzeichnen Menüs, Formularelemente und Buttons.
- *Kursiv* sind URLs, Dateinamen und Verzeichnisse.
- `Nicht-proportional` wird für Programmlistings verwendet. Platzhalter sind dabei *`kursiv`* gesetzt.

Besonders wichtige Hinweise, Tipps und Warnungen sind mit einem grauen Hinweiskasten versehen.

In Programmlistings mussten wir aus Platzgründen einige lange Zeilen auf mehrere umbrechen. Diese Zeilen haben wir mit ⮐ gekennzeichnet. Sie müssen ohne diesen Umbruch eingegeben werden.

Um die Erläuterungen knapp zu halten, haben wir auf geschlechtsspezifische Doppelformen verzichtet. Mit »Administratoren und Benutzern« sind selbstverständlich auch Administratorinnen und Benutzerinnen gemeint.

Danksagung

Ein Buch wie dieses könnte nicht ohne die Mithilfe und Unterstützung weiterer Personen entstehen. Besonderer Dank geht an unseren Lektor Stephan Mattescheck, der gemeinsam mit uns einige Geduld aufbrachte, bis die Software in einem beschreibenswerten Zustand erschien. Wir danken auch unseren Kollegen Richard Heigl und Michael Rödl, die während der heißen Phase vermehrtem Stress ausgesetzt waren. Nicht zuletzt gilt unser Dank den Lesern unseres ersten Buches zum Thema, die uns mit ihren Fragen und Anregungen nützliche Hinweise gegeben haben, wie wir unser »Werk« weiter verbessern können.

Anja Ebersbach
Markus Glaser
Radovan Kubani

(Regensburg)

»Man kann eine fremde Stadt besser erfahren,
wenn man sie durchläuft.«
– Erhard Blanck

1 Einleitung

In diesem Kapitel erfahren Sie,

- was ein Content-Management-System ist und wofür man es braucht.
- die Hintergründe der Entwicklung von Joomla!.
- die wichtigsten Grundbegriffe und Konzepte von Joomla!.
- die grundlegenden technischen Zusammenhänge.

Keine Frage, egal ob Sie in einen Betrieb arbeiten, einen Verein managen oder für eine öffentliche Einrichtung tätig sind: Eine gepflegte Homepage gehört heutzutage zum guten Ton der Öffentlichkeitsarbeit. Die Zeiten, in denen man sich schnell mal ein paar HTML-Seiten zusammenbauen konnte, sind jedoch vorbei. Gefragt sind aktuelle Inhalte, geschützte Bereiche, die Beteiligung der Benutzer und vor allem die Möglichkeit, gemeinsam an Texten und Artikeln zu arbeiten. Aus der Homepage wird die Webanwendung, die die Möglichkeiten der Technik ausnutzt, um attraktive Orte im Internet zu schaffen. Nun sind (zum Glück) nicht alle Menschen, die der Öffentlichkeit etwas mitzuteilen haben, Informatiker oder Computerspezialisten, die Spaß daran finden, sich die nötigen Werkzeuge für so eine Seite selbst zusammenzubasteln. Die Frage ist also, wie kommen Sie und ich an die nötige Technik, wie können wir hier »auch mitmachen«? Sie ahnen es sicher schon: Content-Management-Systeme wie Joomla! sind die Antwort darauf.

Diese Webanwendungen sind genau auf Homepages zugeschnitten, die eine hohe Dynamik aufweisen und von mehreren Menschen in unterschiedlichen Rollen betreut werden. Joomla! ist Teil der Entwicklung des WWW weg von statischen Webseiten, die vornehmlich Informationen bereitstellen sollen, hin zu dynamischen Homepages, die als Kommunikationsbasis für eine Online-Gemeinde dienen. Typisch für solche Homepages sind folgende Merkmale:

- Die Aufgaben bei der Erstellung und Wartung der Seite verteilen sich auf mehrere Personen. Einige Leute liefern nur die Inhalte. Das Layout wird von einem

Webdesigner erstellt. Die Funktionalität als ein eigener Bereich wird von einem Administrator betreut.

- Die Art der Inhalte ändert sich. Viele Beiträge haben einen aktuellen Bezug und sind nach einer gewissen Zeit nicht mehr so interessant. Andere müssen kategorisiert werden, um schnell auffindbar zu sein.
- Ein System der Qualitätssicherung wird benötigt. Daher gibt es hier die Rolle des Redakteurs, der Beiträge freischalten muss. Ratings werden eingeführt, mit deren Hilfe die Leser die Güte eines Artikels bewerten können.
- Die Community muss gepflegt werden. Ein interner Bereich ermöglicht es, sich zwanglos über das Netz auszutauschen. Über Foren, Blogs und Wikis werden auch die Besucher der Seite mit eingebunden.

All dies und viel mehr kann in einer Joomla!-gestützten Seite relativ einfach realisiert werden.

Das hat natürlich seinen Preis. Joomla! weist eine gewisse Komplexität auf, sodass Sie mit etwas Einarbeitungsaufwand rechnen müssen. Die Organisation der Inhalte unterscheidet sich von der Art, wie Sie eine normale Homepage aufbauen würden. Viele Rädchen greifen ineinander. Wenn Sie daher eine Änderung vornehmen wollen, müssen Sie wissen, an welcher Stelle diese am besten durchzuführen ist. Die Hard- und Softwareanforderungen sind höher als bei einer statischen HTML-Seite, und die Dynamisierung bringt gewisse Sicherheitsrisiken mit sich, die Sie bei reinem HTML nicht haben. Die Vorteile des Systems wiegen diese Schwierigkeiten jedoch mehr als auf. Unser Buch soll Ihnen helfen, sich schnell und fundiert in Joomla! zurechtzufinden.

1.1 Content-Management

Ein Content-Management-System (CMS) ist eine Software, die eine gemeinschaftliche Arbeit an verschiedenen Inhalten ermöglicht und organisiert. Unter dem Begriff »Inhalt« ist dabei eine in sich geschlossene Einheit zu verstehen. Das kann ein Text oder ein Bild sein, aber auch andere Medientypen (Audio, Video etc.) sind denkbar.

Die Aufgaben eines CMS lassen sich in mehrere Bereiche einteilen.

Die **Darstellung** der Inhalte wird vom System übernommen. Das bedeutet zum einen, dass das Layout getrennt von den Daten verwaltet wird, damit alle angezeigten Daten einheitliche Formatierungen aufweisen. Zum anderen können durch ein gutes CMS Inhalte in verschiedenen Medien wiedergegeben werden, beispielsweise auf dem Bildschirm oder Drucker. Um die Daten zugänglich zu machen, muss die Darstellung eines Beitrags um Hilfsmittel ergänzt werden, die zeigen, wie die Einträge im CMS zu finden sind. Dazu dienen Navigationselemente und Suchfunktionen.

Es werden Möglichkeiten zur **Bearbeitung** von Inhalten zur Verfügung gestellt. Diese bieten nur die Formatierungs- und Auszeichnungsoptionen an, die erlaubt sind und vom System verarbeitet werden können. Des Weiteren gibt es Mechanismen, die Unstimmigkeiten vermeiden, wenn mehrere Leute gleichzeitig an einem Inhalt arbeiten. Unter Umständen werden verschiedene Versionen des Inhalts aufbewahrt und somit die Änderungen protokolliert, um den Entstehungsprozess transparent zu machen.

Die zentrale Dienstleistung eines CMS ist die **Organisation** von Inhalten. Diese werden in Kategorien unterteilt und mit Stichworten für die Suche versehen. Dokumente unterliegen auch einem Lebenszyklus. Sie haben beispielsweise ein Verfallsdatum, müssen archiviert oder auch gelöscht werden. Dies alles wird teils automatisch erledigt, teils werden den Benutzern die entsprechenden Werkzeuge angeboten.

Arbeiten mehrere Menschen an einem Inhalt, so ist häufig ein **Workflow** vonnöten. Ein Autor schreibt beispielsweise einen Beitrag, der von einem Redakteur Korrektur gelesen wird. Der Artikel geht zur Überarbeitung zurück an den Autor und dann an den Verantwortlichen der Seite, der den Beitrag freischaltet. Der Weg des Beitrags zu den verschiedenen Personen wird vom CMS organisiert, und das Dokument wird mit einem entsprechenden Status gekennzeichnet.

Je nachdem, welchen Status ein Benutzer im System hat, werden ihm bestimmte Inhalte oder Möglichkeiten der Bearbeitung gewährt oder vor ihm verborgen. Diese **Zugriffssteuerung** ist ein wichtiger Bestandteil eines jeden CMS und sorgt für die nötige Sicherheit, wenn viele Menschen gemeinsam an einem Projekt arbeiten.

Joomla! gehört zur Gruppe der webbasierten Content-Management-Systeme (WCMS). Diese zeichnen sich dadurch aus, dass das Medium der Darstellung auch das Medium für die Verwaltung das WWW ist. Meistens werden WCMS dazu eingesetzt, größere Homepages zu verwalten, die entweder als Wissensbasis oder als Nachrichtendienst einer hohen Dynamik unterliegen. Die Multimedialität der Darstellung ist hier beispielsweise gegeben, wenn zu einem Inhalt eine spezielle Druckversion oder die Ausgabe als PDF-Dokument verfügbar ist. Auch eine Zusammenfassung der Seite in einem RSS-Feed ist hier zu nennen. Design und Navigationsstruktur werden automatisch erzeugt. Die Bearbeitung erfolgt über ein HTML-Formular. Mittlerweile findet sich in jedem aktuellen System auch ein Editor, der das Layout in etwa so darstellen kann, wie es später angezeigt wird (WYSIWYG – What You See Is What You Get). Die Möglichkeit der Querverlinkung zwischen Dokumenten wird ebenfalls vom WCMS bereitgestellt. Eine Besonderheit der inhaltlichen Organisation von Joomla! besteht darin, dass neue Beiträge unproblematisch auf der Titelseite ausgegeben werden können. Ähnlichkeiten zu Blogs sind hier unverkennbar. Eine Einteilung der Benutzer in Autoren, Redakteure oder Administratoren ermöglicht eine breite Beteiligung der Allgemeinheit an der Erstellung einer Seite, ohne auf eine gewisse Sicherheit verzichten zu müssen.

Eine Spezialität von WCMS ist die Integration vieler Zusatzdienste, die nicht direkt mit den eigentlichen Inhalten zusammenhängen. So bietet Joomla! beispielsweise die Möglichkeit, Umfragen durchzuführen, Nachrichtenticker zu integrieren, über Foren und Wikis als Kommunikationsplattform zu dienen oder Formulardaten abzufragen.

1.2 Geschichte

Wir holen etwas weiter aus und beginnen im Jahr 2000. Die australische Software-Firma Miro International begann mit der Entwicklung des Mambo CMS und veröffentlichte den Quellcode fast unverzüglich als Open Source. Als Folge entstand eine Entwicklergemeinde, die das Projekt mit vorantrieb. Das Mambo-Projekt wurde kurze Zeit später aufgespalten, und es entstand neben der Open-Source-Software auch eine kommerzielle Version namens Mambo 2002, die später in Jango umbenannt wurde.

Joomla! scheint auf den ersten Blick ein noch sehr junges System zu sein, da es erst im September 2005 das Licht des Internets erblickte. Tatsächlich basiert es aber auf dem Open-Source-Web-Content-Management-System Mambo und stellt eine eigene Weiterführung dieser Plattform dar. Der Code von Mambo 4.5.2.3 wurde in Joomla! übernommen und zur Version Joomla! 1.0.15 weiterentwickelt.

Am 17. August 2005 verfasste das ursprüngliche Mambo-Entwicklerteam eine Erklärung für die Mambo-Community. In diesem Brief teilten sie der Nutzergemeinde die Trennung des Teams von der australischen Software-Firma Miro International mit. Mambo wurde von Miro ins Leben gerufen und fünf Jahre lang gefördert. Um die Entwicklergemeinde besser organisieren zu können, gründete der Miro-CEO Peter Lamont die Mambo Foundation.

Die Entwickler sahen jedoch in der Mambo Foundation den Gedanken des Open-Source-Systems gefährdet. Bei der Gründung wurden offensichtlich die Markenrechte nicht an die Foundation übergeben, und die Vertreter des Mambo-Projekts, Andrew Eddie und Brian Teeman, wurden bei den Planungen nicht zurate gezogen.

Die prämierte Software wird nun unter der GNU General Public Licence auf einer eigenen Schiene weiterentwickelt. Um die Idee einer Entwickler-Gemeinschaft zu betonen, entschied man sich für den Namen Joomla!. Dabei handelt es sich um eine Lautumschreibung des Suaheli-Wortes »jumla«, das mit »als Ganzes« übersetzt werden kann.

Mittlerweile können wir auf eine Vielzahl vorgefertigter Module und Templates zurückgreifen, die uns die Entwicklung umfangreicher und ansprechender Websites erleichtern.

Mit der Version 1.5 haben die Joomla!-Entwickler die komplette Codebasis umgeschrieben. Ihr Ziel war es, die Flexibilität zu erhöhen und die Integration von Erweiterungen in das System zu verbessern. Damit wurde auch die Trennung vom Mambo-Projekt endgültig vollzogen. Waren bis dahin die beiden Varianten noch weitestgehend ähnlich und kompatibel, so war dies mit Joomla! 1.5 nicht mehr der Fall. Neben einer Vereinfachung der Administrationsoberfläche wurde bei der neuen Version insbesondere auf eine komplette Internationalisierung sowie einen neuen Medienmanager Wert gelegt. Des Weiteren wurden sogenannte User-Plugins entwickelt, die aufgerufen werden, wenn sich ein User ein- oder ausloggt. Ein Schwerpunkt auf der gestalterischen Ebene war, die Ausgaben von Joomla! mit den gängigen Standards für einen barrierearmen Zugang abzugleichen.

Mambo wird seit 2008 nicht mehr weiterentwickelt. Die letzte stabile Version ist 4.6.5

1.3 Weiterentwicklung zu Version 1.6 und Ausblick

In Joomla! 1.6 wurde auf der Oberfläche vor allem an dem erweiterten Rechtesystem gearbeitet, in dem Sie als Administrator beliebige Gruppen anlegen können, für die feingranulare Berechtigungen vergeben werden können. Ebenso wurde die Organisation der Inhalte vereinfacht und erweitert, und insbesondere die Beschränkung auf zwei Hierarchieebenen wurde aufgegeben. Daneben wurde die Template-Engine überarbeitet, eine verbesserte Unterstützung für Suchmaschinenoptimierung mitgegeben, und die Unterstützung für Mehrsprachigkeit integriert. Unter der Haube haben sich ein paar Veränderungen im Bereich der Architektur der Erweiterungen ergeben.

Nachdem die Version 1.6 von Joomla! nach einigem Warten endlich erschienen ist, stellt sich die Frage, ob man diese Version schon verwenden oder lieber noch beim alten System bleiben sollte. Beides hat seine Vor- und Nachteile. Die neue Version ist sicherlich zukunftsweisend. Für langfristig ausgelegte Projekte ist es daher ratsam, gleich mit 1.6 anzufangen. Es sei jedoch auch nicht verschwiegen, dass die Fülle der Plugins und Templates, mit denen Sie Joomla! einfach an Ihre Bedürfnisse anpassen können, bisher noch nicht für das neue System verfügbar ist. Bei einigen Komponenten ist es zudem zweifelhaft, ob sie jemals auf 1.6 portiert werden.

Dieses Buch beschäftigt sich ausschließlich mit der Version 1.6 und den dafür verfügbaren Komponenten.

Für die Zukunft planen die Entwickler von Joomla! Versionssprünge auf halbjährlicher Basis. Wenn sie das schaffen, steht noch in 2011 die Version 1.7 an. Allerdings sind in diesem Fall keine tiefgreifenden Veränderungen zu erwarten.

1.4 Open Source

Quelloffene (Open Source) Software ist ein Konzept, das den Joomla!-Entwicklern sehr wichtig ist. Auch Mambo steht weiterhin unter der GPL, einer Open-Source-Lizenz. Der zentrale Punkt ist dabei, dass der Programmcode der Software offen zugänglich und frei veränderbar ist. Das bedeutet auch, dass an einem Open-Source-Programm in der Regel viele Entwickler ehrenamtlich arbeiten. Ein Vorteil davon ist, dass es für (fast) jedes Problem, das sich stellt, schon ein kleines Programm gibt, das eine Lösung bietet. Der Nachteil ist, dass diese Lösung möglicherweise zwar veröffentlicht ist, sich aber im Alpha-Stadium befindet, also noch nicht ausgiebig getestet wurde.

Die Joomla!-Community ist relativ groß. Daher können Sie damit rechnen, dass die Entwicklung der Software weitergeht und Sicherheitslücken und Fehler auch in Zukunft schnell beseitigt werden. Einen Rechtsanspruch darauf haben Sie allerdings nicht. In zahlreichen Foren finden Sie viele Menschen, die sich sehr gut mit Joomla! auskennen und Fragen gern beantworten. Das tun sie allerdings in ihrer Freizeit. Daher wird in der Regel erwartet, dass man sich in den Foren zunächst selbst umsieht und nach der Antwort auf seine Fragen sucht. Umgekehrt ist es so, dass Sie das Projekt Joomla! unterstützen können, indem Sie Ihr Wissen und Ihre Erfahrung in den Foren weitergeben. Wenn Sie eigene Erweiterungen entwickeln, warum nicht diese der Allgemeinheit zur Verfügung stellen? Damit werden Sie ein Teil der Open Source Community.

Wenn nun die Software umsonst ist und frei zugänglich bleiben soll, stellt sich die Frage, ob man Joomla! für kommerzielle Seiten einsetzen darf. Die Antwort ist ganz klar »Ja«. Die GPL bezieht sich auf die Software, nicht auf die Inhalte, die mit ihr produziert werden. Sie dürfen auch die Dienstleistung einer Installation von Joomla! verkaufen. In diesem Fall muss es jedoch erlaubt sein, die Software weiterzugeben und zu verändern.

Aufsehen hat das Joomla!-Projekt im Sommer 2007 erregt, als sich in einem Forum eine Debatte über Open Source und Erweiterungen von Drittanbietern entzündete. Bis dato war in der Lizenz von Joomla! ein Passus enthalten, der es erlaubte, auch kommerzielle Erweiterungen unter proprietären Lizenzmodellen zu vertreiben. Nach Auffassung einiger Joomla!-Entwickler ist dies jedoch nicht mit der GPL vereinbar. Der Passus wurde aus der Joomla!-Lizenz gestrichen. Drittanbieter, die bisher proprietär lizensierten, reagieren unterschiedlich. Während einige ihre Software frei verfügbar machten, sind andere nicht willens, ihre Werke unter die GPL zu stellen. Einige Erweiterungen werden daher nicht weiter gepflegt. Allgemein scheint die Änderung der Policy dem Projekt jedoch nicht geschadet zu haben.

1.5 Einige Grundbegriffe

Joomla! ist – wie fast alle webbasierten Content-Management-Systeme – in zwei Bereiche aufgeteilt. Die Seite, die angezeigt wird, wenn Sie eine mit Joomla! betriebene Homepage aufrufen, ist das sogenannte **Frontend**. Das ist die öffentliche Ausgabe von Joomla!, auf die zunächst jeder Zugriff hat. Die Darstellung im Frontend sieht aus wie eine ganz normale Internetseite. Je nachdem, welche Module aktiviert sind, haben Sie zudem einige aktive Inhalte wie die Suche oder ein Anmelde-Feld. Dem gegenüber steht das **Backend**, eine Administrationsoberfläche, über die der Aufbau der Seite gesteuert wird. Dieser Bereich ist natürlich nicht für alle zugänglich, und auch innerhalb der Gruppe der berechtigten Personen gibt es Abstufungen, wer was im Backend tun darf und wer nicht. Das Backend ist der Bereich, in dem Sie als zukünftiger Administrator der Seite viel Zeit verbringen werden. Ob es um die Erstellung von Inhalten geht oder um deren Aufteilung in Kategorien, ob Benutzer verwaltet oder Erweiterungen eingerichtet werden sollen, ob Sie das Design ändern oder Formulareingaben entgegennehmen, all das geschieht im Backend. Dennoch ist es zu kurz gegriffen zu sagen, im Backend kann alles bearbeitet und im Frontend nur angesehen werden. Es gibt Nutzergruppen, die zwar keine Berechtigung haben, das Backend zu verwenden, denen es aber erlaubt ist, im Frontend Inhalte zu bearbeiten und auch zu erstellen. Damit kann eine vollständige Trennung zwischen Autoren und Redaktion erfolgen. Autoren müssen sich niemals im Backend einloggen, sondern schreiben direkt dort, wo ihre Artikel auch publiziert werden.

Die Grundeinheit in Joomla! ist ein **Inhalt** (wir verwenden im Folgenden aus Gründen der Lesbarkeit dafür auch die Begriffe **Content**, **Artikel** und **Beitrag**). Das sind kleine abgeschlossene Informationseinheiten, die für sich verwaltet werden können. Wenn Sie Ihre Homepage aufbauen, werden Sie das in Form von Inhalten machen. Vereinfacht gesagt entspricht ein Inhalt in Joomla! der Seite einer statischen Homepage. Diese Analogie sollten Sie jedoch nicht zu sehr verinnerlichen, da sich die Organisation der Inhalte stark von herkömmlichen Konzepten unterscheidet. So kann jeder Inhalt einer Kategorie zugeordnet werden und dann sowohl als Bestandteil dieser Einteilung als auch eigenständig über das Menü ausgegeben werden. Die Darstellung der Artikel über Kategorien hat verschiedene Formen. Eine ähnelt beispielsweise einem Blog, und bei einer anderen werden Listen erzeugt, über die einzelne Beiträge aufgerufen werden. Die erste Seite, die beim Aufruf einer Joomla!-Page angezeigt wird, hat eine Sonderstellung im System und wird **Frontpage** genannt. Hier können Sie verschiedene dynamische Inhalte zuweisen, die dann gleich auf den ersten Blick und unabhängig von ihrer Einteilung angezeigt werden. In älteren Versionen von Joomla! wurde zwischen statischen und dynamischen Inhalten unterschieden, die unterschiedliche Funktionen hatten. Diese Zweiteilung wird ab Joomla! 1.5 aufgegeben.

Wie schon angedeutet, wurde das Ordnungssystem von Joomla! in der Version 1.6 neu konzipiert. Dieses hat den Zweck, die Inhalte, die im System hinterlegt sind, in einer Struktur abzulegen, die eine einfache Pflege und Auffindbarkeit erlaubt. Während bis dato nur zwei Stufen, genannt »Bereiche« und »Kategorien«, einer Ordnungshierarchie verfügbar waren, ist im neuesten Joomla! eine beliebige Tiefe möglich. Das wurde erreicht, indem man die Bereiche ersatzlos entfernte und es erlaubte, **Kategorien** als Unterelemente anderer Kategorien zu deklarieren. Das ist wie im Windows-Explorer, wo Sie Ordner in Ordner (in Ordner... usw.) stecken können. Wichtig ist, zu verstehen, dass die Ordnungsstruktur sich nicht zwingend auf der Webseite widerspiegeln muss. Ordnung und Darstellung sind in Joomla! voneinander getrennt. Die Struktur ist also eher als Angebot an Sie zu verstehen, Ihre Inhalte einzuteilen und zugreifbar zu machen. Kategorien und Inhalte können direkt aus dem **Menü** heraus angesprochen werden. In diesem Fall wird je nach Darstellungsform, die über den Menüeintrag bestimmt wird, eine Liste oder Aneinanderreihung der enthaltenen Elemente (Kategorien oder Inhalte) ausgegeben. Ist der Menüpunkt also vom Typ »Liste«, wird nur eine Aufzählung der Inhalte einer Kategorie im Inhaltsbereich angezeigt. Bei »Blog« werden die ersten Zeilen der Inhalte mit ausgegeben. Selbstverständlich können Sie auch Artikel direkt über das Menü verlinken. Das Menü, das im Frontend natürlich für die Navigation auf Ihrer Seite der zentrale Anlaufpunkt ist, wird nicht automatisch aus den Strukturen erzeugt, sondern ist davon unabhängig.

Inhalte auszugeben ist nur eine von vielen Aufgaben von Joomla!. Daneben gibt es zahlreiche Zusatzfunktionen, die über Erweiterungen angesprochen, konfiguriert und verwaltet werden. **Module** dienen zur Anzeige von dynamischen Daten in den Seitenleisten. Das Menü ist beispielsweise ebenso wie das Login-Formular ein Modul. Module dienen vornehmlich der Darstellung und bilden häufig die Oberfläche für **Komponenten**, die innerhalb von Joomla! die komplexesten Erweiterungen darstellen. Sie haben eigene Bereiche im Backend, können eigene Inhalte mit (ggf. verschachtelten) Kategorien verwalten und haben auch die Möglichkeit, Frontend-Ausgaben an der Position vorzunehmen, die sonst den Artikeln vorbehalten ist. **Plugins**, die dritte Art der Erweiterung, erledigen meist einfache Aufgaben, greifen dabei aber sehr tief in den Programmablauf von Joomla! ein. Sie werden verwendet, um im Inhalt Bilder einzubinden, Ersetzungen vorzunehmen oder die Suchfunktion in der Datenbank zu spezialisieren. Auch der Editor ist ein Plugin.

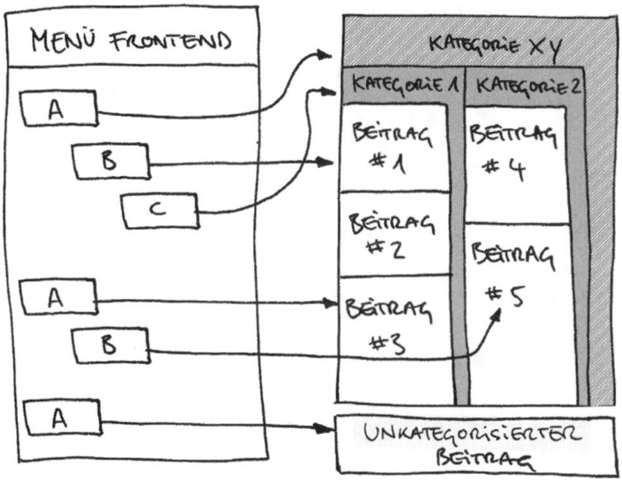

Abbildung 1.1 Menüs und Ordnungsstrukturen

Die Art der Entstehung von Artikeln und das Rechtesystem in Joomla! bringen eine gewisse Aufgaben- und Rollenverteilung mit sich. Das gesamte System wird von einem oder mehreren **Administratoren** betreut. Diese haben alle Rechte und Zugangsmöglichkeiten im Front- und Backend. Damit haben sie auch die größte Verantwortung für die Sicherheit und Erreichbarkeit des Systems. Ist diese nicht gewährleistet, ist die Arbeit der anderen Benutzer umsonst. Neben den Joomla!-Administratoren gibt es auf der Webserverebene noch eine technische Administration, die nicht zwingend von der gleichen Person ausgeführt werden muss. Am anderen Ende der Rechteskala steht der unangemeldete **Besucher**, der nur Lesezugriff im Frontend hat und bestenfalls Kommentare abgeben kann. Zwischen diesen beiden Polen finden sich einige weitere Abstufungen. Der registrierte **Benutzer** kann sich im Frontend einloggen und Seiten sehen, die für normale Besucher gesperrt sind. **Autoren** haben die Möglichkeit, eigene Inhalte anzulegen und diese zu bearbeiten. Auch sie haben nur zum Frontend Zugang. Das ändert sich bei den **Redakteuren**, die neben dem Schreiben von Artikeln auch die Beiträge anderer Autoren verwalten und freischalten können. Sie haben die eigentliche inhaltliche Verantwortung für die Seite.

Der Lebenszyklus eines Beitrags wird durch einen **Workflow** beschrieben. Er beginnt mit der Erstellung und Speicherung. Das bedeutet noch nicht, dass der Artikel im Frontend sichtbar ist. Dazu muss er erst von einem Redakteur freigeschaltet oder **publiziert** werden. Damit die Fülle der Inhalte nicht zu unübersichtlich wird, werden sie nach einer bestimmten Zeit deaktiviert. Das kann von einem Menschen vorgenommen werden oder je nach Einstellung auch durch das System erfolgen. Unabhängig davon können alte Artikel **archiviert** werden. Wer Zugriff auf das Archiv hat, kann sie dann immer noch finden. Natürlich können Artikel auch gelöscht werden. Dann verschwinden sie im Papierkorb. Erst wenn dieser geleert wird, ist ein Beitrag unwiederbringlich verloren.

1.6 Die Technik

Joomla! ist eine Webapplikation. Wenn Sie die Seite über den Browser aufrufen, arbeiten Sie auf einem Computer, der Client genannt wird. Er sendet über das Internet eine Anfrage an einen Server. Dort wird sie entgegengenommen und verarbeitet. Der Server ist ein Programm auf einem Rechner im Internet, der Joomla! ausführt und mit Ihrem Client kommuniziert. Je nachdem, was angefordert wird, sendet der Server eine entsprechende Seite aus dem Frontend oder eine Oberfläche des Backends zurück an den Client. Das Ergebnis wird dort wieder im Browser angezeigt.

Wie funktioniert ein Server?

Der Server ist genau genommen ein Programm. Das bedeutet, dass ein Webserver auch auf dem gleichen Rechner laufen kann wie der Browser. Das ist beispielsweise dann der Fall, wenn Sie wie in diesem Buch mit einer Testumgebung arbeiten. Wir haben den Vorgang für Sie in Abbildung 1.2 skizziert.

Was passiert auf dem Server? Wenn die Anfrage vom Webserver (z.B. Apache oder IIS) entgegengenommen wird, sendet dieser normalerweise eine HTML-Seite an den Client. Im Fall einer Webapplikation jedoch erkennt er anhand der Endung ».php«, dass es sich um ein Skript handelt, das gesondert ausgeführt werden muss. Er startet also das PHP-Skript von Joomla! und damit die Verarbeitung des Content-Management-Systems. Dieses nimmt zuerst einige Prüfungen vor, ob beispielsweise derjenige, der eine Anfrage stellt, angemeldet ist und ob er die nötigen Rechte hat, die geforderte Seite zu sehen. Wenn das der Fall ist, wird die Seite aus den einzelnen Komponenten zusammengebaut. Diese Komponenten haben Sie zum Teil im Backend vorgegeben, zum Teil werden sie vom System direkt erstellt. Zunächst wird der Inhalt aus der Datenbank (MySQL) geholt und an der richtigen Stelle in die HTML-Vorlage eingebaut, die als Datei vorliegt. Dann werden die Module aufgerufen, die zusätzliche Ausgaben produzieren, beispielsweise das Menü. Hier wird auch gekennzeichnet, in welchem Menübereich man sich gerade befindet. Dies ist wieder eine dynamische Ausgabe. Das PHP-Skript platziert diese an den entsprechenden Positionen in der Vorlage. Ist die Seite »zusammengesteckt«, also der komplette HTML-Code erzeugt, wird sie an den Webserver übergeben, der sie dann an den Client-Rechner verschickt.

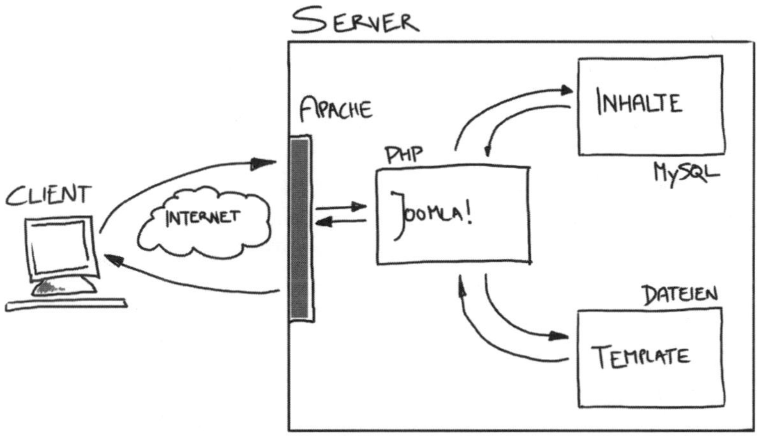

Abbildung 1.2 Die Technik von Joomla!

In der Testumgebung, die wir in diesem Buch verwenden, liegen Client (also der Browser) und Server auf einem Rechner, sodass keine Kommunikation über das Internet stattfindet. Der zugrunde liegende Mechanismus ist aber der gleiche, da in diesem Fall zumindest zwei Programme miteinander kommunizieren.

1.7 Wie entsteht eine Seite?

Zunächst wird der Administrator die Seite vorbereiten. Das bedeutet nach einer gewissen Planungsphase vor allem, dass die Joomla!-Software auf dem Webserver eingerichtet wird und stabil läuft. Dann wird das Design erstellt und in ein Template umgesetzt. Das ist eine HTML-Vorlage, die an bestimmten Stellen Platzhalter enthält. Hier sind die Positionen eingetragen, an denen später die dynamischen Ausgaben stehen sollen. Parallel wird ein Grundgerüst für die inhaltliche Organisation festgelegt. Das bedeutet, dass die nötigen Ober- und Unterkategorien erstellt werden. Auch die Menüstruktur muss angelegt werden.

Als Nächstes werden die Zusatzfunktionen, die auf der Seite erwünscht sind, über Erweiterungen eingebunden. Diese müssen installiert, konfiguriert und getestet werden. Da es sich häufig um Betaversionen handelt, ist hier besondere Aufmerksamkeit gefragt. Natürlich können Erweiterungen auch später zugeschaltet werden.

Je nach Benutzerkonzept können jetzt gegebenenfalls die Benutzer angelegt werden. Diese müssen natürlich mit dem System und ihrer Rolle vertraut gemacht werden, beispielsweise im Zuge einer Schulung.

Jetzt ist die Seite vorbereitet und wartet darauf, mit Inhalten gefüllt zu werden. Die Autoren und Redakteure werden nach und nach alle Artikel erstellen, die vorgesehen sind, und somit die Seite zum Leben erwecken. Hat sie einen gewissen Bekanntheitsgrad erreicht, so kann man auch auf eine rege Beteiligung der User hoffen, sofern dies erwünscht und angelegt ist.

Wenn Sie das Inhaltsverzeichnis aufmerksam gelesen haben, werden Sie feststellen, dass wir uns im Buch nicht exakt an diese Reihenfolge halten. Das geschieht aus didaktischen Gründen: Wir gehen nach der Schwierigkeit der Aufgabe vor.

1.8 Einsatzmöglichkeiten

Den deutlichsten Vorteil und Unterschied zu anderen Content-Management-System bietet Joomla! bei seiner Bedienung. Auf den ersten Blick sehen Sie im Backend die wichtigsten Funktionen in Form von Buttons, über die Sie mit einem Mausklick sofort an die richtigen Stellen gelangen. Als Entwickler haben Sie die Möglichkeit, unverzüglich mit dem Aufbau Ihrer Website zu beginnen. Sie benötigen für einen schnellen Einstieg keine HTML-Kenntnisse und können bei Bedarf Inhalte sofort in ein Standard-Template einpflegen. Man muss sich nicht lange mit Programmierung oder Formatierung beschäftigen, sondern hat sofort Zugriff auf einige wichtige und nützliche Funktionen wie z.B. die Suche nach Inhalten oder einen Login zu geschützten Bereichen. Man kann sich ohne Einschränkungen auf die Inhalte konzentrieren und für sie jederzeit ein neues Template installieren, das für ein gepflegtes Erscheinungsbild sorgt. Gerade Entwickler mit dem Hauptinteresse, Informationen in einem geeigneten Rahmen zu vermitteln, können ohne großen Aufwand und nach kurzer Einarbeitung die gewünschten Ziele erreichen.

Bestens geeignet ist Joomla! für Communitys oder Unternehmen, die mit unterschiedlichen Autoren ihre Inhalte online verwalten möchten. Unternehmen und Organisationen, die mit einer einigermaßen überschaubaren Anzahl von Inhaltsseiten arbeiten möchten, werden mit Joomla! ein leicht zu bedienendes System für die Verwaltung der Inhalte bekommen. Besonders reizvoll ist dabei die Möglichkeit, die aktuellsten Beiträge auf der Startseite erscheinen zu lassen. Es muss lediglich das Joomla!-Modul *Neueste Nachrichten* aktiviert sein, und ein Auszug der neuesten Beiträge erscheint an prominenten Positionen Ihrer Startseite. Über das Backend lässt sich steuern, welche Beiträge bereits veröffentlicht werden können oder welche noch in Bearbeitung sind. Das Dokumentenmanagement ermöglicht es den Autoren außerdem, Artikel zu archivieren oder in einen Papierkorb zu verschieben. Das ist eine äußerst nützliche Funktion, die bei dem unterschiedlichen technischen Kenntnisstand verschiedener Autoren die Arbeit mit den Inhaltsseiten erleichtert.

Ein gutes Anwendungsbeispiel wäre die Entwicklung von Open Source Software. Hier sind häufige Ankündigungen und Neuigkeiten üblich. Außerdem spielen die FAQs und Foren eine wichtige Rolle. Die Website des Projekts stellt somit gleichzeitig die Dokumentation der Software dar und würde von den Joomla!-Funktionen wie z.B. Blog und Neueste Nachricht profitieren.

Eine besondere Stärke von Joomla! ist also der Umgang mit dynamischen Inhalten. Sie können natürlich dennoch eine Internetpräsenz erstellen, die überwiegend statische Daten enthält. Die volle Funktionalität von Joomla! werden Sie dabei nicht ausschöpfen können.

Beschränkungen gegenüber anderen CMS, die sich in älteren Versionen vor allem in der vorgegebenen Struktur und der undifferenzierten Rechteverwaltung ausdrückten, sind mit Version 1.6 aufgehoben, sodass Joomla! nun vollends zu den ausgereiften Content-Management-Systemen gezählt werden darf.

1.9 Ein Blick über den Tellerrand

Auch wenn sich dieses Buch mit Joomla! beschäftigt, kann ein kurzer Blick auf andere Systeme nicht schaden. Bei der Fülle an Programmen, die in diesem Bereich verfügbar sind, bleibt jedoch nur die Option, subjektiv ein paar Beispiele herauszugreifen.

TYPO3 ist sicherlich das Flaggschiff unter den quelloffenen CMS. Es ist flexibler als Joomla!. Die Inhalte können auf mehreren Ebenen organisiert werden, und die Rechteverwaltung ist sehr detailliert. Templates werden mit einer eigenen Skriptsprache gesteuert. TYPO3 eignet sich besonders für mittlere und große Seiten. Dementsprechend sind die Hardware-Anforderungen sehr hoch. Auch muss für Administratoren und Entwickler mit einer langen Einarbeitungszeit gerechnet werden.

Drupal ist ein CMS, das besonderen Wert auf gemeinschaftsbildende Maßnahmen legt. Benutzer können beispielsweise eigene Weblogs anlegen, und es gibt die Möglichkeit, in sogenannten Büchern gemeinsam an Texten zu arbeiten. Das System verfügt außerdem über eine Versionskontrolle der Inhalte.

Wikis wie beispielsweise das **MediaWiki** haben wie CMS zum Ziel, Inhalte von mehreren Leuten gemeinsam erstellen zu lassen. Sie verwenden dabei die Strategie, so wenig Kontrolle wie möglich auszuüben. Daher können alle Artikel eines Wikis zunächst von jedem Besucher bearbeitet werden; die Betreiber von Wikis setzen darauf, dass die Community fehlerhafte Artikel und Akte von Vandalismus schnell korrigiert, ohne dass ein ausgefeiltes Rechtesystem nötig wird.

Blogs wie **WordPress** bieten ebenfalls mehreren Teilnehmern die Möglichkeit, Artikel zu veröffentlichen. Die Beiträge sind allerdings in der Regel subjektiver gefärbt und haben einen starken Aktualitätsbezug, weshalb sie sich gut als Medien für Nachrichtenseiten eignen.

Moodle hat sich als Content-Management-System auf die Bereitstellung von Lernplattformen spezialisiert und bietet alles, was das Herz in diesem Zusammenhang begehrt – von der Verwaltung der Kursteilnehmer bis hin zu Tests und Prüfungen, die online bereitgestellt werden können.

1.10 Joomla!-Seiten

Bekanntlich sagen Bilder mehr als tausend Worte, daher möchten wir Ihnen anhand einiger Referenzseiten die Möglichkeiten von Joomla! näherbringen. Wir haben dabei keine spezielle Auswahl getroffen, sondern wollten einfach unterschiedliche Bereiche aufgreifen, die Ihre Fantasie anregen sollen. Lassen Sie sich von unterschiedlichen Layouts, Funktionen oder Inhalten inspirieren. Joomla! bietet Ihnen die Vorteile eines Content-Management-Systems, und gleichzeitig können Sie über das Template Ihr Design frei anpassen, ohne dabei an feste Strukturen gebunden zu sein. An dieser Stelle sei noch auf die Seiten *community.joomla.org/showcase/sites.html* und *www.joomlaawards.com/index.php* hingewiesen. Diese prämieren monatlich bzw. täglich besonders gut gelungene Seiten, die mit Joomla! betrieben werden.

Egal, ob Sie eine Website für einen professionellen Auftritt eines großen Unternehmens oder einer Zeitschrift verwenden möchten (siehe Abbildung 1.3 und Abbildung 1.4), Sie können das Layout nach Belieben der Zielgruppe anpassen. Unsere zwei folgenden Beispiele zeigen die Entwickler-Seite des Palm-Pre-Betriebssystems »webOS« und die Website der deutschen Computerzeitschrift »PC Praxis«. An dieser Stelle können Sie schon zwei unterschiedliche Formen der

Inhaltspräsentation erkennen. Während die »webOS«-Seite mit ruhigeren Flächen, Bildern und offenen Layout arbeitet, werden bei »PC Praxis« überwiegend Informationen und Texte transportiert.

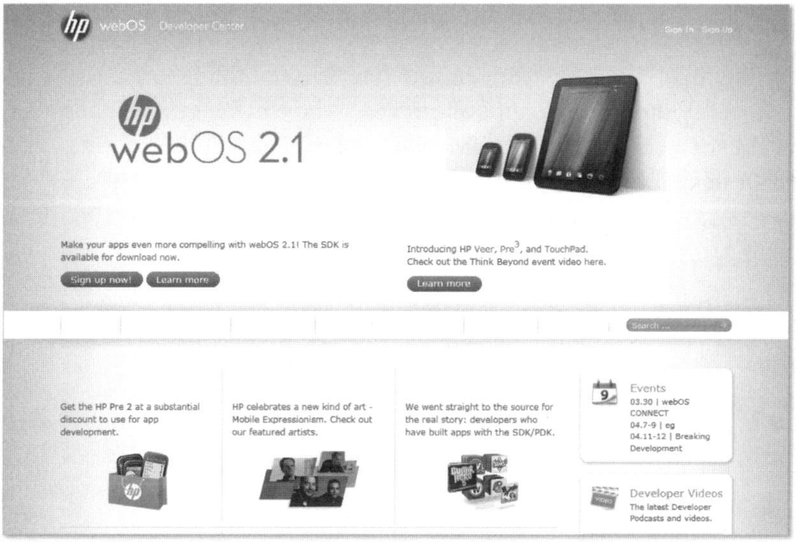

Abbildung 1.3 Das Handybetriebssystem webOS (developer.palm.com)

Abbildung 1.4 Die Computerzeitschrift PC Praxis (www.pc-praxis.de)

Speziell für Schulen, Vereine oder gemeinnützige Organisationen, die sich keine teuren Agenturen für ihre Internetpräsenz leisten können, ist Joomla! eine ideale Lösung. Ohne spezielle HTML-Kenntnisse lassen sich mit geringem Aufwand Inhalte verwalten und erstellen (siehe Abbildung 1.5 und Abbildung 1.6). Es müssen dafür nicht immer ausgefeilte Grafiken oder Designs eingesetzt werden.

Joomla! setzt Ihnen aber bei Ihren Ideen und bei der Gestaltung keine Grenzen. Bei den vorangegangenen Beispielen konnten Sie schon die gesamte Spanne der Einsatzmöglichkeiten sehen. Die folgenden zwei Beispiele zeigen ein etwas ausgefalleneres Design. Der richtige Einsatz von CSS-Formatierungen und das Anpassen der HTML-Vorlage ermöglichen Ihnen auch eine gelungene Präsentation der Inhalte.

Abbildung 1.5 Die Website der St.-Martinus-Schule in Hildesheim (www.st-martinus-schule-hi.nibis.de)

Abbildung 1.6 Informationskampagne der UNO zum Klimaschutz (www.coolplanet2009.org)

Abbildung 1.7 Die Website der Fotografin Melinda Borbely (www.mb-photography.com)

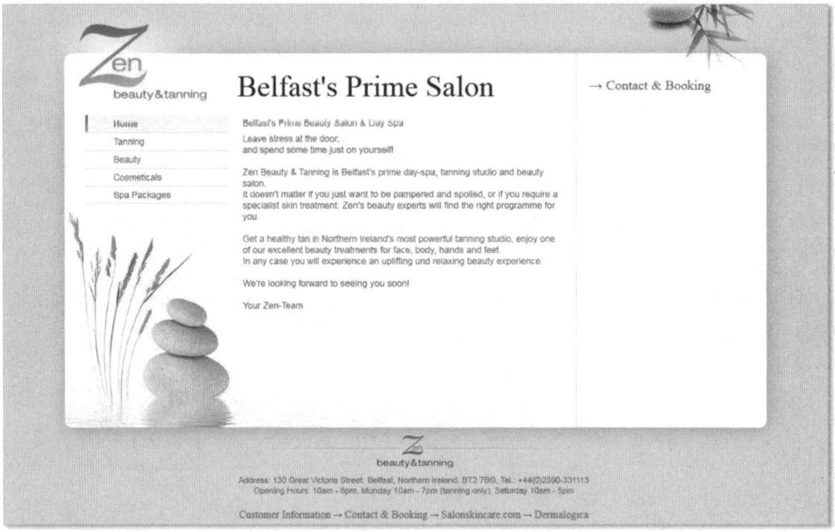

Abbildung 1.8 Schönheitssalon Zen (www.zen-belfast.com)

Gerade im künstlerischen Bereich ist Joomla! ein beliebtes System. So zeigen die letzten beiden Abbildungen die Webseite eines bekannten New Yorker Museums (siehe Abbildung 1.9) sowie den Internetauftritt einer Postrock-Band (siehe Abbildung 1.10).

Abbildung 1.9 Guggenheim-Museum (www.guggenheim.org)

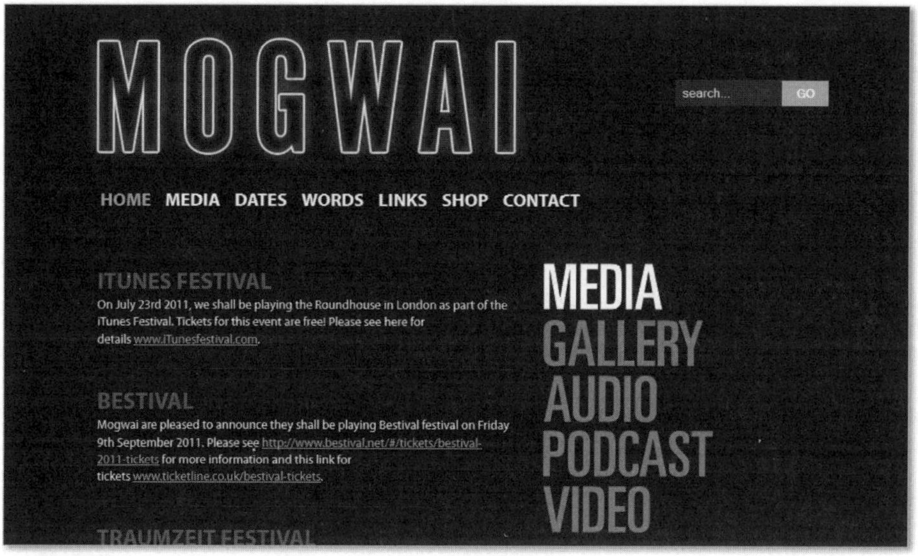

Abbildung 1.10 Die Band Mogwai (www.mogwai.co.uk)

1.11 Wichtige Ressourcen im Netz

Die Gemeinde rund um Joomla! tauscht ihre Erfahrungen vor allem über das Medium Internet aus. Daher wollen wir Ihnen einige Links auf wichtige Ressourcen zum CMS nicht vorenthalten.

- **www.joomla.org**
  Die offizielle Seite der Joomla!-Software. Hier finden Sie die neuesten Nachrichten, einen ausführlichen Hilfebereich, ein Support-Forum, Downloads sowie einen Bereich für Entwickler.
- **www.joomla.de**
  Die deutsche Seite zum CMS enthält neben Übersetzungen der offiziellen Projektseite auch nützliche Tipps zur deutschen Version.
- **mambo-foundation.org**
  Die offizielle Seite von Mambo mit neuesten Nachrichten, Ressourcen, Downloads, Hilfeseiten und einem Forum zum Mambo-Projekt.
- **www.joomlaos.de**
  Eine wertvolle Quelle für Erweiterungen.
- **www.joomlaawards.com/index.php**
  Diese Seite prämiert täglich besonders gelungene Joomla!-Designs.

- **www.joomlabook.org**
  Kollaborativ in einem Wiki erstellte Dokumentation von Joomla!. Hier können auch Sie sich beteiligen, um eine möglichst umfassende Anleitung zu schreiben.

Doch nun genug der Vorrede. Sie haben jetzt den nötigen Überblick, um sich selbst an die Arbeit zu machen und Joomla! zu installieren. Machen wir uns also ans Werk.

1.12 Übungsaufgaben

1. Was sind die grundlegenden Aufgaben eines Content-Management-Systems?
2. Welche Ordnungsstrukturen finden Sie in Joomla!?
3. Was versteht man unter Client und Server? Können diese auch auf einem Rechner laufen?
4. Welche Rollen können Benutzer in einem System wie Joomla! einnehmen?

»Die Sonne geht an keinem Dorf vorüber.«
– Sprichwort der Banto

2 Installation

In diesem Kapitel erfahren Sie,

- welche allgemeinen Systemvoraussetzungen gegeben sein müssen.
- wie Sie Ihr Testsystem vorbereiten.
- wie Sie Joomla! installieren.

Joomla! ist eigentlich eine Internetanwendung. Um es kennenzulernen, ist es trotzdem sinnvoll, zunächst eine Testversion auf dem eigenen Rechner zu installieren. Dort haben wir die volle Kontrolle über die Einstellungen; es ist kein Problem, wenn mal etwas schiefgeht, und nicht die ganze Welt sieht uns bei unseren Versuchen mit »Hallo Welt« und anderen Testtexten zu. Hier können wir auch die Homepage vorbereiten, ohne dauerhaft online sein zu müssen. Das fertige System kann (in den meisten Fällen) relativ einfach auf den Webhost aufgespielt werden.

Joomla! ist aber kein eigenständiges Programm. Damit das System läuft, benötigt man einen Webserver, PHP und die Datenbank MySQL. Im Internet werden die Programme von Ihrem Provider zur Verfügung gestellt, vorausgesetzt, Sie haben ein entsprechendes Paket erworben. Auf dem lokalen Rechner müssen Sie sich eine sogenannte Testumgebung mit diesen Softwarepaketen einrichten. Glücklicherweise gibt es schon mehrere Zusammenstellungen, die Ihnen die Arbeit der individuellen Konfiguration abnehmen.

2.1 Systemvoraussetzungen

Joomla! ist eine Webanwendung und als solche abhängig von anderen Programmen. Hierbei ist zwischen dem Client und dem Server zu unterscheiden. Für die Arbeit auf einer Internetseite, die mit Joomla! betrieben wird, benötigen Sie einen Browser der neueren Generation. Das sind beispielsweise:

- Google Chrome
- Firefox 1.5 oder höher
- Internet Explorer 6 oder höher
- Opera 6 oder höher

Natürlich können Sie auch andere Browser verwenden, wenn ein gelegentlicher kleiner Darstellungsfehler Sie nicht stört. JavaScript sollten Sie auf alle Fälle aktivieren. Im Frontend haben Sie ansonsten keinen Zugriff auf den WYSIWYG-Editor, und das Backend ist anderweitig nicht erreichbar. Ebenso sollten Sie Cookies aktiviert haben, sonst können Sie sich unter Umständen nicht einloggen.

Auf dem Server benötigen Sie neben ca. 50 MB Speicherplatz für Seite und Server-Software wie schon angedeutet die folgende Software:

- **Webserver**
  Apache 1.13.19 oder höher (empfohlen: 2 oder höher), alternativ auch Microsoft IIS 6 oder höher
- **Datenbank**
  MySQL 5.0.4 oder höher
- **Skriptsprache**
  PHP 5.2 oder höher

Voraussetzungen in PHP

MySQL-, XML- und Zlib-Unterstützung muss in PHP aktiviert sein, damit Joomla! richtig läuft. Dies ist normalerweise der Fall. Die entsprechenden Informationen erhalten Sie von Ihrem Provider.

Seit der Version 1.5 von Joomla! ist der Betrieb auf einem Server, der im PHP-*Safe Mode* läuft, kein Problem mehr. Näheres dazu erfahren Sie in Abschnitt 10.4, »Datenübertragung per FTP und Safe Mode«.

2.2 XAMPP

Um das System kennenzulernen, ist es einfacher, sich erst einmal ein System auf dem eigenen Rechner zu installieren. In Abschnitt 10.6, »Übertragung zum Webhost«, zeigen wir Ihnen dann, wie man die Daten zu einem Webhost übertragen kann. Auf dem eigenen Computer gehen viele Dinge etwas einfacher. Außerdem wird so verhindert, dass jeder kleine Versuch öffentlich ist und schlimmstenfalls auch von Suchmaschinen indiziert wird. Anders als bei normalen Anwendungen ist es bei Webseiten nötig, auf dem eigenen Rechner einen Webserver zu simulieren. Dieser besteht häufig aus mehreren Komponenten: einem Server, einer oder mehreren Skriptsprachen und einer Datenbank. Diese werden normalerweise von erfahrenen Administratoren installiert und gepflegt. Glücklicherweise gibt es aber XAMPP, ein Installationspaket, das die benötigten Programme (und mehr) mitbringt und die Konfigurationen aufeinander abstimmt, sodass wir uns einen Testserver quasi auf Knopfdruck erstellen können. Wie der Name sagt, handelt es sich hierbei um ein System für interne Tests. Ein echter Webserver sollte wegen der laschen Sicherheitseinstellungen nicht mit XAMPP betrieben werden.

Sie finden die Installationsdatei *xampp-win32-1.7.4-VC6-installer.exe* für XAMPP auf der beigelegten CD im Verzeichnis */xampp/windows*. Alternativ können Sie eine aktuelle Version des Installers im Netz unter *www.apachefriends.org/de/xampp-windows.html* herunterladen. Führen Sie die Datei nun mit einem Doppelklick auf das Icon aus. Unter Windows Vista und 7 werden Sie als Erstes um Erlaubnis gebeten, das Programm ausführen zu dürfen. Klicken Sie auf JA.

Ebenfalls unter Windows Vista und 7 kommt nun ein Hinweis bezüglich des Speicherorts von XAMPP. Keine Sorge, diese Problematik haben wir im Folgenden bereits berücksichtigt, Sie können also getrost mit OK bestätigen.

Nun erscheint ein Begrüßungsfenster. Beginnen Sie die eigentliche Installation mit WEITER > (siehe Abbildung 2.1).

Abbildung 2.1 Das XAMPP-Begrüßungsfenster

Im folgenden Schritt können Sie das Installationsverzeichnis auswählen. Wir empfehlen, als Zielverzeichnis *c:\xampp* zu wählen (siehe Abbildung 2.2).

Abbildung 2.2 Installationsverzeichnis wählen

Klicken Sie dann auf WEITER >. Im nun folgenden Dialog können Sie festlegen, welche Icons erzeugt werden und wie tief XAMPP in Ihr Windows integriert werden soll. Wir empfehlen hier, die Einstellungen wie vorgeschlagen zu übernehmen (siehe Abbildung 2.3).

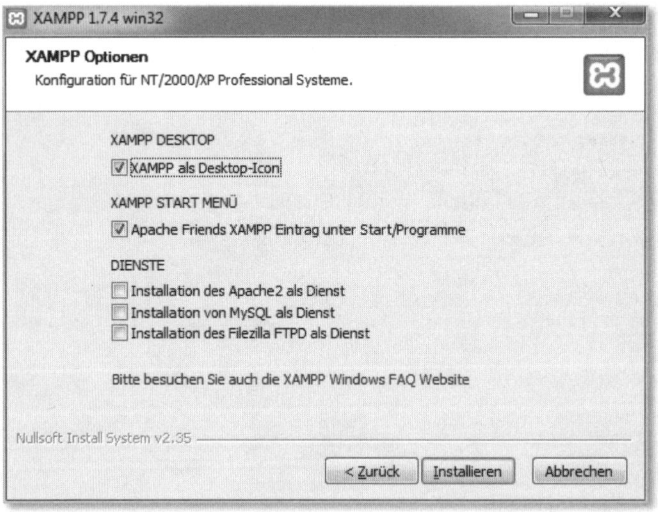

Abbildung 2.3 Weitere Optionen

Die Komponenten von XAMPP werden nun eingerichtet. Sie sehen ein Protokollfenster, in dem die einzelnen Schritte ausgegeben werden. Wundern Sie sich nicht, wenn der Vorgang einige Zeit in Anspruch nimmt, schließlich wird ein komplett konfigurierter Webserver eingerichtet (siehe Abbildung 2.4).

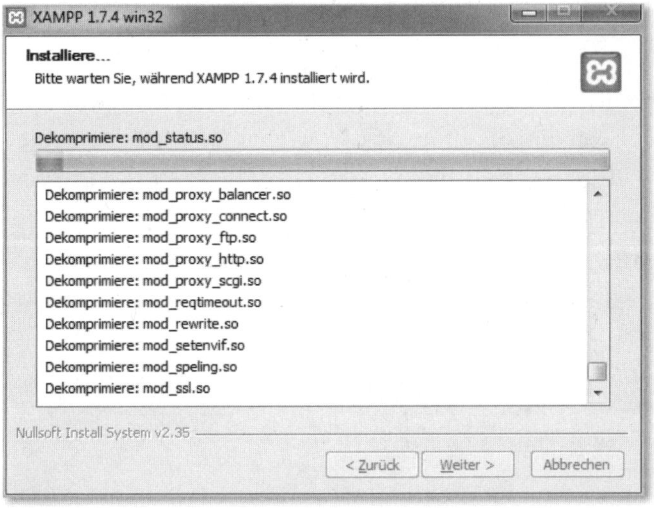

Abbildung 2.4 Das Protokollfenster der Installation

Wenn die Installation durchgelaufen ist, sehen Sie ein Bestätigungsfenster, das Sie mit FERTIG STELLEN quittieren können. Mit einer letzten Frage wird die Installation beendet: Möchten Sie das Control Panel gleich starten? Klicken Sie hier auf JA, denn wir wollen gleich loslegen. Nun öffnet sich ein neues Fenster (siehe Abbildung 2.5).

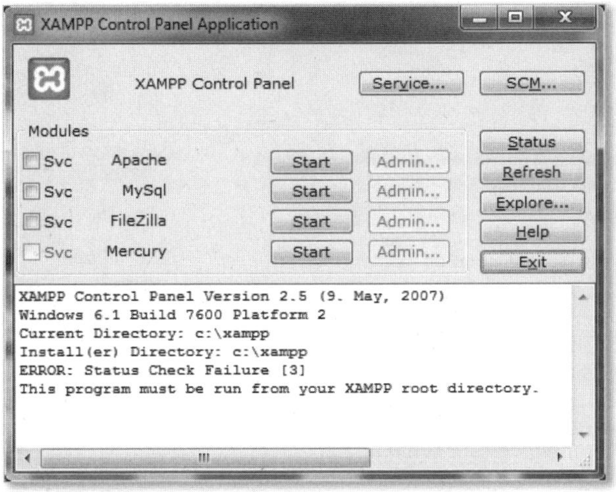

Abbildung 2.5 Das Kontrollfenster von XAMPP

Das XAMPP Control Panel starten

Wenn Sie das Programm später wieder starten wollen, finden Sie es entweder als Verknüpfung XAMPP CONTROL PANEL auf Ihrem Desktop oder im Startmenü unter APACHE FRIENDS • CONTROL PANEL.

Für den Betrieb von Joomla! müssen Sie nun Apache und MySQL jeweils mit einem Klick auf START einschalten. Sie sehen, dass die Dienste aktiv sind, wenn neben dem Namen grün hinterlegt RUNNING erscheint.

Beim ersten Start meldet sich die Firewall von Windows und fragt, wie mit diesem Dienst umgegangen werden soll. Wir empfehlen, den Zugriff von öffentlichen Netzwerken nicht zuzulassen, also den Haken bei ÖFFENTLICHE NETZWERKE nicht zu setzen. Dann bestätigen Sie mit ZUGRIFF ZULASSEN.

Windows-Versionen

Bitte beachten Sie, dass die Einstellungen zur Firewall je nach Windows-Version geringfügig anders aussehen können.

Ein Beispiel dafür, welche Einstellungen Sie für Apache vornehmen müssen, sehen Sie in Abbildung 2.6. Verfahren Sie ebenso für MySQL.

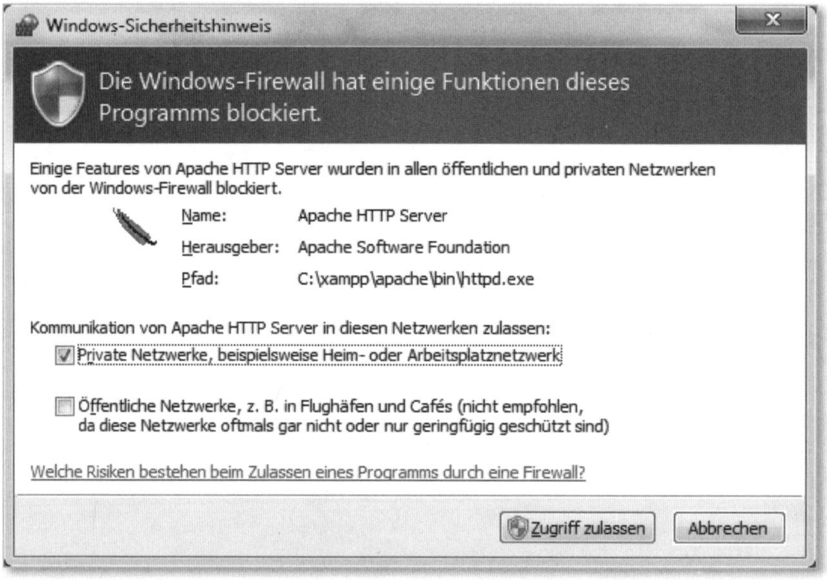

Abbildung 2.6 Den Zugriff auf die Serverdienste konfigurieren

Wenn der Apache nicht läuft ...

Sollte der Webserver Apache nicht laufen, kann es sein, dass ein anderes Programm, z.B. Skype oder der IIS, den Port 80 blockiert. Beenden Sie alle Anwendungen, die das Internet nutzen, und versuchen Sie erneut, den Server zu starten.

Um zu sehen, ob die Testumgebung richtig läuft, öffnen Sie einen Browser und geben als URL `localhost` ein. Klicken Sie dann auf DEUTSCH. Jetzt sollte die Seite aus Abbildung 2.7 erscheinen.

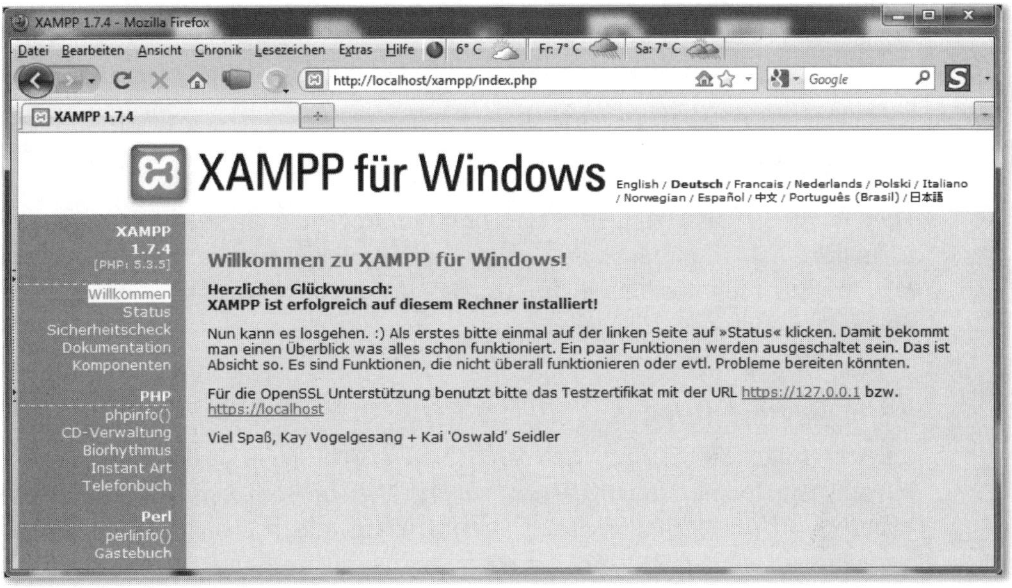

Abbildung 2.7 XAMPP-Startseite

Gehen Sie im linken Menü auf STATUS. Nun werden die verschiedenen XAMPP-Komponenten und deren Aktivierungsstatus angezeigt. In den Zeilen MySQL und PHP sollten Sie auf alle Fälle die Anzeige »aktiviert« sehen.

Um XAMPP zu beenden, reicht es nicht einfach, das Kontrollfenster zu schließen. Vielmehr müssen Sie dort zunächst Apache und MySQL jeweils über den Button STOP beenden.

Fehlermeldungen, die mit Strict Standards beginnen

Leider ist XAMPP in der Version 1.7.4 so eingestellt, dass PHP auch Hinweise zur Verbesserung des Programms ausgibt. Und leider findet PHP in Joomla! einige dieser Verbesserungsmöglichkeiten. Um unnötige Systemausgaben zu verhindern, ist eine Änderung in der Konfiguration von PHP notwendig. Bearbeiten Sie dazu die Datei *c:\xampp\php\php.ini*. Ändern Sie in der Zeile 517 den Wert für Fehlerberichte von

```
error_reporting = E_ALL | E_STRICT
```

auf

```
error_reporting = E_ALL & ~E_NOTICE
```

Damit werden diese Ausgaben unterdrückt.

2.3 Joomla!

Nun, da die Voraussetzungen geklärt und die Umgebungen eingerichtet sind, ist es an der Zeit, sich mit der eigentlichen Installation von Joomla! zu beschäftigen. Viel Arbeit nimmt uns hierbei das Installationsskript ab. Zuvor sind jedoch noch einige Vorbereitungen zu treffen.

2.3.1 Vorbereitungen

Zunächst sollten Sie die Dateien an den richtigen Ort bringen. Sie finden die neueste Version von Joomla! unter *www.joomla.org*. Die im Buch verwendete Variante haben wir auf der CD im Verzeichnis */joomla* untergebracht. Erstellen Sie einen Ordner namens *joomla* in einem Verzeichnis, auf das der Webserver Zugriff hat. Falls Sie XAMPP verwenden, handelt es sich um den Ordner *c:/xampp/htdocs*. Dort entpacken Sie das Archiv. Wenn Sie noch kein Packprogramm installiert haben, können Sie dazu das Programm 7-Zip verwenden, das Sie auf der CD unter */tools/sevenzip* finden. Die Dateien liegen jetzt im Verzeichnis *c:/xampp/htdocs/joomla*. Wenn Sie die Dateien entpackt haben, können Sie die Archivdatei wieder löschen, da diese immerhin 8 MB an Speicher verbraucht. Die Verzeichnisstruktur im Windows Explorer sollte nun so aussehen wie in Abbildung 2.8.

Mögliche Fehlerquelle

Achten Sie darauf, dass das Archiv vollständig entpackt wurde. Sollte der nachfolgende Dialog nicht richtig angezeigt werden, entpacken Sie das Archiv einfach noch einmal.

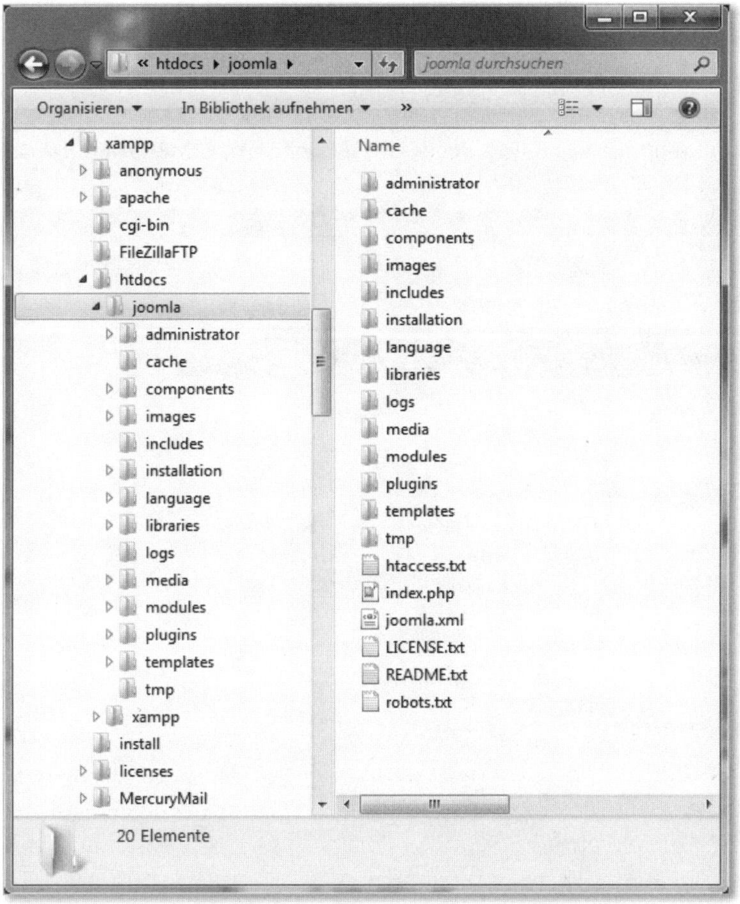

Abbildung 2.8 Die Verzeichnisstruktur von XAMPP und Joomla!

2.3.2 Installationsdialog und Sprachauswahl

Das Installationsskript rufen Sie im Webbrowser auf. Stellen Sie sicher, dass sowohl der Webserver als auch die Datenbank aktiviert sind. Geben Sie nun als URL `localhost/joomla` ein.

Ist JavaScript aktiv?

Für die Arbeit mit Joomla! ist es erforderlich, dass JavaScript in Ihrem Browser aktiviert ist.

Anderer Name des Installationsverzeichnisses

Sollten Sie im vorhergehenden Abschnitt einen anderen Namen für das Installationsverzeichnis gewählt haben, müssen Sie in der URL *joomla* durch Ihre Bezeichnung ersetzen.

Jetzt sollte die erste Seite der Installationsroutine erscheinen. Hier finden Sie eine Sprachauswahl. Wählen Sie hier GERMAN aus.

Sprachenwahl

Wir beziehen uns im weiteren Verlauf des Buches auf die Sprache GERMAN (DE-CH-AT).

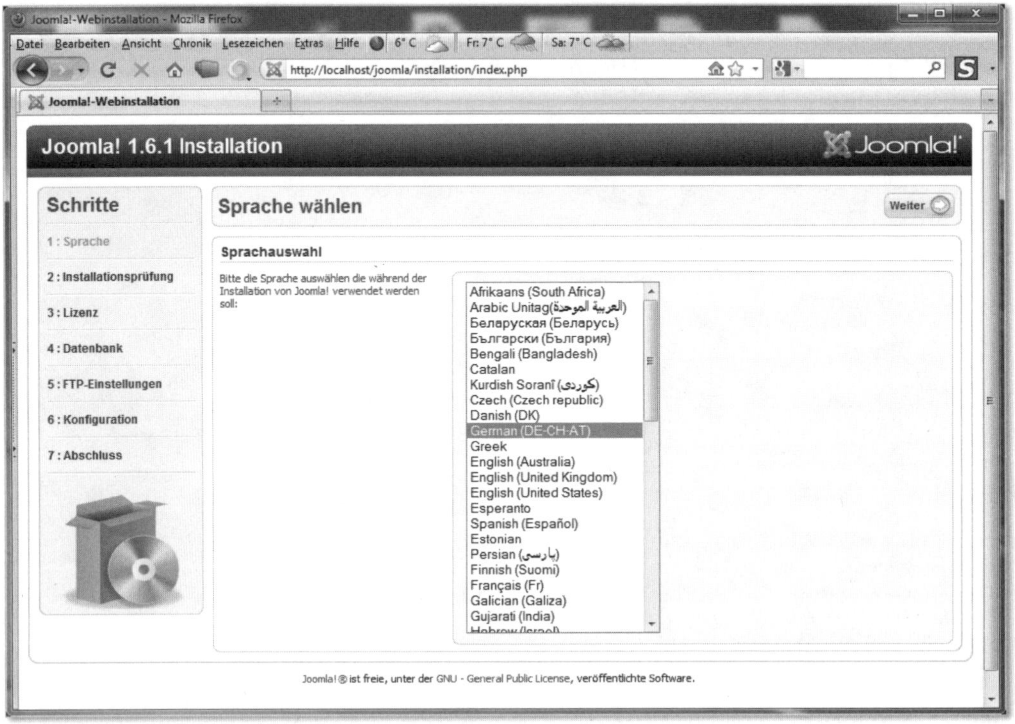

Abbildung 2.9 Die Sprachwahl vor der Installation

Klicken Sie nun auf WEITER.

2.3.3 Überprüfung der Servereinstellungen

Im Schritt 2 erscheinen Angaben über Ihr System und ein Abgleich mit den Voraussetzungen, die Joomla! erfordert. Im ersten Kasten sind Komponenten vermerkt, die zur Ausführung des CMS unbedingt vonnöten sind.

Der zweite Bereich, EMPFOHLENE EINSTELLUNGEN, bezieht sich auf Einstellungen Ihres Webservers, die eingehalten werden sollten. Joomla! läuft jedoch auch, wenn nicht alle Punkte entsprechend konfiguriert werden. In diesem Fall kann es aber zu Einschränkungen in der Funktionalität kommen. Insbesondere sei nochmals darauf hingewiesen, dass bei PHP der Safe Mode sehr hinderlich ist. Mit WEITER kommen Sie zum nächsten Schritt.

Abbildung 2.10 Der Installationscheck

2.3.4 Akzeptieren der Lizenz

Hier werden Sie auf die Lizenz hingewiesen, unter der Joomla! steht. Es handelt sich dabei um die GNU Public License (GPL). Sie besagt, dass das Programm unter Angabe der Urheber und Nennung der Lizenz frei weitergegeben und verändert werden darf.

Diese Lizenz stellt das rechtliche Herzstück der Open-Source-Bewegung dar, da sie sicherstellt, dass eine einmal unter dieser Lizenz veröffentlichte Software nicht mehr proprietär genutzt werden kann. Wohlgemerkt, dies bezieht sich im Fall von Joomla! nur auf die Software und nicht auf die Inhalte. Die Rechte an der Gestaltung und inhaltlichen Aufbereitung Ihrer Homepage sind davon also unberührt. Wenn Sie mit der Lizenz einverstanden sind, dann klicken Sie ein weiteres Mal auf WEITER.

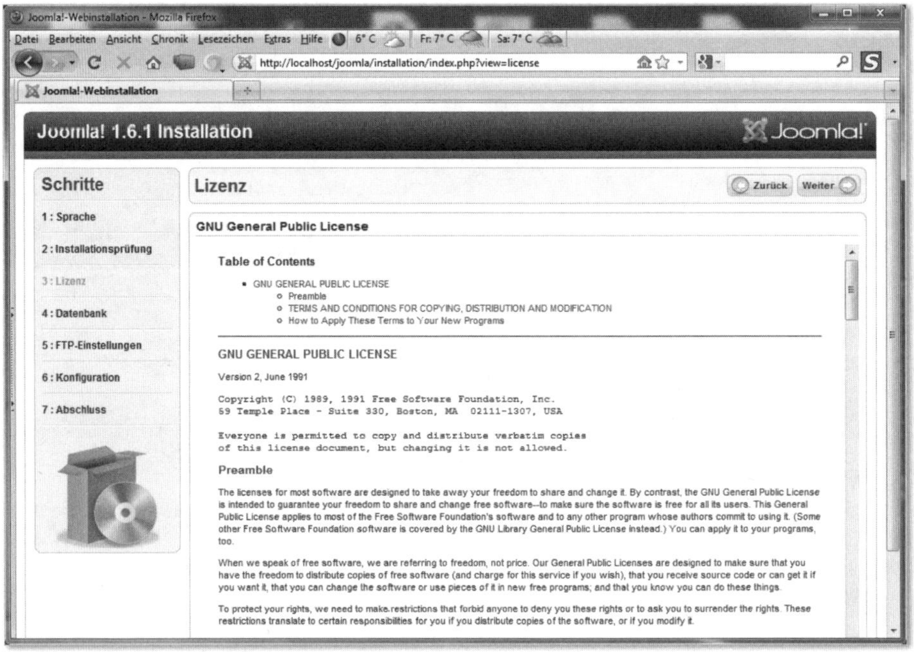

Abbildung 2.11 Die GNU Public License

2.3.5 Datenbankeinstellungen

Im folgenden Schritt (siehe Tabelle 2.1) werden Sie aufgefordert, einige Angaben zur Datenbank zu machen. Sofern Sie Joomla! auf einem Webhost installieren, bekommen Sie die Angaben zu DATENBANKTYP, SERVERNAME, BENUTZERNAME und PASSWORT sowie DATENBANKNAME direkt vom Anbieter. Wenn Sie XAMPP installiert haben, so verwenden Sie bitte die folgenden Angaben:

Feld	Eintrag
Datenbanktyp	MySQLi
Servername	localhost
Benutzername	root
Passwort	(leer)
Datenbankname	joomla
Tabellenpräfix	jos_

Tabelle 2.1 Einträge für die Datenbank

Das Feld TABELLENPRÄFIX ist dann interessant, wenn Sie mehrere Installationen von Joomla! in einer Datenbank verwalten wollen oder müssen. Jede Tabelle der aktuellen Installation wird mit einer Vorsilbe versehen, sodass die Tabellen für diese Installation einzigartig sind. Üblicherweise bestehen diese Vorsilben aus zwei bis vier Buchstaben und einem Unterstrich, also z.B. `jos_`. Der Bereich ALTE DATENBANKTABELLEN ist relevant, wenn Sie eine bestehende Joomla!-Installation aktualisieren. Die Option LÖSCHEN sollten Sie nur dann setzen, wenn Sie eine vorhandene Joomla!-Installation komplett überschreiben wollen. In diesem Fall werden eventuell schon vorhandene Joomla!-Tabellen aus der Datenbank gelöscht. Der Auswahlpunkt SICHERN bewirkt das genaue Gegenteil. Sollte es schon Tabellen einer vorhergehenden Installation des CMS geben, so werden diese als Backup gespeichert. Da wir mit einer frischen Joomla!-Installation beginnen, lassen wir die Option auf dem Standardwert.

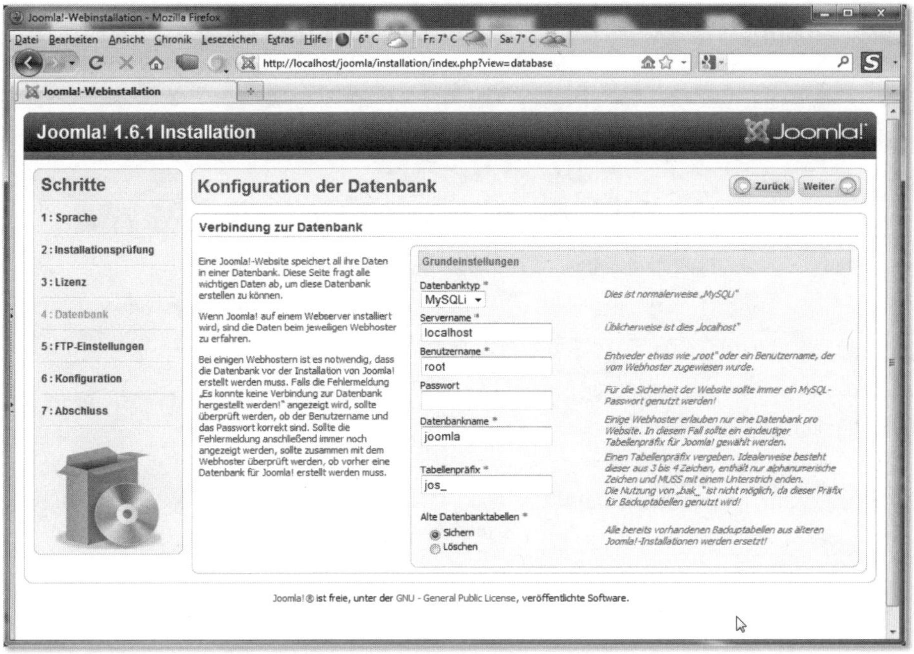

Abbildung 2.12 Die Einstellungen der Datenbank

Mit WEITER gelangen Sie zum nächsten Schritt.

2.3.6 Einstellungen für die Datenübertragung

Hier können Sie Einstellungen zur Datenübertragung per FTP vornehmen. Diese sind bei einer lokalen Installation nicht notwendig. Wenn Sie Joomla! jedoch auf einem Webhost installieren, sollten Sie hier die Daten für den FTP-Zugriff auf Ihre Seite angeben und FTP-FUNKTION AKTIVIEREN auf JA setzen. Tun Sie das nicht, riskieren Sie, dass Sie die Zugriffsrechte auf die Dateien von Joomla! verlieren und einen Techniker Ihres Webhosters bitten müssen, diese wiederherzustellen. Der Hintergrund ist, dass es unter manchen Betriebssystemen (beispielsweise Linux), auf dem viele Webserver laufen, zu Zugriffsproblemen kommen kann, wenn sowohl die Webanwendung (in unserem Fall also Joomla!) als auch ein Administrator via FTP die gleichen Dateien verändern. Joomla! bietet hier an, Daten ebenfalls per FTP zu schreiben und somit Verwirrungen zu vermeiden. Unter Windows ist dieser Weg nicht notwendig.

Einstellungen zu FTP

Sie können diese Einstellungen später auch in der Konfiguration ändern. Näheres zu der gesamten Problematik finden Sie in Abschnitt 10.4, »Datenübertragung per FTP und Safe Mode«.

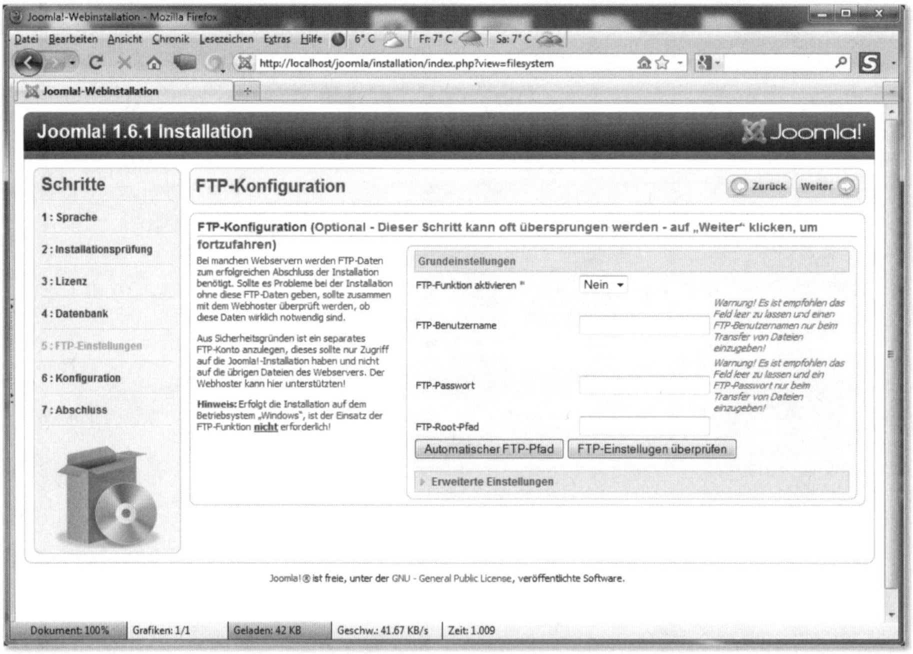

Abbildung 2.13 Datenübertragung per FTP

Wir lassen die Einstellung auf NEIN und gehen mit WEITER zum nächsten Schritt.

2.3.7 Einstellungen der Seite

An dieser Stelle können Sie einige grundlegende Eigenschaften Ihrer Seite festlegen, z.B. den NAME DER WEBSITE. Wir wollen in diesem Buch beispielhaft die

Seite der Gemeinde Tschumgau erstellen und nennen die Seite dementsprechend. Im nächsten Bereich werden Sie gebeten, Ihre E-MAIL-Adresse anzugeben. Dies ist die Mail-Adresse, an die Joomla! im Zweifelsfall Rückmeldungen von anderen Benutzern schickt. Sehr wichtig ist das Setzen des ADMIN-BENUTZERNAMENS und des ADMINISTRATOR-PASSWORTS, das Sie im darauf folgenden Feld noch einmal bestätigen müssen. Mit diesem Passwort kommen Sie ins Backend von Joomla!, also auf die Administrationsoberfläche, auf der Sie das Aussehen und den Inhalt der Seite bestimmen können.

Administrator-Zugangsdaten aufschreiben

Notieren Sie sich den Admin-Benutzernamen und das Administrator-Passwort, denn nur mit diesen Daten können Sie Joomla! verwalten.

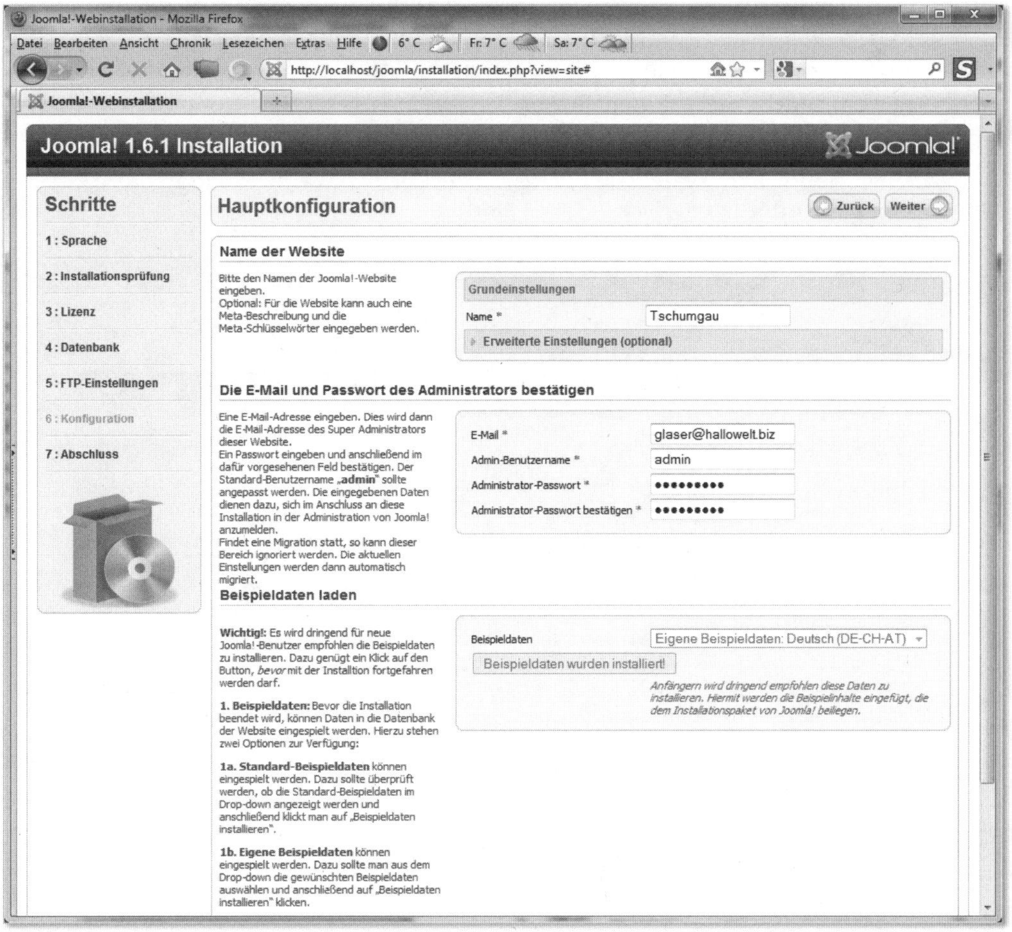

Abbildung 2.14 Konfiguration des Passworts

Wenn Sie den Beispielen im Buch folgen wollen, klicken Sie auf den Button BEISPIELDATEN INSTALLIEREN. Nun wird die Datenbank mit einigen Seiten gefüllt, die uns die ersten Schritte in Joomla! erleichtern. Sie sehen, dass die Aktion erfolgreich war, wenn anstelle des Buttons der Text BEISPIELDATEN WURDEN INSTALLIERT! erscheint. Sind alle Daten eingegeben, so gelangen Sie mit WEITER zum nächsten Schritt.

2.3.8 Bestätigungsseite

Die Installation ist nun fertiggestellt. Sie werden aufgefordert, das Installationsverzeichnis aus Sicherheitsgründen zu entfernen. Wenn Sie das nicht tun, könnte die Installation zu einem späteren Zeitpunkt aus Versehen oder von böswilligen Usern nochmals wiederholt werden, was einen Verlust der bisherigen Daten zur Folge hätte. Daher nimmt Joomla! diese Aufforderung sehr ernst: Solange Sie das Verzeichnis nicht entfernt haben, können Sie Joomla! nicht aufrufen. Seit der Version 1.6.1 können Sie den Ordner direkt mithilfe des Installationsdialogs entfernen, indem Sie auf den Button INSTALLATIONSVERZEICHNIS LÖSCHEN klicken. Wenn die Aktion geglückt ist, ändert sich der Text des Buttons in INSTALLATIONSVERZEICHNIS ERFOLGREICH GELÖSCHT. Ansonsten müssen Sie das Verzeichnis manuell entfernen.

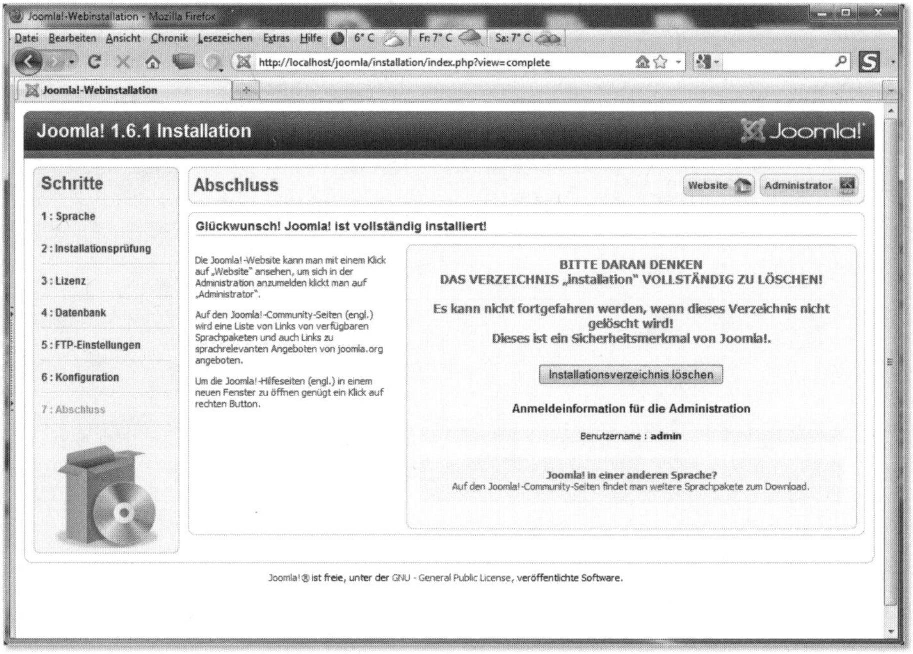

Abbildung 2.15 Sicherheitssperre nach der Installation

Keine Schreibberechtigung

Für den Fall, dass die Datei *configuration.php* nicht geschrieben werden konnte, wird der Inhalt dieser Datei in einem Textfeld ausgegeben. Kopieren Sie dann den gesamten Inhalt in einen Texteditor, und speichern Sie ihn als *configuration.php* im Stammverzeichnis der Joomla!-Installation ab.

Direkt nach der Installation haben Sie auch die Möglichkeit, Front- und Backend über die Buttons WEBSITE und ADMINISTRATOR rechts oben anzusteuern.

Später verwenden Sie dazu die folgenden URLs:

- **Frontend**
  localhost/joomla
- **Backend**
  localhost/joomla/administrator

2.4 Ein erster Blick

Öffnen Sie einen Browser Ihrer Wahl, und geben Sie als URL *localhost/joomla* ein. Daraufhin wird die Einstiegsseite Ihrer neuen Homepage angezeigt.

Wie Sie in Abbildung 2.18 sehen können, unterscheidet sich das Aussehen auf den ersten Blick nicht von einer gewöhnlichen Seite. Sie finden Text und Bildinhalte, Übersichten, Menüs, ein Suchfeld und Formularfelder. Links unter dem Menü finden Sie den Anmeldebereich (LOGIN FORM). Sie können sich jetzt schon anmelden, da Sie sich bei der Installation bereits einen Administrator-Account zugelegt haben. Geben Sie dazu den BENUTZERNAMEN »admin« und das PASSWORT ein, das Sie bei der Installation festgelegt haben, und drücken Sie auf ANMELDEN. Wie Sie sehen, ändert sich noch nicht viel. Das Login-Feld wird durch einen ABMELDEN-Button ersetzt, und das Benutzermenü wird eingeblendet. In den Inhalten erscheint ein zusätzliches Feld, das die direkte Bearbeitung von Inhalten im Frontend erlaubt. Dazu später mehr.

Um ins Backend, also in die eigentliche Oberfläche für Webadministratoren, zu gelangen, hängen Sie an die URL, die zur Joomla!-Seite führt, einfach ein `/administrator` an:

```
http://localhost/joomla/administrator
```

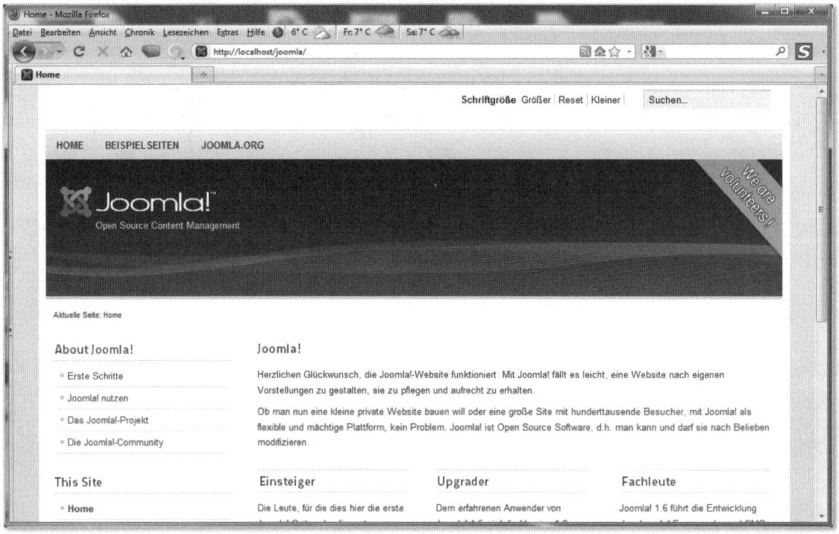

Abbildung 2.16 Das Frontend

Das Backend ist ein geschützter Bereich, zu dem nur bestimmte registrierte Benutzer Zugang haben. Daher erscheint zunächst ein Anmeldeformular. Geben Sie hier bei BENUTZERNAME »admin« und bei PASSWORT das zuvor festgelegte Kennwort ein (siehe Abbildung 2.17). Sie haben zudem noch die Möglichkeit, die Sprache festzulegen. Da wir die deutsche Installation verwendet haben, ist die Standardlokalisierung Deutsch.

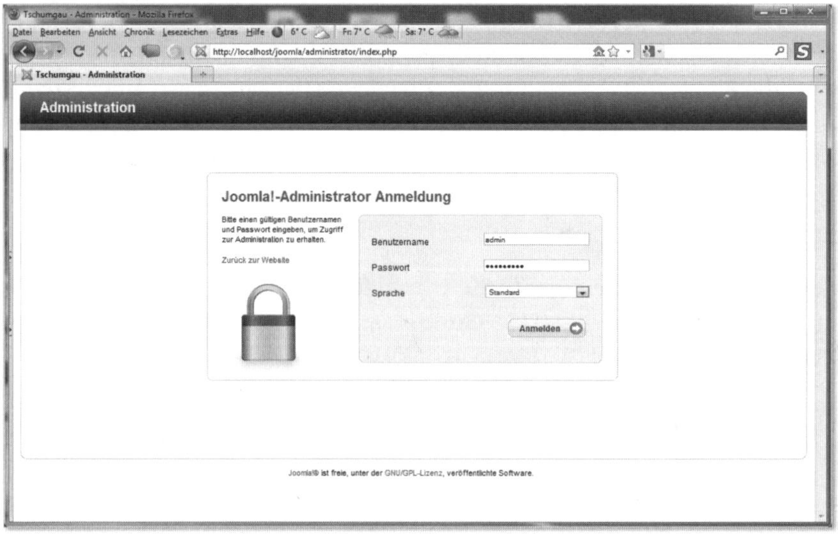

Abbildung 2.17 Anmeldung zum Backend

Nach erfolgreichem Login erscheint die Administrationsoberfläche von Joomla! (siehe Abbildung 2.18).

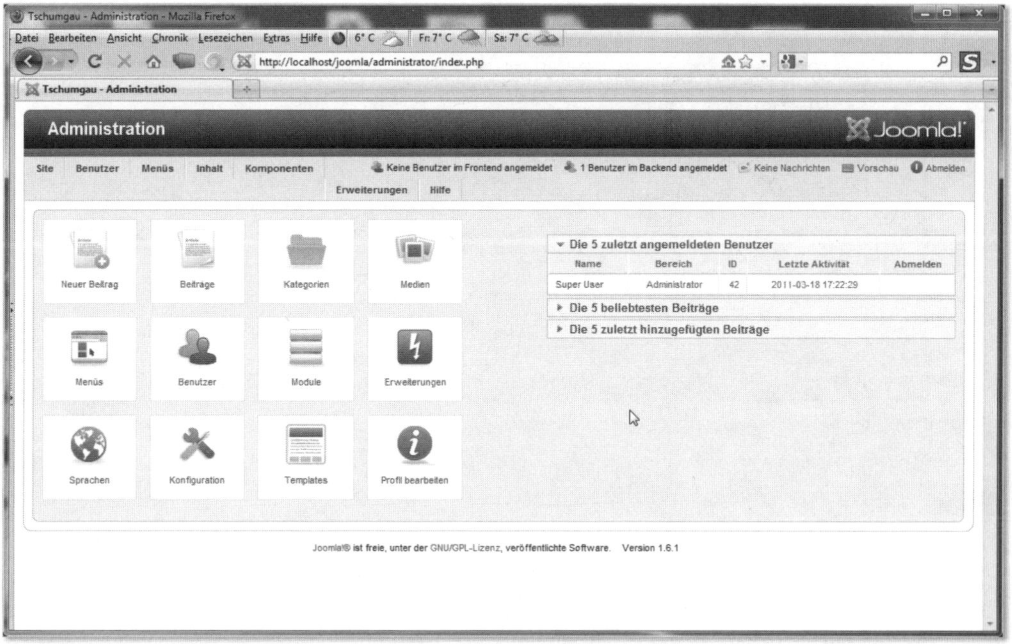

Abbildung 2.18 Das Backend

Schon auf den ersten Blick sieht man, dass sich das Backend in mehrere Bereiche untergliedert, über die Joomla! gesteuert wird. Manchmal führen hier auch mehrere Wege zum gleichen Ziel. So haben Sie über die Icons im linken Bereich einen schnellen Zugang zu den Verwaltungswerkzeugen, die aber auch über Menüs erreicht werden können. Andererseits können Sie viele Aktionen nur über eine Button-Leiste rechts oben ausführen. Achten Sie in diesem Zusammenhang besonders darauf, den Zurück-Button des Browsers so wenig wie möglich zu benutzen. Stattdessen wird Ihnen in der Button-Leiste meistens eine Abbrechen-Schaltfläche angeboten.

Versuchen Sie doch einmal, einen Inhalt anzulegen. Klicken Sie dazu auf das Symbol mit der Aufschrift Neuer Beitrag (siehe Abbildung 2.19).

Abbildung 2.19 Mit diesem Symbol erstellen Sie einen neuen Beitrag.

Es erscheint das Formular zur Erstellung von Seiteninhalten, die in Joomla! Beiträge genannt werden (siehe Abbildung 2.20).

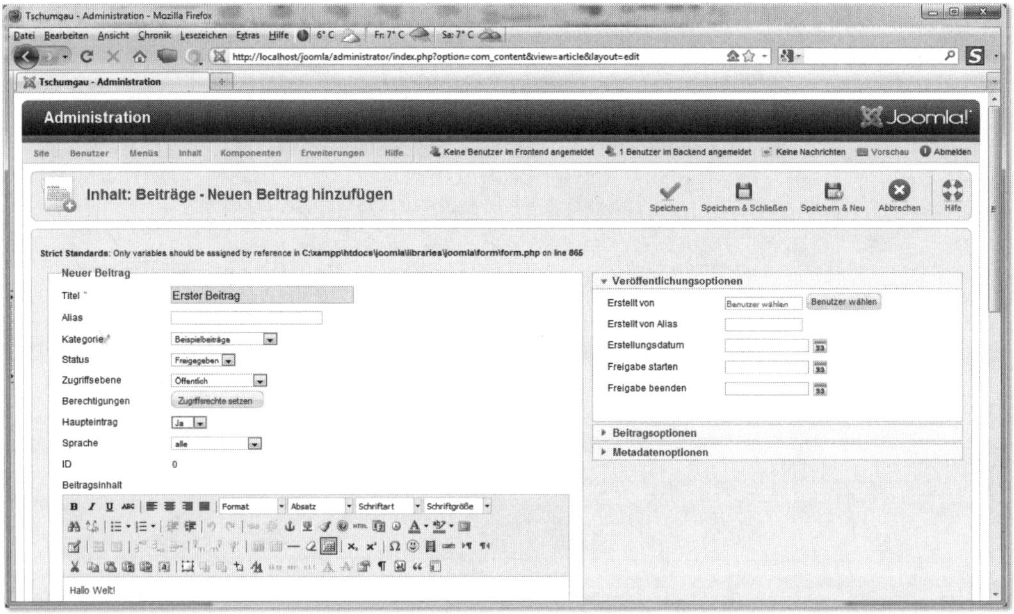

Abbildung 2.20 Neuen Inhalt erstellen

Geben Sie hier im Feld Titel den Seitentitel »Erster Beitrag« und im großen Textfeld darunter den beliebten Willkommensgruß »Hallo Welt!« ein. Dieser wird im Frontend angezeigt, wenn ein Benutzer auf eine Seite mit dem neu erstellten Beitrag kommt. Um das zu ermöglichen, können Sie diesen Beitrag beispielsweise auf der Startseite anzeigen lassen. Ändern Sie dazu die Auswahl Hauptbeitrag von Nein auf Ja. Jetzt müssen Sie noch den gesamten Inhalt speichern. Das geht, indem Sie die Schaltfläche Speichern & Schliessen betätigen (siehe Abbildung 2.21).

Abbildung 2.21 Beitrag speichern

Jetzt sollten Sie eine Liste sehen, in die der neue Eintrag aufgenommen wurde. Wie sich die Änderung auf das Frontend ausgewirkt hat, können Sie sehen, wenn Sie die Vorschau aufrufen. Klicken Sie dazu einfach rechts oben auf den Link Vorschau. Es öffnet sich ein neues Fenster oder, je nach Browser, ein neuer Reiter, mit der Startseite des Frontends. Ihr Inhaltselement ist jetzt mittig auf der Startseite (siehe Abbildung 2.22).

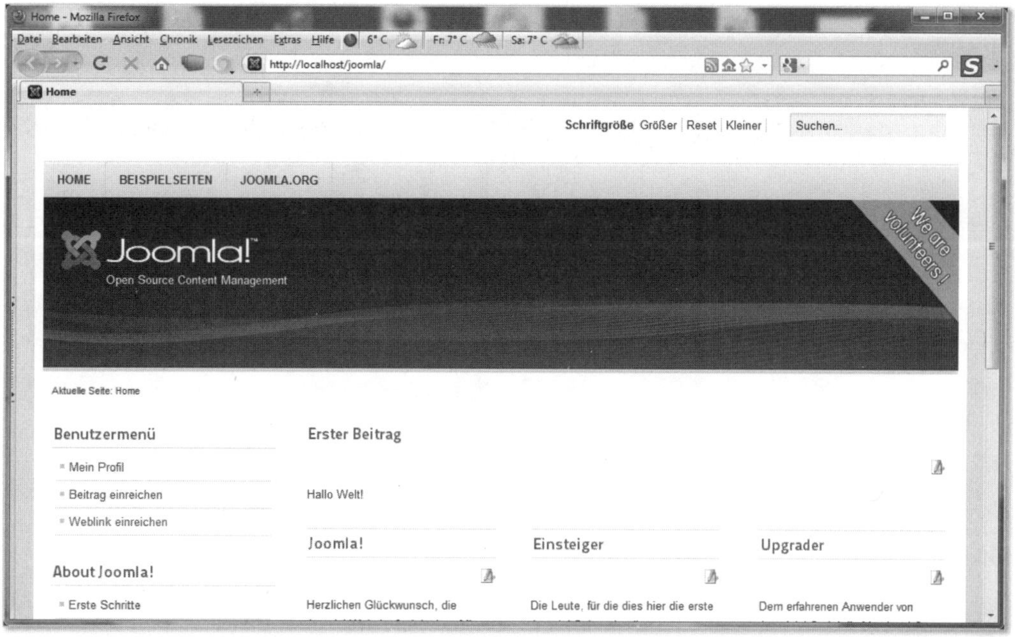

Abbildung 2.22 Das neue Inhaltselement

Loggen Sie sich nun auf der Startseite mit Ihrem Administrator-Account ein. Sie werden feststellen, dass sich neben dem Titel ein Symbol befindet, nämlich ein kleiner Stift. Damit können Sie den Inhalt auch im Frontend bearbeiten; bei einem Klick erscheint der gleiche Editor, den Sie bereits aus dem Backend kennen.

2.5 Übungsaufgaben

1. Welche Voraussetzungen sind bei der Installation von Joomla! zu beachten?
2. Welche Schritte sind nötig, um Joomla! zu installieren?
3. Welcher Sicherheitsmechanismus ist zu beachten, wenn die Installation fertiggestellt wurde?

»Ein Dorf, das man sieht, braucht kein Ortsschild.«
– Aus Albanien

3 Frontend

In diesem Kapitel lernen Sie

- die Bereiche einer Joomla!-Website kennen.
- die Bedeutungen der verschiedenen Komponenten.
- die Bearbeitung eines ersten Artikels über das Frontend.
- die Möglichkeiten des Editors TinyMCE.

3.1 Die Bereiche der Homepage im Überblick

Wenn Sie sich als normaler Websurfer im Netz tummeln und auf eine Homepage stoßen, die mit Joomla! gestaltet wurde, dann haben Sie das sogenannte Frontend von Joomla! vor sich. Dieses setzt sich aus mehreren Komponenten, wie z.B. verschiedenen Menüs, einem Loginformular etc. zusammen.

Wir werden Ihnen im Folgenden Beispiele für einige mögliche Bereiche einer Joomla!-Seite vorstellen und diese in vier Gruppen einteilen, sodass Sie im Backend gezielt darauf zugreifen können. Werfen Sie außerdem einen Blick auf das Frontend Ihres Testsystems. Hier wurden mit den Beispieldaten bereits ein paar dieser Bestandteile realisiert (siehe Abbildung 3.1).

3.1.1 Menüs

Mithilfe von Menüs wird auf verschiedene Seiten der Site verlinkt.

- **Oberes Menü**
  Das waagerechte Menü am oberen Rand der Seite enthält normalerweise grundlegende Links, die sich selten ändern, wie z.B. Home, Kontakt und Impressum.

- **Hauptmenü**
  Das Hauptmenü verweist auf alle anderen wichtigen Seiten der Homepage. Es ist damit die zentrale Navigationsleiste und sollte sich auch auf allen anderen Seiten an derselben Stelle befinden.
- **Benutzermenü**
  Dieses Menü wird standardmäßig nur angezeigt, wenn ein Benutzer angemeldet ist. Es enthält zum größten Teil Links, die speziell für die Aktivitäten des jeweiligen Benutzers nützlich sind.

Zusätzlich können diese »Standardmenüs« durch weitere Menüs (im Beispiellayout »About Joomla!«) ergänzt werden, die man überall auf der Seite platziert kann. Dies bietet dem Webmaster Raum, um weitere Menüoptionen unterzubringen. Doch dazu später mehr.

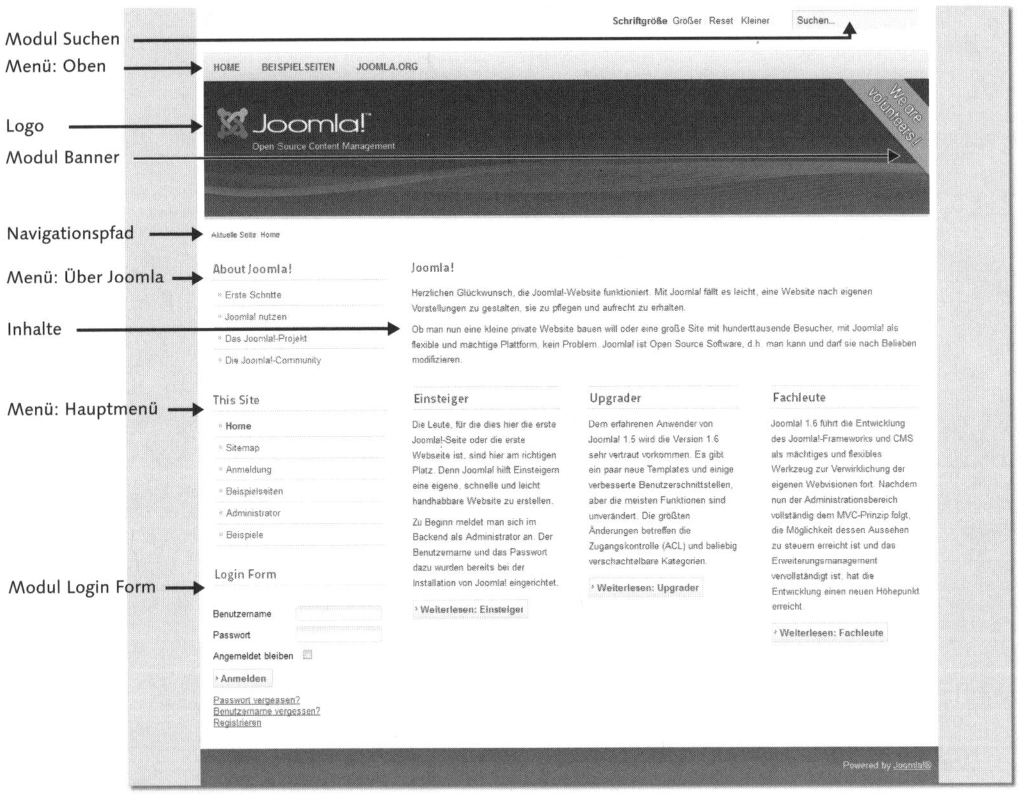

Abbildung 3.1 Die Standardelemente einer Joomla!-Installation lassen sich grob in vier Gruppen einteilen: Menüs, Module, Inhalte und Dekoration.

3.1.2 Module

Auf vielen Joomla!-Seiten befinden sich kleine dynamische Bereiche, sogenannte Module. Dahinter stecken kleine PHP-Programme, die bestimmte Aufgaben innerhalb der Homepage übernehmen. Einige davon möchten wir Ihnen genauer beschreiben:

- **Anmeldung**
  Wie der Name schon sagt, können Sie sich in diesem Feld anmelden – vorausgesetzt Sie haben einen Account, sind also bei der Homepage schon bekannt. Ansonsten haben Sie hier die Möglichkeit, über den angefügten Link REGISTRIEREN einen solchen Account zu erwerben. Mit Ihrer Anmeldung werden Ihnen über die Verwaltung verschiedene Zugriffsrechte erteilt. Diese können je nach beabsichtigter Politik des Website-Besitzers sehr weit gefasst sein und z.B. Schreib- und Veröffentlichungsrechte einschließen. Auf der anderen Seite kann die Homepage auch sehr statisch gestaltet werden, d.h. keine Usereingaben zulassen und damit ein Login fast überflüssig machen.
- **Suche**
  Auch bei der Suchmaske in der rechten oberen Ecke Ihres Testfrontends handelt es sich um ein Modul, das auf keiner Website fehlen darf. Wenn Sie hier einen Suchbegriff eingeben und die Eingabe mit der [↵]-Taste bestätigen, werden Sie zu einer Ergebnisseite gebracht, auf der Sie Ihre Suche noch weiter präzisieren können.

Darüber hinaus gibt es noch viele weitere Module, die in unserem frisch installierten System noch nicht zu sehen sind, aber im Nachhinein auf der Website eingebunden oder installiert werden könnten. Zwei Beispiele dafür sind:

- **Umfragen**
  In letzter Zeit sind Online-Umfragen als zusätzliches partizipatives Element im WWW immer beliebter geworden. Auch in Joomla! können Sie die Besucher Ihrer Website zu beliebigen Themen befragen und abstimmen lassen. Das Programm kann jedoch lediglich anhand von Cookies registrieren, ob sich der User bereits einmal an derselben Umfrage beteiligt hat. Das lässt natürlich Manipulationen durch Leser zu, da man sich nach dem Ablaufen eines Cookies einfach nochmals an der Umfrage beteiligen kann.
- **Wer ist online?**
  Dies ist eine weitere Funktion, die die Gruppendynamik stärken soll. Es wird angezeigt, ob und wie viele andere angemeldete User oder Gäste auf der Homepage surfen. Am besten wirkt diese Funktion natürlich, wenn sich viele Nutzer gleichzeitig mit der Site beschäftigen.

3.1.3 Beiträge

Die Inhalte sind das wichtigste Element der Homepage. Es handelt sich dabei um Informationen, die vom Webmaster, aber auch von den Usern auf der Seite publiziert werden, damit die Besucher sie lesen können. Joomla! nennt diese Inhalte oder Artikel *Beiträge* und meint damit die Menge aller Inhalte im jeweiligen Joomla!-System.

Eine bevorzugte Stellung nehmen die sogenannten vorgestellten Beiträge ein. Dies sind die Inhalte, die auf der Startseite angezeigt werden.

3.1.4 Dekoration

Die dekorativen Elemente der Homepage lassen den Surfer sofort erkennen, auf welcher Site er sich gerade befindet, und geben ihr ein individuelles Äußeres, das sogenannte Look & Feel.

- **Logo**
  Stellt einen Teil des Templates dar. Gerade bei Firmen und Organisationen, die auch außerhalb des Internets agieren, führt das eigene Logo den erwünschten Wiedererkennungseffekt herbei.
- **Banner**
  Damit sind hauptsächlich Werbebanner für Kunden gemeint. Sie werden im Backend über die Banner-Verwaltung konfiguriert.

Außer den hier aufgezählten sichtbaren Elementen einer Joomla!-Site gibt es noch einige wichtige Bestandteile, die allerdings eher im Verborgenen arbeiten, wie z.B. die Plugins. Zu diesen erfahren Sie mehr in Kapitel 9, »Module, Plugins, Komponenten«.

3.2 Das Bearbeiten von Inhalten im Frontend

Wie zu Beginn erwähnt wurde, befinden wir uns gerade in einer Entwicklung von statischen Websites hin zu Homepages, die es dem User ermöglichen, aktiv an der Präsentation und Kommunikation im WWW teilzunehmen. Eine grundlegende Eigenschaft des CMS sollte es daher sein, dass der Benutzer die Inhalte der Site im Frontend mitgestalten kann. Dies entlastet zum einen den Webmaster, der nicht mit jeder Änderung belästigt werden muss. Zum anderen erhalten damit die User mehr Verantwortung, was ihre Bindung an die Homepage stärkt, aber auch ein gewisses Vertrauensverhältnis voraussetzt.

Es gibt zwei Ebenen, auf denen die Inhalte der Website geändert werden können: Entweder Sie sind einfacher User und haben die Rechte, vom Frontend aus auf die Artikel zuzugreifen, oder Sie haben den Status eines Administrators und können den Inhalt sowohl im Backend als auch im Frontend ändern. Im Prinzip ist die Art der Bearbeitung auf beiden Ebenen fast gleich. Da wir uns jedoch zunächst auf der Frontend-Seite befinden, wollen wir uns ansehen, wie dies hier funktioniert.

Am Ende von Abschnitt 2.4, »Ein erster Blick«, haben wir bereits einen neuen Beitrag angelegt. Loggen Sie sich auf der Hauptseite mit Ihrem Administrator-Account ein.

Sie sehen nun am rechten oberen Rand der Artikel ein Stift-Symbol. Wenn Sie in die Artikelansicht eines Textes schalten, indem Sie auf den jeweiligen Titel klicken, erscheinen noch zwei weitere Schaltflächen (siehe Tabelle 3.1).

Symbol	Beschreibung
	Mit dieser Funktion wird der Text zunächst in einem neuen Fenster als Druckvorschau angezeigt. Den eigentlichen Druckbefehl geben Sie dann dort.
	Damit können Sie den Artikel per E-Mail verschicken. Bei erfolgreichem Versand erhalten Sie eine Erfolgsmeldung.
	Mit einem Klick auf den Editierstift gelangen Sie in die Bearbeitung des Artikels. Er erscheint nur, wenn der Benutzer eingeloggt ist.

Tabelle 3.1 Die Schaltflächen zur Ver- und Bearbeitung von Beiträgen

Der Editierstift zeigt an, dass Sie die Berechtigung haben, den Artikel zu ändern. Falls Sie das Icon nicht sehen, haben Sie sich noch nicht eingeloggt und somit keine Zugriffsberechtigung auf den Text. Wenn Sie mit der Maus über das Bildchen fahren, werden Ihnen in einem Flyout noch einmal die wichtigsten Informationen zu dem Artikel zusammengefasst, z.B. Autor, Veröffentlichungsdatum und Status.

Wenn Sie auf den Stift klicken, gelangen Sie in die Editieransicht des Artikels. Sie haben nun die vier Felder Editor, Freigeben, Sprache und Metadaten vor sich, die wir im Folgenden näher beleuchten wollen.

Im ersten Feld können Sie mithilfe des WYSIWYG[1]-Editors TinyMCE die Beiträge verändern. Diesen Editor und die weiteren Funktionen im Bearbeitungsmodus finden Sie im Übrigen auch im Backend vor. Sie brauchen sich damit nur einmal in dessen Funktionalitäten einzuarbeiten.

1 WYSIWYG ist die Kurzformel für »**W**hat **Y**ou **S**ee **I**s **W**hat **Y**ou **G**et«, das heißt: »Was du siehst, bekommst du.« Über eine grafische Benutzeroberfläche werden z.B. Texte oder Grafiken geändert, und schon während der Arbeit zeigt sich, wie das Endresultat aussieht.

3.3 Der Editor TinyMCE im Detail

Der TinyMCE ist ein kleines grafisches Textverarbeitungsprogramm, das es ermöglicht, die Eingaben im Formularfeld ohne HTML-Tags oder andere Kürzel zu formatieren, also z.B. die Schriftgröße zu verändern oder Tabellen zu erstellen. Er funktioniert genauso, wie Sie es von den gängigen Textverarbeitungsprogrammen gewohnt sind: Sie markieren das zu verändernde Element und wählen dann die entsprechende Schaltfläche aus, z.B. den Fettdruck. Sofort wird die Formatierung sichtbar. Trotzdem ist es ganz nützlich, ein wenig HTML zu beherrschen, da der Editor natürlich nur innerhalb der Grenzen von HTML formatieren kann. Der TinyMCE läuft in allen aktuellen Browsern. Es ist möglich, auch andere HTML-Editoren in Joomla! einzubinden, die mit zusätzlichen Funktionen glänzen, z.B. den CodeMirror.

3.3.1 Die Formatiersymbolleisten

Doch zurück zum TinyMCE. Sie sollten nun ein grau unterlegtes Feld mit verschiedenen Symbolen und ein Textbearbeitungsfeld vor sich sehen. Darüber befinden sich außerdem ein Formularfeld, in dem Sie den Titel bearbeiten können, und zwei sehr wichtige Schaltflächen, mit denen Sie Ihre Änderungen bestätigen oder verwerfen können (siehe Abbildung 3.2).

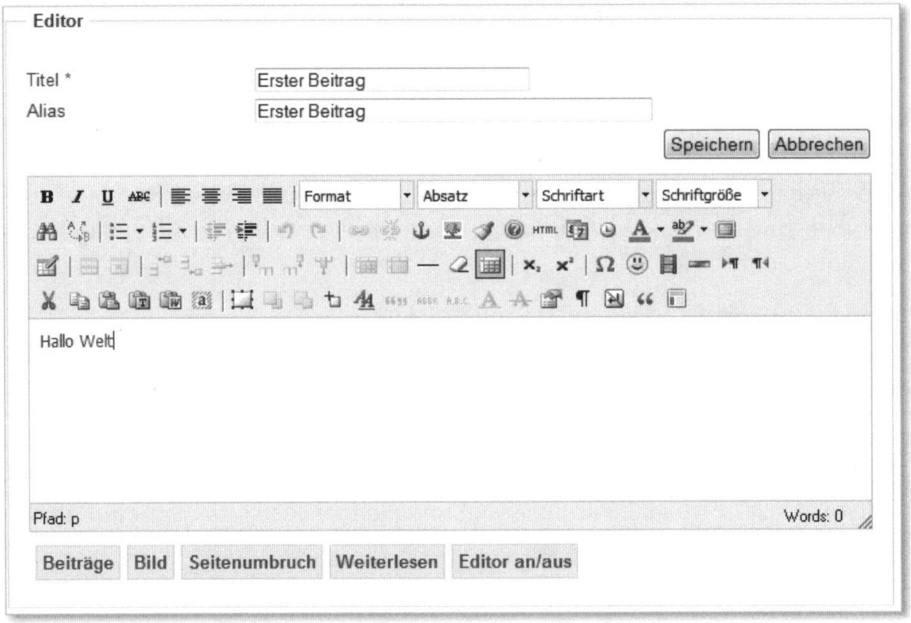

Abbildung 3.2 »Erster Beitrag« in der Editieransicht

Symbolleisten einschränken

Wenn Ihnen die Funktionsauswahl des Editors zu mächtig erscheint und Sie sich sicher sind, dass Sie viele der angezeigten Möglichkeiten gar nicht benötigen (siehe die Übersicht in Anhang A), dann gehen Sie in das Backend, wählen das Plugin *Editor-TinyMCE* aus und klicken oben rechts auf das Symbol BEARBEITEN. Unter den Basisoptionen ändern Sie den Wert von FUNKTIONALITÄT von KOMPLETT auf ERWEITERT. Der Editor zeigt sich nun mit einer abgespeckten Symbolleiste.

Die Formatierung funktioniert wie in anderen WYSIWYG-Programmen: Sie schreiben einen Text, markieren diesen und können ihn nun über die Symbolleiste nach Belieben formatieren. Oder Sie platzieren den Cursor an der passenden Stelle und fügen Objekte wie Tabellen oder Grafiken ein. Das Ergebnis sollte sofort sichtbar sein.

Die möglichen Optionen zur Formatierung sind zwar weitestgehend intuitiv, werden aber im Anhang in Tabelle A.1 noch einmal genauer beschrieben. Hilfreich sind außerdem die Hinweise, die erscheinen, wenn Sie mit der Maus über die Buttons fahren, die sogenannten Flyouts.

Probieren Sie den Editor an dieser Stelle doch einmal kurz aus, und formatieren Sie das »Hallo Welt!« in fett, indem Sie zunächst den Text markieren und dann den Button B für »Bold«, also Fettdruck, betätigen.

Nachdem Sie Ihren Text bearbeitet haben, müssen Sie noch entscheiden, was mit der Änderung passieren soll. Wollen Sie sie speichern? Oder wollen Sie sie lieber doch nicht übernehmen? Leider gibt es im Frontend keine Funktion, die Ihnen eine, »unverbindliche« Vorschau samt Textformatierungen und Bildern anzeigt. Sie müssen sich ohne diese visuelle Hilfe entscheiden. Mit einem Klick auf SPEICHERN sichern Sie Ihre Bearbeitung, verlassen den Bearbeitungsmodus und kehren zur Normalansicht der Website zurück. Mit ABBRECHEN verwerfen Sie Ihre Änderungen. In unserem Beispiel behalten wir den Fettdruck bei und speichern die Bearbeitung.

Sauber beenden!

Es ist wichtig, dass Sie Ihren Bearbeitungsprozess ordnungsgemäß abschließen, denn keine Meldung weist Sie ansonsten darauf hin, dass der Editierprozess abgebrochen wird. So ist z.B. mit einem unachtsamen Klick auf den BACK-Button eine aufwendige Bearbeitung unwiederbringlich verloren.

3.3.2 Seitenumbruch und »Weiterlesen«

Unter dem Bearbeitungsfeld befinden sich unter anderem die Schaltflächen Seitenumbruch und Weiterlesen, die für die Strukturierung Ihres Textes von Bedeutung sind.

> **Funktioniert noch nicht einwandfrei ...**
>
> Leider haben wir bei der Erstellung dieses Buches eine Joomla!-Version vorliegen, die den Seitenumbruch und die Weiterlesen-Funktion noch nicht fehlerfrei darstellt. Besonders auffällig dabei sind die automatisch erstellten Navigationslinks, die auf falsche Seiten verlinkt sind. Wenn Ihnen diese Features sehr wichtig sind, probieren Sie bitte die neueste Joomla!-Version aus. Möglicherweise sind die Fehler hier bereits behoben.

Falls Ihr Artikel zu lang wird und der Leser sehr viel scrollen müsste, um den Text komplett zu lesen, können Sie mit der Funktion Seitenumbruch einen Seitenwechsel erzwingen. Dazu platzieren Sie den Cursor an der Stelle, an der der Umbruch stattfinden soll, und klicken auf folgende Schaltfläche: 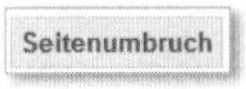

Es erscheint ein kleines Dialogfenster, in dem Sie den Namen der Seite (z.B. »Hallo Welt!«) und den Eintrag in das kleine Register (z.B. »Noch mal hallo!«) bestimmen, das nach der Speicherung angezeigt wird.

Im Text wird eine graue, gestrichelte Linie angezeigt, die den Seitenumbruch symbolisiert.

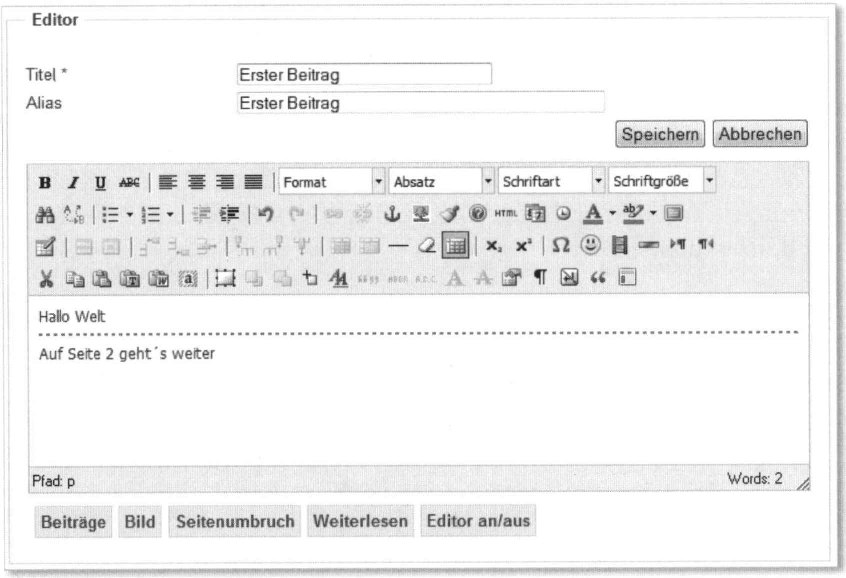

Abbildung 3.3 Der Seitenumbruch in der Editieransicht

Nach dem Abspeichern werden dem Artikel zusätzliche Navigationselemente beigefügt, die es dem Nutzer ermöglichen, zwischen den verschiedenen Seiten hin und her zu springen. Dazu müssen Sie jedoch erst in die Artikelansicht schalten, indem auf den Titel des Artikels klicken. Außer mit den Links ZURÜCK und WEITER gelangen Sie auch über das kleine Inhaltsverzeichnis zu sämtlichen Seiten des Beitrags (siehe Abbildung 3.4).

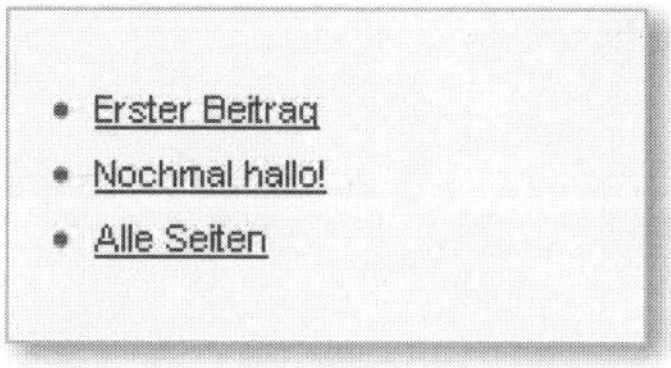

Abbildung 3.4 Das Inhaltsverzeichnis bei einem zweiseitigen Artikel

Mit der Schaltfläche WEITERLESEN können Sie einen sogenannten Teaser oder Anleser erzeugen. Dies ist ein kleiner Text (meistens der Anfang eines Artikels), der die User zum Weiterlesen animieren soll. Gehen Sie zum Ende des Anlesers und klicken Sie dann auf: 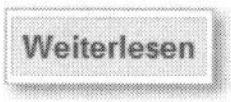

Es wird eine rote Linie eingefügt. Im gespeicherten Artikel erscheint der Link WEITERLESEN, der den Leser zum gesamten Beitrag führt.

Sie beseitigen die Umbrüche wieder, indem Sie jeweils die gestrichelte Linie markieren (was grafisch leider nicht angezeigt wird) und löschen.

3.3.3 Links einfügen

Was wäre eine Homepage ohne Links? Joomla! stellt für dieses wichtige Element eine recht komfortable Dialogführung bereit. Hierbei sind zunächst externe Links von internen Links zu unterscheiden. Externe Links, also Links aus der Joomla!-Site heraus in das Internet, können über folgende Schaltflächen eingefügt und bearbeitet werden:

Schaltfläche	Funktion
	Externen Link einfügen/bearbeiten
	Link entfernen

Tabelle 3.2 Die Schaltflächen für die Bearbeitung der Links

Sehen wir uns diese zwei Funktionen etwas genauer an. Um einen Link einzufügen, müssen Sie zunächst das Stück Text oder ein Bild markieren, das in der Normalansicht angeklickt werden soll, um zu der anderen Seite zu gelangen. Erst dann werden alle Link-Schaltflächen aktiviert. Danach klicken Sie auf das Symbol Link einfügen (die Kette ganz links). Im sich nun öffnenden Dialogfenster (siehe Abbildung 3.5) können Sie alle wichtigen Optionen einstellen.

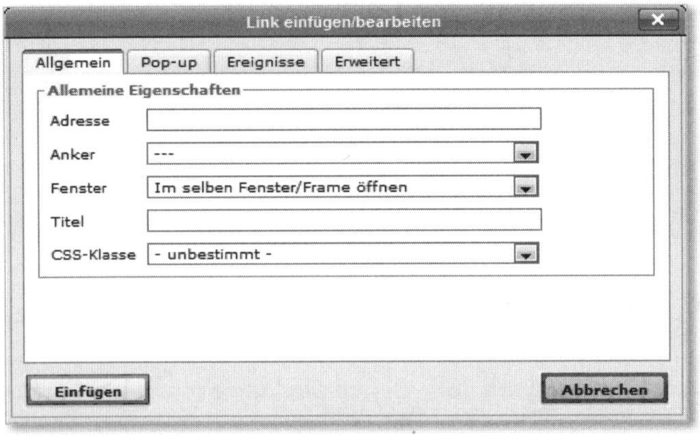

Abbildung 3.5 Das Dialogfenster zum Einfügen eines (externen) Links

Im ersten Textfeld ist die Adresse der Zielseite gefragt. Denken Sie daran, auf alle Fälle die komplette URL (mit `http://`) einzugeben.

Falls sich auf einer Seite Anker, also Sprungmarken befinden, können Sie diese über die Dropdown-Liste Anker ansprechen. Fenster klärt die Frage, in welchem »Rahmen« das Zielobjekt geöffnet werden soll, also ob z.B. ein neues Browserfenster gezeigt werden soll. Der Text, den Sie in Titel angeben, wird von vielen Browsern als Flyout-Text ausgegeben, wenn sich der Mauszeiger über den Link bewegt. Das letzte Feld, CSS-Klasse, behandelt die fortgeschrittenen Eigenschaften der Links und wird an dieser Stelle nicht weiter erläutert.

Das zweite Symbol, Link entfernen, löscht den Link wieder, wenn Sie ihn zuvor markiert haben.

Für interne Links bietet Joomla! 1.6 einen neuen sehr einfachen Dialog, der dem Nutzer – im Gegensatz zur letzten Joomla!-Version – das Leben extrem erleichtert. Ein Klick auf die Schaltfläche

unterhalb des Editors öffnet ein Fenster mit einer Liste aller Beiträge, die in Ihrem Joomla!-System existieren. Über die Felder am oberen Rand können Sie den gewünschten Beitrag über das Textfeld direkt suchen oder die Auflistung nach bestimmten Kriterien, z.B. einer Kategorie, filtern (siehe Abbildung 3.6). Wenn Sie auf einen der gelisteten Beiträge klicken, wird dieser mit seinem Namen und bereits als Link in Ihren Text eingetragen.

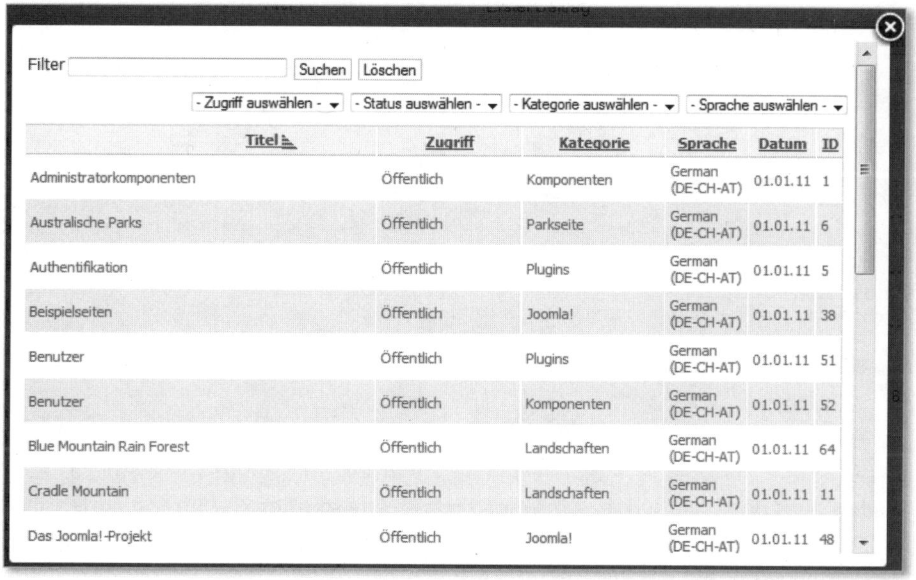

Abbildung 3.6 Erstellung eines internen Links

Leider kann der Linktext über den Dialog nicht geändert werden, sondern muss den tatsächlichen Namen des Beitrags tragen. Um dies zu ändern, müssen Sie in den HTML-Editor schalten und den Text direkt austauschen (siehe unten).

3.3.4 Tabellen einfügen

Beschäftigen wir uns als Nächstes mit der Tabellenbearbeitung im Editor. Tabellen erfüllen nicht nur ihre üblichen Aufgaben, wie z.B. die Darstellung von Teilnehmerlisten, sondern sind darüber hinaus nach wie vor wichtige (unsichtbare) Strukturierungselemente für eine HTML-Seite.

Tabelle 3.3 zeigt Ihnen, welche Schaltflächen für das Einfügen und das Formatieren der Tabellen zuständig sind. Die meisten Schaltflächen werden erst aktiv, wenn eine Tabelle markiert wird.

Schaltfläche	Funktionen
	Einfügen/Verändern einer Tabelle
	Zeileneigenschaften; Zelleneigenschaften
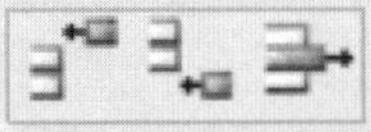	Einfügen einer Reihe oberhalb; Einfügen einer Reihe unterhalb; Entfernen einer Reihe
	Einfügen einer Spalte links; Einfügen einer Spalte rechts; Entfernen einer Spalte
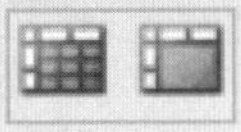	Teilen einer Zelle; Verbinden einer Zelle

Tabelle 3.3 Die Funktionen für die Formatierung der Tabellen

Um eine Tabelle zu erstellen, gehen Sie mit dem Cursor im Editorfenster zunächst an die Stelle, an der die Tabelle eingefügt werden soll. Beim Klick auf das Icon TABELLE EINFÜGEN/BEARBEITEN in der Symbolleiste können Sie im folgenden Dialogfenster die gängigen Tabelleneigenschaften bestimmen (siehe Abbildung 3.11). Diese kommen Ihnen sicherlich bekannt vor, wenn Sie schon einmal mit HTML gearbeitet haben; Sie finden hier z.B. die Anzahl der Spalten und Zeilen, den Abstand der Schrift zum Zellenrand (ABSTAND INNERHALB DER ZELLEN), den Abstand zwischen den Zellen (ZELLENABSTAND), die Ausrichtung, die Höhe und die Breite.

Die Ausmaße der Tabelle können Sie entweder in Prozent als relativen Anteil von der Gesamtbreite der Seite angeben oder ohne Prozentzeichen als absolutes Maß in Pixel.

Über den Reiter ERWEITERT haben Sie die Möglichkeit, weitergehende Einstellungen (wie z.B. ein Hintergrundbild oder die Rahmenfarbe) festzulegen.

Das Symbol TABELLE EINFÜGEN/BEARBEITEN ist übrigens auch zuständig, wenn Sie die bestehende Tabelle im Nachhinein ändern wollen: Klicken Sie in die Tabelle und dann auf das Icon.

Die Größe der erstellten Tabelle können Sie beeinflussen, indem Sie mit der Maus an den kleinen, weißen Eckquadraten ziehen.

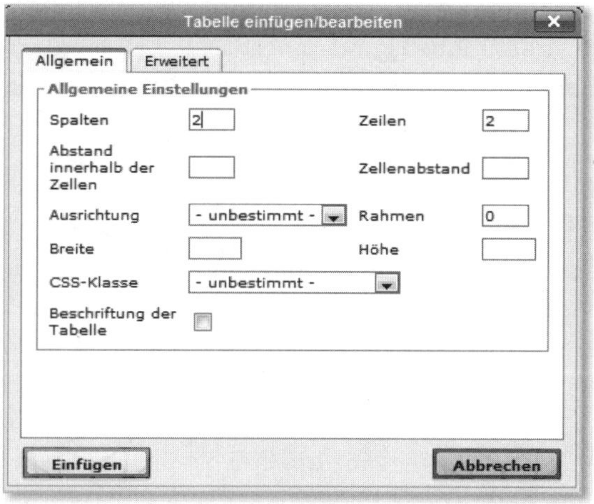

Abbildung 3.7 Grundlegende Tabelleneigenschaften

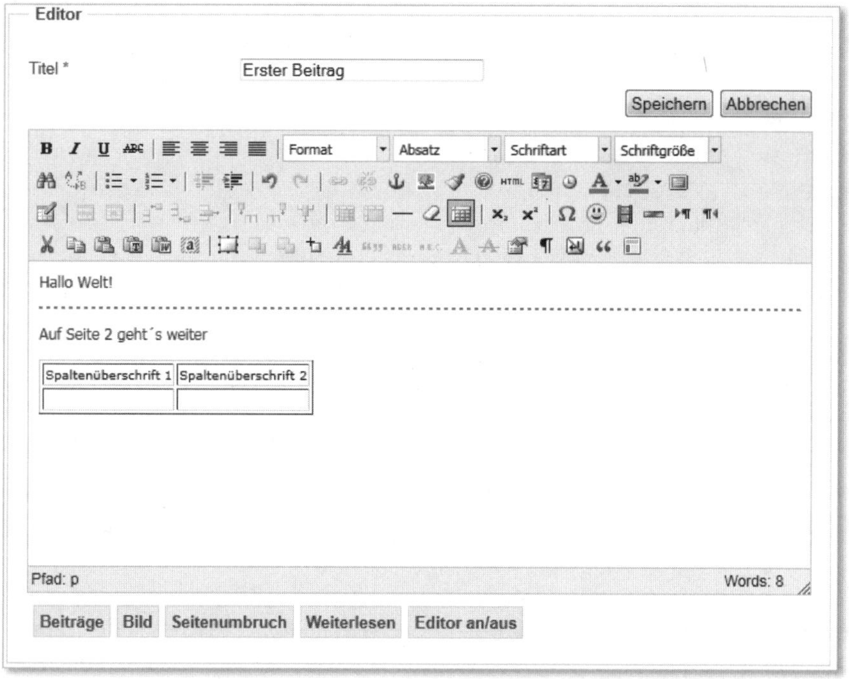

Abbildung 3.8 Die eingefügte Tabelle mit Rahmenstärke 1

Andere grundlegende Tabellenformatierungen wie zum Beispiel die Farbgestaltung der einzelnen Zeilen oder Zellen und das Verbinden von Zellen erledigen Sie ebenfalls über die Symbolleiste.

Für das Entfernen der ganzen Tabelle gibt es keine eigene Funktion. Am schnellsten löschen Sie sie mit einem Klick auf die Tabelle und dem anschließenden Betätigen der [Entf]-Taste oder mit einem Klick auf die rechte Maustaste und der Auswahl von TABELLE ENTFERNEN.

3.3.5 Bilder hochladen und einbinden

Mit einem Klick auf die Schaltfläche BILD unter dem Editierfenster können Sie Bilder in Ihren Artikel hochladen und einfügen. Vergessen Sie jedoch nicht, den Cursor zuvor an die Stelle im Text zu setzen, an der das Bild erscheinen soll. Über das erscheinende Dialogfenster greifen Sie direkt auf den Bildordner */images* des Joomla!-Systems zu. Der Pfad kann nicht manuell geändert werden, d.h., Sie können sich nicht außerhalb dieses Ordners bewegen. Die Inhalte, die sich in */images* befinden, lassen sich durch Ordner strukturieren. In der gängigen Joomla!-Installation werden bereits die Ordner *banners* und *sampledata* mitgeliefert.

Abbildung 3.9 Der Dialog zum Einfügen der Bilder

Die Ordnerstruktur selbst zu verändern, indem man z.B. neue Ordner einfügt, lässt sich nur im Backend bewerkstelligen (siehe Kapitel 6, »Inhalte erstellen und verändern«).

Um nun ein neues Bild hochzuladen, gehen Sie in den Ordner */images* oder in einen seiner Unterordner, suchen im Bereich DATEIEN HOCHLADEN über die Schaltfläche DURCHSUCHEN die gewünschte Datei und kopieren sie mit HOCHLADEN STARTEN in das Joomla!-System. Sie sollte nun als kleines Vorschaubild angezeigt werden.

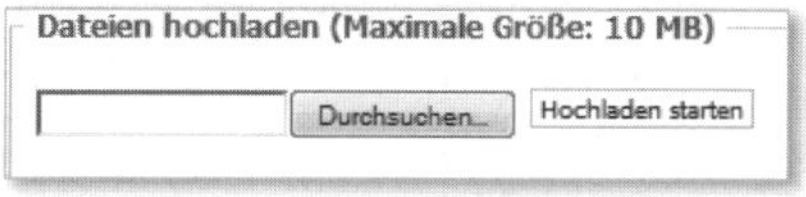

Abbildung 3.10 Bilder hochladen

Um das Bild in Ihren Artikel einzufügen, klicken Sie zunächst auf das entsprechende Bild, nehmen die gewünschten Einstellungen, wie z. B. die Ausrichtung, vor und klicken dann auf die Schaltfläche EINFÜGEN rechts oben.

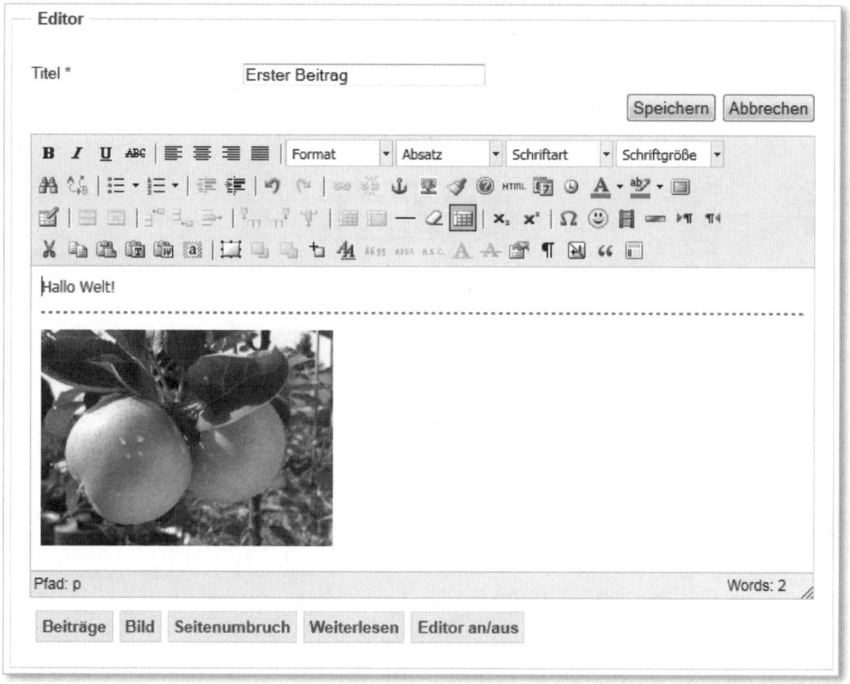

Abbildung 3.11 Eingefügtes Bild in der Bearbeitungsansicht

Das in Abbildung 3.11 gezeigte Beispiel können Sie selbst ausprobieren: Das Bild *apple.jpg* müssen Sie gar nicht hochladen, es befindet sich bereits im Ordner *sampledata/fruitshop*.

Das eingefügte Bild sehen Sie sofort im Bearbeitungsmodus. Hier können Sie es durch Ziehen des Rahmens in der Größe verändern. Falls nachträglich noch weitere Änderungen nötig sind, markieren Sie das Bild und passen die Parameter über die Schaltfläche BILD EINFÜGEN/BEARBEITEN in der Symbolleiste an: 

Wie der Name bereits sagt, bietet diese Funktion ebenfalls die Möglichkeit, ein Bild einzufügen. Allerdings müsste das Bild dann bereits über das Backend hochgeladen sein und Sie müssten den Pfad zu Ihren Bildern manuell angeben, was bei Weitem nicht so komfortabel und wesentlich fehleranfälliger ist als der oben beschriebene Weg. Bearbeiten lässt sich das eingefügte Bild über diese Schaltfläche jedoch recht gut. Besonders im Reiter AUSSEHEN finden Sie einige nützliche Einstellungen, wie z. B. die Ausrichtung und die Ausmaße des Bildes (siehe Abbildung 3.12).

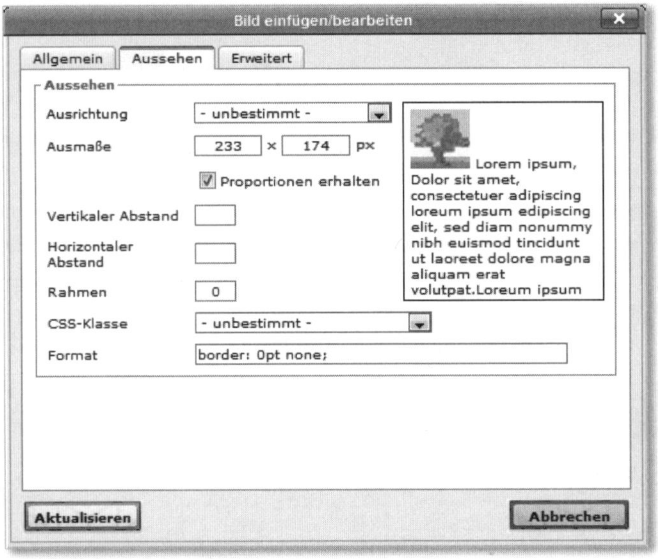

Abbildung 3.12 Der Dialog »Bild einfügen/bearbeiten«

Wie Sie bemerkt haben, lassen sich fast alle Aktionen zur Bearbeitung Ihres Artikels über grafische Benutzereingabefelder bewerkstelligen. Manchmal ist es dennoch notwendig, ein Detail zu ändern, das nicht über die gegebenene Symbolleiste verfügbar ist, wie z. B. die oben erläuterte Anpassung des Textes eines Links, der zu einer internen Seite führt.

Hierfür gibt es die Möglichkeit, den Editor mit der Schaltfläche

kurzzeitig in einen HTML-Editor zu verwandeln, in dem Sie den gewünschten Befehl auf Code-Ebene eingeben können. Dies setzt allerdings Grundkenntnisse in HTML voraus.

3.4 Freigeben

Wenn der Artikel mit formatiertem Text und Bildern fertiggestellt wurde, sind eventuell noch ein paar Kleinigkeiten zu klären, die mit dem Inhalt des Artikels selbst nichts mehr zu tun haben, z.B. das Veröffentlichungsdatum. Dies können Sie in dem Bereich Freigeben erledigen.

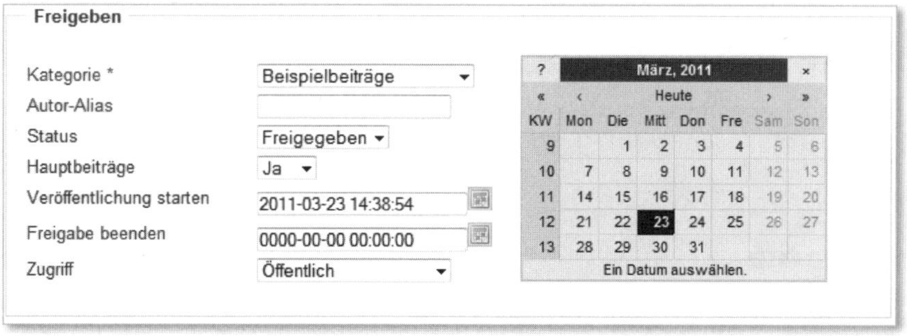

Abbildung 3.13 Die Veröffentlichungsoptionen des Artikels

Im Kasten Freigeben können Sie folgende Einstellungen vornehmen:

- Kategorie
  Zuweisung der passenden Kategorie
- Autor-Alias
  Hier kann sich der Autor des Artikels ein Pseudonym zulegen, das dann im Frontend angezeigt werden kann.
- Status
  Weisen Sie hier dem Artikel einen Status zu, indem Sie ihm die Optionen Freigegeben, Gesperrt, Archiviert oder Papierkorb zuordnen. Nur bei Freigegeben erscheint der Text tatsächlich im Frontend.

- HAUPTBEITRÄGE
  Je nach Einstellung wird der der Artikel auf der Hauptseite angezeigt oder nicht.
- VERÖFFENTLICHUNG STARTEN
  Damit können Sie das Erscheinen Ihres Beitrags in die Zukunft verlegen. Durch Klick auf den Button neben dem Eingabefeld haben Sie die Möglichkeit, sich den Termin komfortabel aus einer Kalenderübersicht auszusuchen.
- FREIGABE BEENDEN
  Dient zur Begrenzung des Veröffentlichungszeitraums.
- ZUGRIFF
  Klärt, welche Nutzer den Artikel lesen und darauf zugreifen dürfen.
  - *Öffentlich*: jeder Nutzer
  - *Registriert:* nur die eingeloggten Nutzer
  - *Spezial:* alle Nutzer, die angemeldet sind und mindestens der Usergruppe »Autor« angehören
  - *Eigene Zugriffsebene: Diese Zugriffsebene wurde im Rahmen der Beispieldaten angelegt und* bestimmt, dass Manager, Autoren und die Kundengruppe Zugriffsrechte haben.

3.5 Sprache

Mit der Option SPRACHE wird die Sprache des Artikels festgelegt. Dies spielt hauptsächlich dann eine Rolle, wenn Sie eine mehrsprachige Website anstreben. Wird die Homepage dann z.B. vom Leser auf der Startseite auf Englisch umgestellt, werden nur die Beiträge angezeigt, die in dieser Einstellung auf Englisch geschaltet wurden. Die Auswahl der Sprachen im Dropdown-Feld beschränkt sich übrigens auf die in der jeweiligen Installation verfügbaren Sprachpakete.

3.6 Metadaten

Der Bereich METADATEN nimmt die Informationen entgegen, die Sie normalerweise in das `<meta>`-Tag einer HTML-Seite schreiben würden, damit die Suchmaschinen Ihre Seite auch schnell zu den gegebenen Schlagwörtern finden können. Füllen Sie diese beiden Felder also mit aussagekräftigen Beschreibungen und Schlagwörtern zu den Inhalten Ihres Artikels.

Joomla! macht letztendlich nichts anderes, als die eingegebene Beschreibung und die Schlüsselwörter – zusätzlich zu den Informationen der anderen Inhaltselemente – dem `<meta>`-Tag der von Joomla! generierten Seite zuzuordnen.

3.7 Übungsaufgaben

1. Wie wird ein sogenannter interner Link auf eine andere Seite derselben Joomla!-Website gelegt?
2. Laden Sie ein Bild Ihrer Wahl von Ihrem Computer hoch, und binden Sie es in den Text »Erster Beitrag« ein.
3. Fügen Sie eine Tabelle mit drei Spalten und fünf Zeilen ein, verbinden Sie die drei Zellen der ersten Zeile, und löschen Sie die Tabelle wieder.

»Am Tor des Dorfes endet die Macht des Königs.«
– Aus Vietnam

4 Backend

Dieses Kapitel zeigt Ihnen

- den Aufbau der Backend-Startseite.
- die verschiedenen Ansichten und den Umgang mit ihnen.
- die Organisation der Inhalte aus der Backend-Perspektive.

Das Backend ist der Ort, an dem der Administrator die Kontrolle über das Geschehen übernimmt. Von hier aus steuern Sie den strukturellen Aufbau der Seite, aber auch die Sonderfunktionen. Sie können Benutzer verwalten, Bilder hochladen und Erweiterungen installieren. Das Backend kann auch als Plattform für eine Gruppe von Redakteuren genutzt werden.

4.1 Der Weg ins Backend

Zur Administrationsoberfläche gelangen Sie am besten über die URL, indem Sie an die bisherige Adresse */administrator* anhängen. Für unsere lokale Installation sieht das folgendermaßen aus:

```
http://localhost/joomla/administrator
```

Es wird daraufhin eine Eingabemaske geöffnet (siehe Abbildung 4.1), in die Sie sich zunächst folgendermaßen einloggen:

- BENUTZERNAME
  `admin`
- PASSWORT
  Dasjenige, das Sie bei der Installation eingegeben haben.
- SPRACHE
  In welcher Sprache möchten Sie die Bedienoberfläche des Backends vorfinden? Der Standard ist die Sprache, die Sie bei der Installation gewählt haben und die generell nur vom Administrator festgelegt wird. Zusätzlich stehen

Ihnen hier noch die Sprachen zur Verfügung, deren Sprachdateien ebenfalls installiert wurden (vgl. Kapitel 10, »Pflege der Webseite«).

Später, nachdem Sie zusätzliche Nutzerkonten angelegt haben, können Sie natürlich auch weiteren Personen die Berechtigung erteilen, sich im Backend anzumelden.

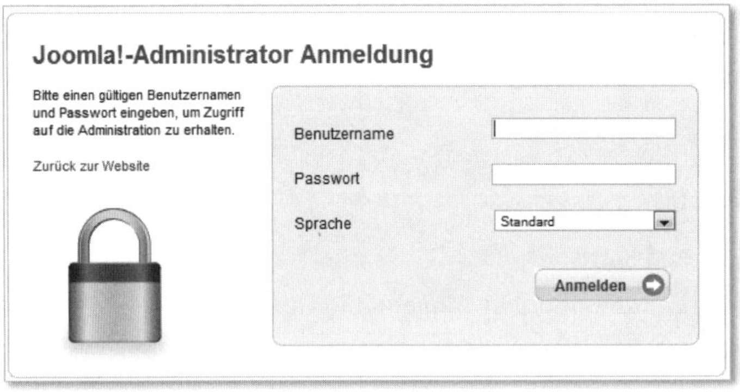

Abbildung 4.1 Der Eingang zum Backend

Für die Arbeit im Backend ist es im Übrigen unerlässlich, dass Sie sowohl JavaScript als auch Cookies in Ihrem Browser aktiviert haben. Denn in JavaScript wurden z.B. die durchaus hilfreichen Tooltipps und die dynamischen Menüs verfasst. Anhand der Cookies wiederum können Sessions verwaltet werden, die den Nutzer in Erinnerung behalten und damit eine Administration der Website im Backend erst ermöglichen.

Es könnte außerdem zu Schwierigkeiten kommen, wenn Sie mit sehr alten Browsern wie z.B. dem Netscape Navigator 4.x arbeiten. Dieser scheitert schon an der korrekten Anzeige der Administrationsoberfläche, ganz zu schweigen von den verschiedenen, dann nicht korrekt auszuführenden Funktionen.

Umbenennen verboten!

Die Dateien für das Backend befinden sich im Unterordner *administrator*. Diesen Namen sollten Sie möglichst beibehalten, da viele Pfadangaben auf den Ordner verweisen und Sie diese bei einer Umbenennung zunächst alle finden und dann per Hand nachbessern müssten, um ein weiteres reibungsloses Funktionieren des Systems zu garantieren.

4.2 Eine Übersicht über die Startseite

Wenn Sie sich erfolgreich eingeloggt haben, wird Ihnen eine gut strukturierte grafische Oberfläche mit vielen Symbolen präsentiert, die Ihnen ein möglichst intuitives Bearbeiten der Site ermöglichen soll (siehe Abbildung 4.2). Sie gelangen stets zu ihr zurück, wenn Sie im Menü auf SITE • KONTROLLZENTRUM klicken. Die verschiedenen Bereiche einschließlich der zum Teil zahlreichen Funktionen möchten wir Ihnen im Folgenden vorstellen.

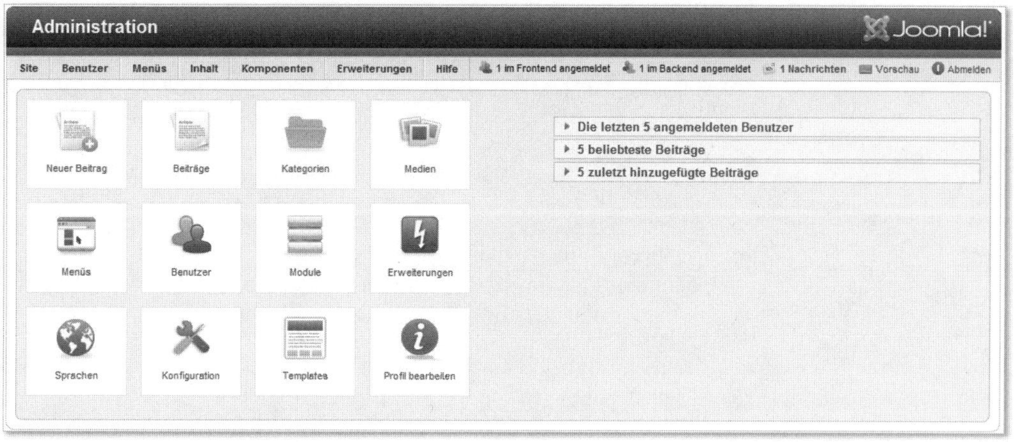

Abbildung 4.2 Der Aufbau des Backends

4.2.1 Kontrollzentrum

Am auffälligsten ist sicherlich der Bereich des Kontrollzentrums mit seinen vielen bunten Symbolen[1]. Über diese gelangen Sie in die verschiedenen Verwaltungen von Joomla!:

Schaltfläche	Funktion
	Springt in die Editieransicht und lässt ein neues Textelement erstellen.
	Verwaltet alle Artikel der Homepage.

Tabelle 4.1 Die Symbole des Kontrollzentrums und ihre Bedeutung

1 Im Kontrollzentrum erscheinen nicht alle Verwaltungen. Einige verstecken sich zusätzlich im Menü, z.B. die Banner-Verwaltung.

Schaltfläche	Funktion
	Zeigt die verschiedenen Kategorien an.
	Verantwortlich für die Organisation der Multimedia-Dateien (z.B. Bilder), die Sie in den verschiedenen Artikeln der Website verwenden.
	Hier werden die vorhandenen Menüs verwaltet. Ebenso können die Menüeinträge ein- und ausgeblendet werden.
	In der Benutzerverwaltung kann der Administrator die angemeldeten Benutzer konfigurieren oder neue Benutzer anlegen.
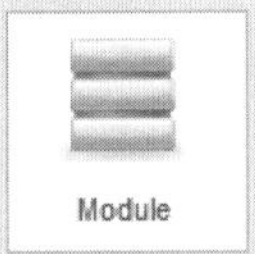	In der Modulverwaltung sind alle bereits installierten und damit verfügbaren Module aufgelistet. In der Bearbeitungsansicht können diese individuell konfiguriert werden.
	Die Verwaltung der Erweiterungen ist für alle Joomla!-Zusatzprogramme zuständig, egal ob es sich um ein Modul, eine Komponente oder ein Template handelt. Hier können jegliche Erweiterungen installiert und verwaltet werden.
	In der Sprachenverwaltung können Sie weitere Sprachpakete für Ihr System installieren und einstellen.
	Die Konfiguration bietet Ihnen die Möglichkeit, zahlreiche allgemeine Verwaltungsaufgaben des Joomla!-Systems bequem durch Bearbeitung von Formularen zu lösen.

Tabelle 4.1 Die Symbole des Kontrollzentrums und ihre Bedeutung (Forts.)

Schaltfläche	Funktion
	In der Template-Verwaltung finden Sie alle bereits installierten Stile und Templates vor, die Sie hier auch bearbeiten können.
	Über PROFIL BEARBEITEN haben Sie einen schnellen Zugriff auf die Bearbeitungsansicht Ihres eigenen Nutzerkontos und können die gewünschten Einstellungen rascher vornehmen als über die Benutzerverwaltung.

Tabelle 4.1 Die Symbole des Kontrollzentrums und ihre Bedeutung (Forts.)

4.2.2 Schnellübersicht

Die sogenannte Schnellübersicht mit aktuellen Statusinformationen zum laufenden Joomla!-System befindet sich rechts neben dem Kontrollzentrum. Die einzelnen Menüpunkte klappen Sie mit einem Klick auf den jeweiligen blauen Pfeil auf und zu.

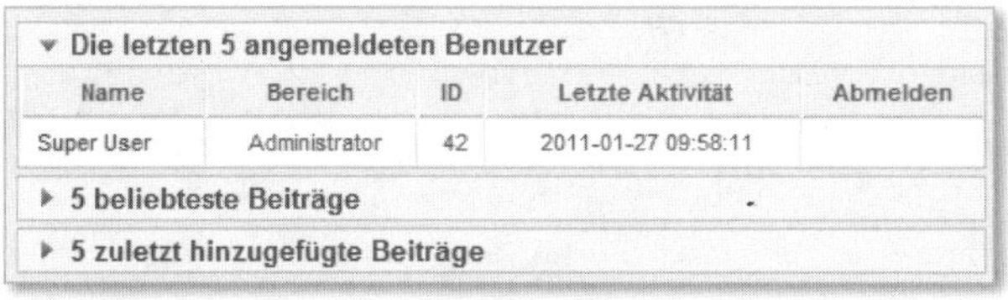

Abbildung 4.3 Die Schnellübersicht

- DIE LETZTEN 5 ANGEMELDETEN BENUTZER
  Gibt Auskunft über die zuletzt angemeldeten Nutzer. Mit dem roten Logout-Symbol können Sie einzelne immer noch angemeldete User ausloggen.
- 5 BELIEBTESTE BEITRÄGE
  Zeigt die fünf am häufigsten aufgerufenen Inhalte mit ihrem jeweiligen Erstellungsdatum und der Zahl der Hits. Im Frontend befindet sich das gleichnamige Modul mit einer ähnlichen Funktion.
- 5 ZULETZT HINZUGEFÜGTE BEITRÄGE
  Generiert eine Liste der zuletzt erstellten Inhaltselemente.

4.2.3 Menü

Die Menüleiste enthält alle Befehle des Joomla!-Backends, inhaltlich gruppiert. Dies sind sowohl die Befehle, die sich im Kontrollzentrum befinden (z. B. die verschiedenen Verwaltungen) als auch zusätzliche Optionen wie z.B. das Versenden einer Massenmail (BENUTZER • MASSENMAIL).

Ebenso werden Erweiterungen, die man selbst nachträglich installiert, im Menü angezeigt. Diese Menüpunkte werden wir später näher betrachten (siehe Kapitel 9, »Module, Plugins, Komponenten«).

Das Menü wird deaktiviert, wenn ...

... ein Benutzer ein einzelnes Objekt wie z.B. einen Artikel oder einen Bereich bearbeitet. Erst wenn der Nutzer den Bearbeitungsvorgang ordentlich abgeschlossen hat, kann er in einen anderen Menübereich wechseln.

4.2.4 Statusleiste

Die STATUSLEISTE rechts oben bietet dem Ihnen als angemeldetem Administrator weitere Informationen (siehe Tabelle 4.2).

Schaltfläche	Funktion
1 Benutzer im Frontend angemeldet	Zeigt an, wie viele User gerade im Frontend eingeloggt sind.
1 Benutzer im Backend angemeldet	Zeigt an, wie viele User im Backend eingeloggt sind.
1 Nachrichten	Noch nicht gelesene Nachrichten, die der jeweilige Nutzer erhalten hat. Dabei handelt es sich um interne Botschaften, die sich die User des Backends zukommen lassen können. Über das Briefsymbol gelangen Sie zu einer Auflistung Ihrer Nachrichten.
Vorschau	Öffnet ein weiteres Browserfenster, in dem Sie eine Vorschau des Frontends betrachten können.
Abmelden	Der ABMELDEN-Button loggt Sie aus dem Backend aus und bringt Sie zurück zur Anmeldemaske.

Tabelle 4.2 Die Symbole der Statusleiste und ihre Bedeutung

4.3 Die Bearbeitungsansichten

Im Backend finden Sie neben der Startseite mit dem Kontrollzentrum verschiedene andere Ansichten. Jede dieser Perspektiven bietet eigene Optionen und Zugriffsmöglichkeiten auf die Elemente des CMS. Die wichtigsten Bearbeitungsansichten, nämlich die Listen- und die Editieransicht sowie die Vorschaumöglichkeiten, wollen wir hier besprechen.

4.3.1 Die Werkzeugleiste

Die Werkzeugleiste erscheint, wenn Sie die Ansicht des Kontrollzentrums verlassen und sich einem oder mehreren Objekten (z.B. den Beiträgen) zuwenden. Die Leiste ist kontextsensitiv, d.h. je nachdem, welches Element gerade bearbeitet wird, zeigt sie unterschiedliche Funktionen an. In Tabelle 4.3 haben wir die häufigsten Schaltflächen aufgeführt; die komplette Liste finden Sie in Anhang A in der Tabelle A.2.

Symbol	Beschreibung
	Erstellt abhängig vom Kontext ein neues Element, z.B. ein neues Menü.
	Veröffentlicht das aktuell ausgewählte Element. In MASSENMAIL bedeutet es das Verschicken einer Mail.
	Macht den ausgewählten Beitrag auf der Website unsichtbar.
	Schaltet das jeweilige Objekt in die Editieransicht.
	Schiebt Elemente in den Papierkorb.
	Speichert das bearbeitete Element in der Datenbank und springt auf die übergeordnete Managerebene.
	Bricht den Bearbeitungsvorgang ab und wechselt in die übergeordnete Ebene. In der Userverwaltung loggen Sie damit Nutzer aus.
	Führt zu den Hilfeseiten.

Tabelle 4.3 Wichtige Optionen der Werkzeugleiste

4.3.2 Listenansicht

In der Listenansicht können Sie alle Elemente eines bestimmten Verwaltungsbereiches betrachten und auf sie zugreifen. Diese Ansicht ist meistens die erste Ebene unter einem Manager. Die Funktionalitäten der Werkzeugleiste passen sich den jeweiligen Objekten an. In manchen Bereichen gibt es sogar zusätzliche Optionen, wie z.B. eine Sortierfunktion.

Der große Vorteil dieser Oberfläche ist, dass Sie in den meisten Listen gleich mehrere Objekte markieren und modifizieren können. Um dies zu tun, setzen Sie einfach einen Haken vor das gewünschte Element. Im Gegensatz zur Editieransicht werden diese Elemente bei der Bearbeitung nicht gesperrt.

Nehmen wir als Beispiel die Liste der Beiträge (siehe Abbildung 4.4) an, zu der Sie über einen Klick auf BEITRÄGE gelangen.

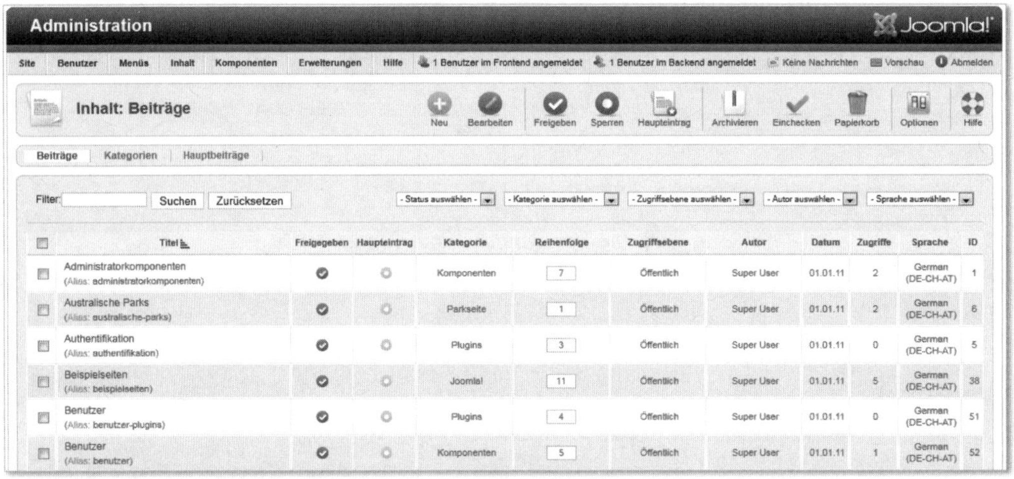

Abbildung 4.4 Die Listenansicht der Beiträge

Falls die Aufstellung der Inhalte sehr lang ist, können Sie die Anzahl der auf einer Seite gezeigten Ergebnisse am Ende der Liste mit ANZEIGE # beschränken. Die Tabelle selbst besitzt folgende Spalten (siehe Tabelle 4.4):

Spalte	Inhalt
	Checkboxen zum Markieren der Elemente. Mithilfe der Checkbox in der Titelleiste lassen sich alle Elemente auswählen.
Titel	Titel des Objekts

Tabelle 4.4 Die Parameter der Listenansicht

Spalte	Inhalt
Freigegeben	Zeigt den Status des Beitrags an. In der Liste der Beiträge sehen Sie lediglich diese beiden Optionen: ▸ freigegeben ▸ gesperrt Mit einem Klick auf das Symbol lässt sich jeweils das Gegenteil einstellen.
Haupteintrag	Einstellung, ob der Artikel auf der ersten Seite im Frontend veröffentlicht ist. Das blaue Symbol lässt sich auch hier mit einem Klick aktivieren oder deaktivieren.
Kategorie	Nennt die zugewiesene Kategorie mit ihrem Titel.
Reihenfolge	Möglichkeit, die einzelnen Elemente neu zu ordnen, indem man sie mit den Pfeilen nach oben oder unten schiebt. Die Pfeile werden eingeblendet, wenn Sie auf die Spaltenüberschrift REIHENFOLGE klicken. Über das kleine Diskettensymbol speichern Sie die neue Reihenfolge.
Zugriffsebene	Klärt die Zugriffslevel: ▸ *Öffentlich:* für alle zu bearbeiten ▸ *Registriert:* nur für eingeloggte User ▸ *Spezial:* der Autor und Nutzer mit Administratorenrechten ▸ *Eigene Zugriffsebene*: Diese Zugriffsebene wurde im Rahmen der Beispieldaten angelegt und bestimmt, dass Manager, Autoren und die Kundengruppe Zugriffsrechte haben.
Autor	Verfasser des Artikels
Datum	Datum der Veröffentlichung
Zugriffe	Anzahl der Hits, d.h., wie oft auf den Artikel zugegriffen wurde
Sprache	Definiert die Sprache des Beitrags. Besonders relevant für mehrsprachige Websites.
ID	Automatische Nummerierung, die das jeweilige Element eindeutig benennt

Tabelle 4.4 Die Parameter der Listenansicht (Forts.)

Die meisten Parameter sind anklickbar und ändern daraufhin ihren Status (z.B. bei FREIGEGEBEN) oder wechseln in die Editieransicht des jeweiligen Objekts.

Falls Ihnen übrigens ein kleines Vorhängeschloss vor einem der Beiträge auffallen sollte, so signalisiert es, dass dieser Beitrag gerade in Bearbeitung und damit für Änderungen durch andere gesperrt ist.

Über der Liste sehen Sie einige Eingabefelder, mit denen Sie die Elemente über Freitext oder nach bestimmten Kriterien, wie z.B. Status oder Autor filtern können (siehe Abbildung 4.5).

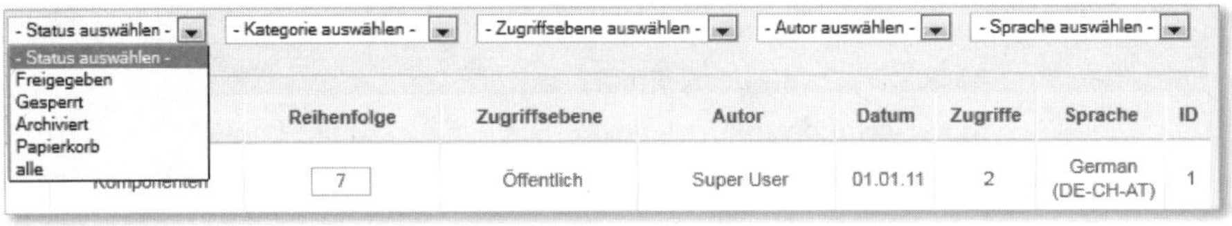

Abbildung 4.5 Die Filtermöglichkeiten in der Listenansicht der Beiträge

Die meisten Filter geben Ihnen in ihren aufklappbaren Listen bereits die anwählbaren Optionen vor.

Die Listeneinträge sind zudem sortierbar. Klicken Sie einfach auf die Beschriftung der Spalte, nach der angeordnet werden soll. Jetzt erscheint neben dem Namen ein kleines graues Dreieck. Zeigt die Spitze nach oben, wird aufsteigend sortiert. Mit einem weiteren Klick auf den Spaltennamen können Sie die Reihenfolge umdrehen. Die Spitze des Dreiecks zeigt dann nach unten.

4.3.3 Editieransicht

Dieser Bearbeitungstyp konzentriert sich auf ein einzelnes Objekt, z.B. auf einen User, einen Beitrag oder ein Menü. Je nach Art des Elements variieren die Bearbeitungsoberflächen im Aussehen und in ihren Funktionalitäten. Es gibt verschiedene Wege, in den Bearbeitungsmodus zu gelangen: Klicken Sie in der Listenansicht oder in der Schnellübersicht auf das jeweilige Element. Sie könnten ein Element aber auch markieren und über BEARBEITEN aus der Werkzeugleiste öffnen. Wenn Sie mit NEU ein neues Objekt generieren, werden Sie automatisch in den Editiermodus gebracht.

Sobald Sie sich in dieser Ansicht befinden, wird das jeweilige Objekt gesperrt bzw. ausgecheckt. Das bedeutet, dass kein anderer Nutzer darauf zugreifen kann. Dies ist durchaus sinnvoll, denn wenn mehrere User gleichzeitig z.B. einen Inhalt ändern wollten, würde sich lediglich die Bearbeitung einer Person durchsetzen. Die anderen Eingaben gingen verloren.

Ein gesperrtes Element erkennen Sie in der Listenansicht an einem Schloss vor dem jeweiligen Titel (siehe Abbildung 4.6). Sie können das Element über die entsprechende Funktion in der Werkzeugleiste wieder einchecken.

Die Strategie, Elemente während des Editiervorgangs auszuchecken, funktioniert längerfristig aber nur, wenn der Nutzer den Bearbeitungsprozess über SPEICHERN (mit seinen Varianten, z.B. SPEICHERN & SCHLIESSEN) oder SCHLIESSEN stets ordnungsgemäß beendet (anstatt den Bearbeitungsmodus z.B. über den ZURÜCK-Button des Browsers zu verlassen) und so das Objekt wieder für andere Nutzer freigegeben wird. Um dies zu unterstützen, ist das Menü, solange ein Element gesperrt ist, deaktiviert. Das heißt, man kann die Editieransicht nicht einfach über einen Menübefehl verlassen.

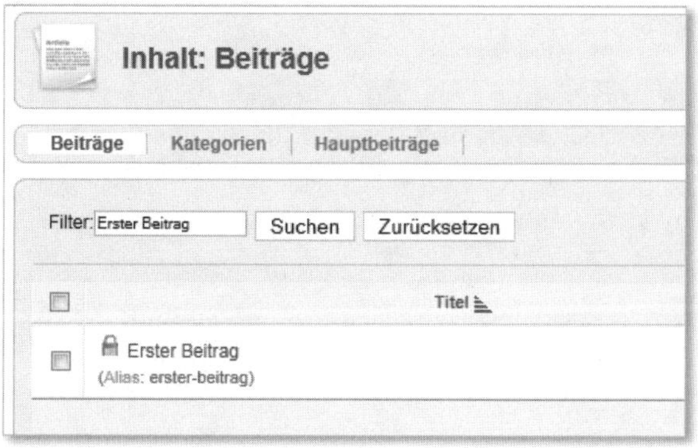

Abbildung 4.6 Gesperrter Artikel

Die wichtigste Editieransicht ist auch hier wiederum die der Beiträge (siehe Abbildung 4.7).

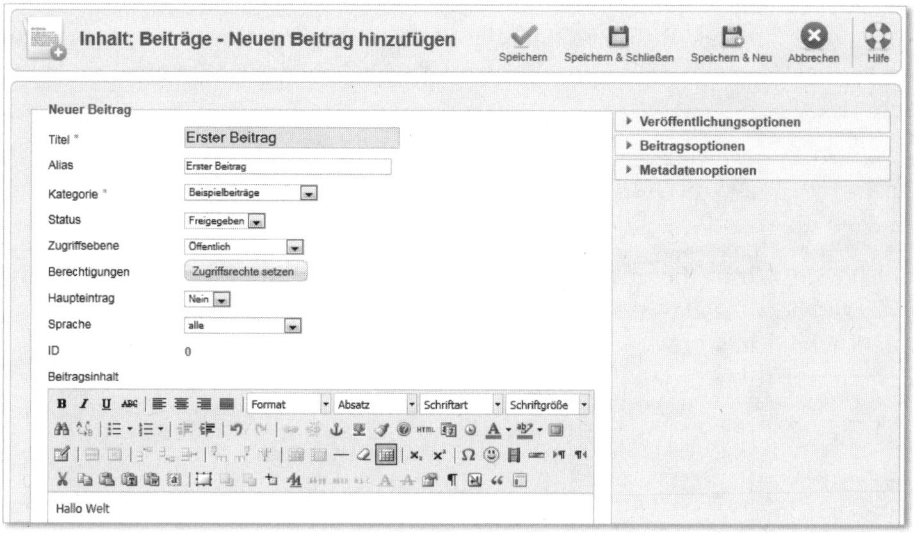

Abbildung 4.7 Editieransicht eines neuen Beitrags

Sie unterscheidet sich im Backend und Frontend nur durch die Anordnung ihrer Bereiche und einige detailliertere Parametereinstellungen, auf die wir später zu sprechen kommen. Wenn Sie einen Blick auf ihre grundlegenden Funktionen wie z.B. die Textformatierung werfen wollen, möchten wir Sie bitten, in Abschnitt 3.3, »Der Editor TinyMCE im Detail«, nachzusehen.

Als weiteres Beispiel für eine Bearbeitungsansicht wollen wir Ihnen den Bearbeitungsmodus der Menüs vorstellen, der durch seine Einfachheit besticht (siehe Abbildung 4.8).

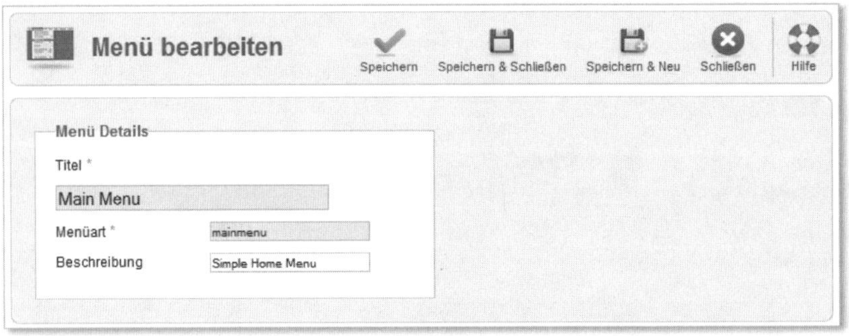

Abbildung 4.8 Die Bearbeitung eines einzelnen Menüs

4.4 Organisation der Inhalte

Die Joomla!-eigene Organisationsstruktur haben wir in Abschnitt 1.5, »Einige Grundbegriffe«, ausführlich erläutert. Doch wie wird dieses abstrakte Modell nun im Programm verwirklicht? Zur Erinnerung zeigt Abbildung 4.9 noch einmal unsere Skizze.

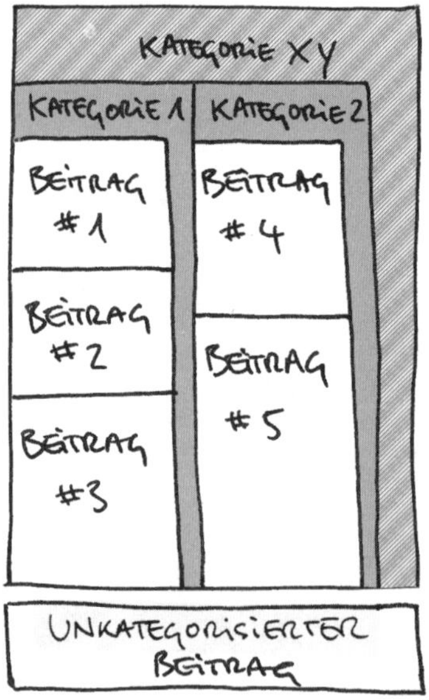

Abbildung 4.9 Organisation der Inhalte

Beiträge müssen in Kategorien organisiert sein. Das heißt, Sie sollten zunächst Kategorien erstellen und diese gegebenenfalls ineinander verschachteln, bevor Sie sich um die jeweiligen Beiträge kümmern.

Kategorien werden in der Kategorienverwaltung organisiert. Hier werden standardmäßig alle verfügbaren Kategorien angezeigt. Zur Auswahl z. B. einer bestimmten Hierarchieebene stehen Ihnen die Filteroptionen zur Verfügung.

Die Verwaltung der Kategorien funktioniert wie folgt:

- Eine neue Kategorie ist standardmäßig zunächst einmal keiner Kategorie zugeordnet und befindet sich damit auf der obersten Ebene. Dies kann über die Einstellung ÜBERGEORDNET geändert werden. Hier können Sie auswählen, in welcher bereits bestehenden Kategorie die neue Kategorie abgelegt werden soll.
- Sie können die Kategorien in REIHENFOLGE nur innerhalb der übergeordneten Kategorien sortieren.
- Unterhalb der Liste befindet sich ein Formularfeld, anhand dessen Sie die Kategorien verschieben oder kopieren können. Markieren Sie zunächst die betroffene Kategorie in der Liste, und geben Sie in der Dropdown-Liste des Formulars die neue übergeordnete Kategorie an.

Die Zugehörigkeit der verschiedenen Beiträge ist schon in deren Listenansicht erkennbar. Hier sehen Sie in den entsprechenden Spalten, zu welcher Kategorie der jeweilige Artikel gehört (siehe Abbildung 4.10).

Abbildung 4.10 Die Zuordnungen der Beiträge sind in der Listenansicht zu sehen.

Allerdings gewinnt man so nie einen Gesamtüberblick über die Struktur. Für diese Zwecke gibt es als Erweiterung Sitemaps, die Sie in Joomla! einbinden können.

4.5 Hilfe

Damit Sie mit Ihren Problemen bei der Arbeit mit Joomla! nicht allein gelassen werden, bietet Ihnen Joomla! vielfältige Unterstützung an:

- **Das Symbol »Hilfe« in der Werkzeugleiste**
  Es bietet, abhängig von der Seite, auf der Sie sich befinden, recht ausführliche Informationen zu den einzelnen Einstellungen. Leider gibt es dies bisher nur auf Englisch.
- **Flyout**
  Wenn Sie mit der Maus über eine Schaltfläche oder eine Formularbeschriftung fahren, erscheint ein Hinweistext, der Ihnen Informationen über das jeweilige Objekt gibt (siehe Abbildung 4.11).

Abbildung 4.11 Beispiel für ein Flyout

- **Hilfe in der Menüleiste**
  Wie Sie unschwer erkennen können, handelt es sich um einen riesigen Pool unterschiedlicher Informationen zu Joomla!, wie z. B. ein Glossar, lizenzrechtliche Bestimmungen und Links auf aktuelle Seiten im Internet. Um die gesuchte Information zu finden, muss man ein wenig Geduld und auch gute Englischkenntnisse mitbringen.

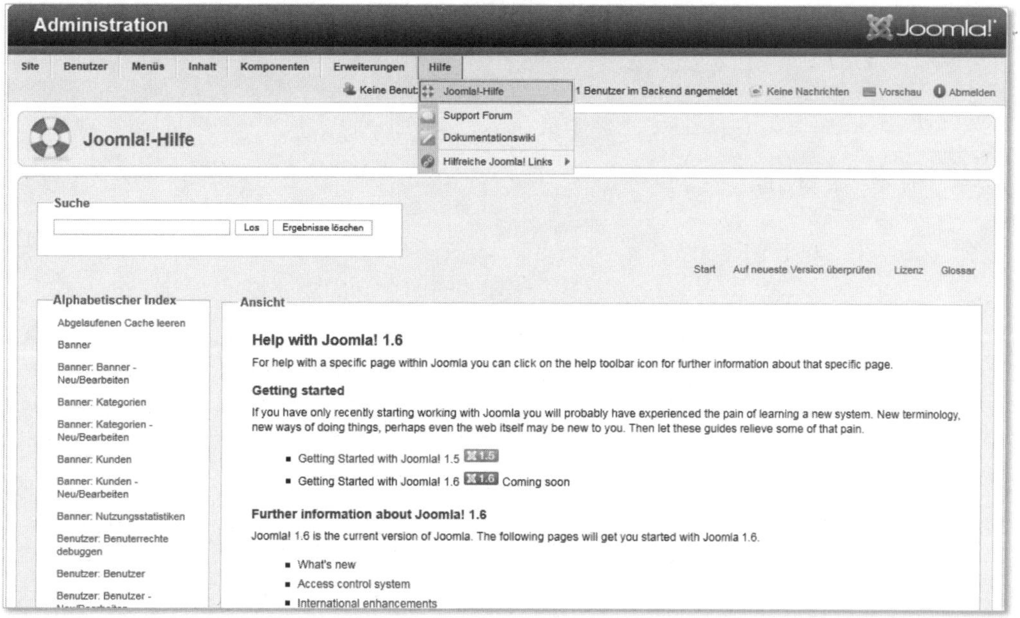

Abbildung 4.12 Hilfe über die Menüleiste

4.6 Übungsaufgaben

1. Legen Sie einen weiteren Beitrag »Zweiter Beitrag« über das Backend an, und füllen Sie ihn mit einem beliebigen Inhalt. Was müssen Sie tun, damit er auf der Startseite des Frontends sichtbar ist? Überprüfen Sie das Ergebnis über die Vorschaufunktion.
2. Wie garantiert das Joomla!-System, dass nicht zwei Benutzer gleichzeitig an einem Artikel arbeiten?
3. Fassen Sie in eigenen Worten die Strukturierungsmöglichkeiten der Inhalte zusammen. Wie viele Hierarchiestufen gibt es?

»Die neue Stadt wird durch den gebaut,
der sie zu erträumen wagt.«
– Danilo Dolci

5 Die Struktur der Webseite

In diesem Kapitel erfahren Sie,

- wie Sie Ihre Site über Beiträge und Kategorien strukturieren können.
- wie Ihnen die Verwaltung dieser Inhalte mehr Übersicht bei den freigegebenen bzw. gesperrten Inhalten schafft.
- welche Menütypen Ihnen die Menüverwaltung für die richtige Darstellung der Beiträge zur Verfügung stellt.

Sie haben mittlerweile die wichtigsten Bereiche sowohl im Frontend als auch im Backend kennengelernt. Jetzt ist es an der Zeit, sich mit einigen Bestandteilen etwas vertrauter zu machen. Wir werden dazu zunächst eine einfache Website mit einigen Unterseiten erstellen. Sie können diese Site Schritt für Schritt miterstellen und gewinnen so Ihre ersten Erfahrungen im Umgang mit Joomla!.

Zunächst müssen wir uns Gedanken um die inhaltliche Organisation unserer Site machen. Der Umfang und die Struktur werden sich auf etwa sieben Menüpunkte (HOME, AKTUELLES, RATHAUS, EINRICHTUNGEN, FREIZEIT & KULTUR, TOURISMUS, BÜRGERINFOS) beschränken, wobei mindestens einer der Punkte noch einmal in einige hierarchisch angeordnete Elemente unterteilt wird. Bei den Inhalten dieser Bereiche wird es sich überwiegend um dynamische Informationen handeln, die in regelmäßigen Abständen aktualisiert werden. Lediglich Informationen wie KONTAKT bzw. das Impressum oder AGB lassen sich statischen Seiten zuordnen, deren Inhalte selten verändert werden müssen und inhaltlich nicht mit anderen Seiten zusammenhängen. Hier nimmt Joomla! aber keine Unterscheidung mehr vor.

Ebenso muss man sich keine Gedanken über eine hierarchische Struktur der Inhalte machen. Es gibt zwar die Möglichkeit, Beiträge jeweils einer Kategorie zuzuordnen, um so den Überblick zu bewahren, aber die Zuordnung ist nicht verpflichtend.

Joomla! verzichtet auf eine feste Struktur zur Organisation der Inhalte. Ähnliche Content-Management-Systeme (CMS) verwenden die bekannte Baumstruktur mit Ordnern und Dokumenten. In unserem Fall findet lediglich eine Aufteilung in *Kategorien* und *Beiträge* (in Vorgängerversionen *Bereiche, Kategorien* und *Beiträge*) statt. Wenn Sie also einen Beitrag anlegen, können Sie auch gleich entscheiden, ob dieser einer Kategorie zugeordnet werden soll. Diese Entscheidung ist aber nicht endgültig. Sie können die Zuordnungen nachträglich ändern. Sind Sie sich nicht sicher, welcher Kategorie Sie einen Beitrag zuweisen möchten, muss aber mindestens die Zuordnung »nicht kategorisiert« erfolgen.

Anschließend haben Sie noch die Wahl, welche Elemente tatsächlich im Frontend veröffentlicht (FREIGEGEBEN) werden sollen oder nicht (die Standardeinstellung ist JA).

Der nächste Schritt wird die Erstellung und Bearbeitung der eigentlichen Inhalte sein. Diese werden wir in Kapitel 6, »Inhalte erstellen und verändern«, genauer unter die Lupe nehmen.

Als konkretes Projekt soll eine Website für die Gemeinde Tschumgau entstehen. Die Site soll einige Daten und Informationen zur Gemeinde und ihren wichtigen Einrichtungen enthalten. Tschumgau dient uns nur als Beispiel und wird auch im weiteren Verlauf dieses Buches als Versuchskaninchen fungieren. Anhand des Beispiels werden Ihnen vermutlich schon die ersten Ideen für diverse Anwendungen durch den Kopf gehen. Statt einer Site für eine Gemeinde kann man sich natürlich ebenso gut Seiten für Vereine, Unternehmen, Betriebe oder sonstige Einrichtungen vorstellen.

5.1 Erstellen der Seitenstruktur

Unsere Website soll dem User eine leichte Navigation durch die Inhalte ermöglichen. Daher ist es wichtig, sich Gedanken über eine geordnete Struktur zu machen. Dazu gehören aussagekräftige Menüeinträge, deren Anzahl und eine beispielsweise chronologische oder hierarchische Anordnung der Informationen. Konkret bedeutet das für unser Beispiel, dass wir zunächst die Kategorien »Aktuelles«, »Rathaus«, »Einrichtungen«, »Wirtschaft«, »Freizeit & Kultur«, »Tourismus«, »Bürgerinfos« erstellen werden, um auch bei einer größeren Beitragsanzahl den Überblick behalten zu können. Sie könnten natürlich auch mit einer Kategorie arbeiten (z. B. »alleInhalte«), die alle Artikel zu den unterschiedlichen Themen beinhalten wird (»Aktuelles«, »Rathaus«, ...). Dieses Vorgehen ist nur dann sinnvoll, wenn Sie sicher sind, dass die Website nicht weiter wachsen wird und keine weitere Unterteilung der Inhalte nötig sein wird.

Kategorie	Inhalte
Aktuelles	Beitrag Aktuelles 01 Beitrag Aktuelles 02
Rathaus	Beitrag Rathaus 01
Einrichtungen	Beitrag Einrichtungen 01 Beitrag Einrichtungen 02
Wirtschaft	Beitrag Wirtschaft 01
Freizeit & Kultur	Beitrag Freizeit & Kultur 01
Tourismus	Beitrag Tourismus 01
Bürgerinfos	Beitrag Bürgerinfos 01 Beitrag Bürgerinfos 02

Tabelle 5.1 Mehr Übersicht mit Kategorien

Kategorie	Inhalte
alleInhalte	Beitrag Aktuelles 01 Beitrag Aktuelles 02 Beitrag Rathaus 01 Beitrag Einrichtungen 01 Beitrag Einrichtungen 02 Beitrag Wirtschaft 01 Beitrag Freizeit & Kultur 01 Beitrag Tourismus 01 Beitrag Bürgerinfos 01 Beitrag Bürgerinfos 02

Tabelle 5.2 Die mögliche Organisation einer einfach strukturierten Site

Sie sehen aber, dass bei solch einer Struktur wie in Tabelle 5.2 eine wachsende Site irgendwann unübersichtlich sein wird. Außerdem können Inhalte aus Kategorien zu automatisch generierten Seiten von Joomla! zusammengestellt werden. Wir werden daher in unserem Beispiel für jeden Oberpunkt auch eine eigene Kategorie anlegen (siehe Tabelle 5.1).

5.1.1 Struktur durch Kategorien

Erstellen wir also zunächst die nötigen Kategorien. Joomla! hat dafür eine eigene Kategorienverwaltung, die Sie über das Kontrollzentrum oder über das Menü Inhalt • Kategorien starten können.

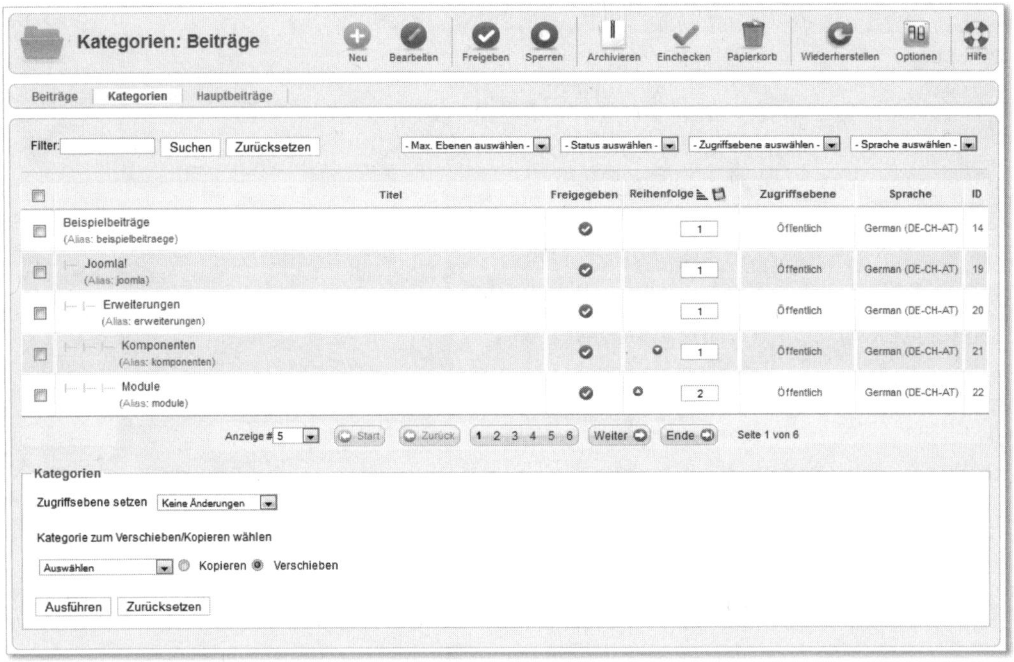

Abbildung 5.1 Die Kategorienverwaltung

Fügen Sie über den Button NEU in der Toolbar einen Bereich »Aktuelles« hinzu. Es erscheint die Ansicht für eine neue Kategorie, in der Sie die Parameter der Kategorie bestimmen können.

Die erste Eingabe erfolgt bei TITEL. Hier bestimmen Sie einen kurzen Namen (in unserem Beispiel ist das »Aktuelles«) der Kategorie, der auch in Auswahlmenüs erscheinen wird (siehe Abbildung 5.2).

Titel im Menü?

Der Titel wird nicht im Frontend als Menüpunkt auftauchen (außer Sie geben das explizit im neuen Menüeintrag unter KATEGORIEOPTIONEN an), sondern es sind die Menüs im Backend gemeint. Wenn Sie also einmal eine Liste mit Kategorien zur Auswahl haben (z. B., um ein neues Menüelement hinzuzufügen), dann werden in der Liste die Titel der Kategorien aufgeführt.

Beim ALIAS können Sie einen längeren Titel wählen. Dieser wird bei Joomla! 1.6 für die suchmaschinenoptimierten (SEO) Links verwendet und sollte daher aussagekräftig und relevant für den Inhalt der Seite sein. Das betrifft alle Aliase (also auch bei Beiträgen).

Abbildung 5.2 Eine neue Kategorie erstellen

Aussagekräftiger Alias

Wenn man z.B. den Menüeintrag »Rathaus« erstellt, sollte der Alias zumindest »Rathaus in Tschumgau« heißen.

Achten Sie allerdings darauf, kein Fragezeichen im Namen zu benutzen, da der Link sonst unter Umständen nicht aufgerufen werden kann. Nach Möglichkeit sollten in den Titeln der verlinkten Beiträge genau diese Begriffe nochmals auftauchen, sodass die Suchmaschine die Bedeutung höher einstufen wird.

Passender Titel

Für den Menüeintrag »Rathaus« mit dem Alias »Rathaus in Tschumgau« könnte die Überschrift im Beitrag z. B. »Unser historisches Rathaus in Tschumgau« heißen.

Über das Dropdown-Menü ÜBERGEORDNET haben Sie die Möglichkeit, die Kategorie bereits bestehenden Kategorien unterzuordnen und so eine hierarchische Struktur zu schaffen.

Reihenfolge der Kategorien

Die Reihenfolge der Kategorien kann nach dem Speichern der Kategorie verändert werden. Ebenso ist die Zuweisung zu einem Menü erst nach dem Abspeichern möglich. Klicken Sie auf den SPEICHERN & SCHLIESSEN-Button, falls Sie diese Änderungen gleich vornehmen möchten.

Mit der ZUGRIFFSEBENE bestimmen Sie, wer Zugriff auf den Bereich haben soll. Wählen Sie »Öffentlich«, um jedem User den Zugriff zu ermöglichen.

Die Bedeutung der weiteren Möglichkeiten finden Sie im Menü unter BENUTZER • ZUGRIFFSEBENEN.

Die BERECHTIGUNGEN können Sie jeweils am Ende der Seite individuell für die einzelnen Benutzergruppen definieren.

Mit der Option SPRACHE können Sie gleich definieren, ob die Kategorie einer bestimmten Sprache zugeordnet sein soll. Sie können neue Sprachen über das Menü ERWEITERUNGEN • SPRACHEN festlegen.

Nun können Sie Ihrem Bereich im Fenster BESCHREIBUNG noch einen kurzen Text hinzufügen. Dieser erscheint jedoch nur, wenn Sie das beim neuen Menüeintrag unter KATEGORIEOPTIONEN tatsächlich einstellen.

Auf der rechten Seite finden Sie noch drei weitere Einstellungsbereiche. Zunächst ist es möglich, einen anderen Benutzer als Autor für die Kategorie zu wählen. Rufen Sie dazu einfach bei den VERÖFFENTLICHUNGSOPTIONEN die Liste der registrierten Benutzer auf.

Die BASISOPTIONEN bieten Ihnen den Zugriff auf das Layout der Kategorie. Wählen Sie zwischen einer Blog- oder Listenansicht, und entscheiden Sie, ob es für die Kategorie ein Keyimage, also ein Themenbild, geben soll.

Über die METADATENOPTIONEN können Sie für jede Kategorie eigene Schlagworte und Beschreibungen für Suchmaschinen ablegen. Wenn Sie die Felder nicht bearbeiten, werden die Werte der globalen Metadaten (Site) verwendet.

Jetzt können Sie Ihren ersten Bereich über den Button SPEICHERN in der Toolbar abspeichern. Achten Sie immer darauf, dass Sie das Kategoriefenster entweder über einen der SPEICHERN-Buttons oder SCHLIESSEN (falls Sie die Änderungen nicht abspeichern möchten) verlassen. Sollten Sie den Back-Button Ihres Browsers verwenden, wird die Sitzung an der jeweiligen Kategorie nicht abgeschlossen, und sie bleibt für andere User »checked out« (jedoch nicht für Sie selbst). Ein weiteres Bearbeiten dieser Kategorie ist dann für andere Personen erst möglich, wenn der verantwortliche Autor seine Sitzung nachträglich mit SPEICHERN oder SCHLIESSEN abgeschlossen hat! In diesem Fall können Sie die Kategorie nochmals öffnen und über die Werkzeugleiste mit SCHLIESSEN beenden. Ansonsten wird die Kategorie auch automatisch nach einem voreingestellten »Time out« freigegeben, oder Sie übernehmen das manuell für alle »checked out«-Elemente mit dem Button GLOBALES EINCHECKEN im Menü SITE • WARTUNG.

Die neue Kategorie erscheint nun in der Kategorieübersicht (siehe Abbildung 5.3).

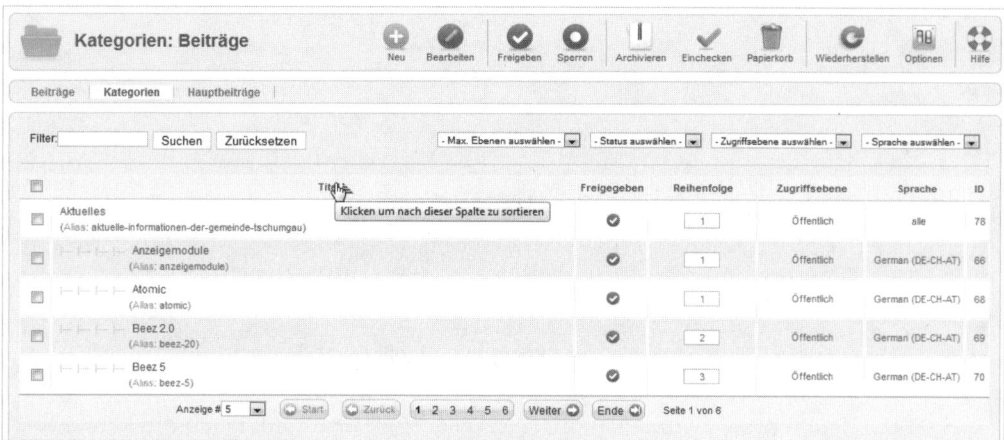

Abbildung 5.3 Eine neue Kategorie in der Kategorienübersicht

Beachten Sie, dass zu diesem Zeitpunkt noch keine Verlinkung zur Frontpage besteht und somit auch noch nicht auf die Kategorie zugegriffen werden kann. Wir werden zunächst die fehlenden Kategorien nach dem obigen Vorgehen ergänzen, um ihnen anschließend Beiträge zuzuweisen. Erst dann haben wir tatsächlich Inhalte generiert, die wir verlinken möchten.

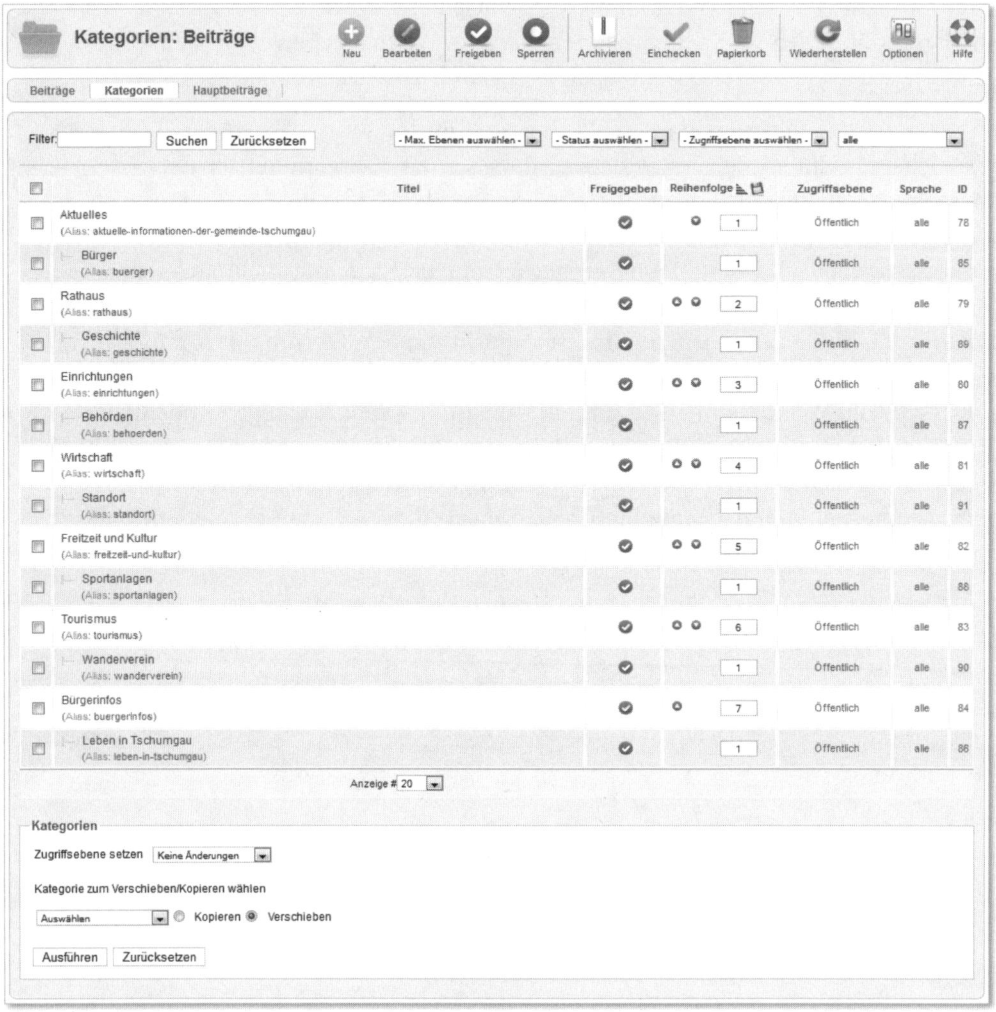

Abbildung 5.4 Unsere komplette Kategorienliste (gefiltert nach »Sprache«)

Nachdem Sie alle Hauptkategorien erstellt haben, kann lediglich die Reihenfolge der Punkte noch geändert werden, um eine gewichtete Anordnung zu erstellen. Dazu geben Sie die Position der Elemente direkt in den REIHENFOLGE-Feldern daneben ein. Passen Sie gegebenenfalls die Reihenfolge der Elemente an, sodass die Kategorie »Bürgerinfos« an letzter Stelle steht und »Aktuelles« an erster. Anschließend werden wir noch einige Unterkategorien erzeugen.

- »Aktuelles« erhält die Unterkategorie »Bürger«.
- »Bürgerinfos« erhält »Leben in Tschumgau«.
- »Einrichtungen« erhält »Behörden«.

- »Freizeit und Kultur« erhält »Sportanlagen«.
- »Rathaus« erhält »Geschichte«.
- »Tourismus« erhält »Wanderverein«.
- »Wirtschaft« erhält »Standort«.

Damit wäre die grobe Struktur unserer Site vorbereitet, und Sie können nun den einzelnen Kategorien Inhalte zuordnen.

Kategorien löschen

Falls Sie an dieser Stelle noch eine überflüssige Kategorie löschen möchten, wäre das kein Problem. Anders als bei den Vorgängerversionen ist das auch möglich, wenn die Kategorien Beiträge oder Unterkategorien beinhalten. Sie erhalten dann übrigens auch keine Warnung, da das Wiederherstellen aus dem Papierkorb sehr einfach und schnell funktioniert.

5.2 Das Menü aufbauen

Obwohl der Status sämtlicher Kategorien automatisch auf FREIGEGEBEN gesetzt wurde (also veröffentlicht), wird man sie momentan noch nirgends im Frontend finden. Uns fehlt noch die Verlinkung mit einem Menü. Beachten Sie an dieser Stelle die Eigenschaft eines Content-Management-Systems (CMS) im Vergleich zur traditionellen statischen Websiteerstellung. Joomla! bietet Ihnen zwei Bereiche, in denen Sie sich aufhalten können: zum einen das Frontend (die Website, wie User sie im Internet zu sehen bekommen) und zum anderen das Backend, in dem Sie wie in einem Backstage-Bereich ungestört hinter der Bühne vor sich hin arbeiten können. Sie müssen keine HTML-Dateien von Ihrem Rechner ins Internet hochladen, sondern arbeiten direkt an den Inhalten und entscheiden selbst, wann diese tatsächlich im Frontend für User sichtbar sein sollen, indem Sie einfach den entsprechenden Beitrag freigeben. Man spricht in diesem Fall auch von einem *redaktionellen System*, da verschiedene Nutzer auch unterschiedliche Aufgaben haben. Einige erstellen Inhalte (Autoren), andere bearbeiten diese (Editor) oder geben sie für die Öffentlichkeit frei (Publisher). Aber genau wie beim klassischen Webdesign reicht es nicht, einen Inhalt zur Verfügung zu stellen, sondern es muss ein Link (also eine Verknüpfung) darauf existieren.

Wir werden also zunächst das Menü aufbauen und anschließend unsere Kategorien mit Inhalten füllen. Prinzipiell ist es für eine gute Navigation wichtig, möglichst aussagekräftige Menü-Überschriften zu verwenden und das Gedächtnis des Users nicht durch die Anzahl der Punkte zu überfordern. Hier sollte man beachten, dass man sich im Bereich von 7 +/- 2 Menüpunkten bewegt. Gleichzeitig gilt es, ein ausgewogenes Verhältnis zur Tiefe der Menüstruktur zu erreichen. Wir sollten unsere Informationen also nicht zu tief vergraben, da die Navigation sonst unübersichtlich wird und der User zu viele Klicks benötigt, um an die gewünschte Stelle zu gelangen. Erfahrungswerte liegen bei maximal drei Ebenen. Natürlich sind diese Richtwerte immer abhängig vom Umfang der Inhalte. Aber meistens lässt sich das Konzept auch bei umfangreichen Webpräsenzen auf einen zweiten Blick noch etwas schärfen.

5.2.1 Die Menü-Verwaltung

Werfen wir einen Blick auf die Menüverwaltung (siehe Abbildung 5.5) im Kontrollzentrum. Diese beinhaltet die angelegten Menüs und Menüeinträge. Das Template und die Beispieldaten geben bei den MENÜS sechs verschiedene Menütypen vor:

- BENUTZERMENÜ (USERMENU)
- OBEN (TOP)
- ÜBER JOOMLA! (ABOUT JOOMLA)
- AUSTRALISCHE PARKS (PARKS)
- HAUPTMENÜ (MAINMENU)
- OBSTSHOP (FRUITSHOP)

Diese vordefinierten Menüs sind bereits bestimmten Positionen im Layout zugewiesen (diese sind in der Spalte ZUM MENÜ VERLINKTE MODULE in Klammern aufgeführt) und besitzen schon Menüeinträge aus den Beispieldaten. Zudem gibt es z.B. im Benutzermenü Einträge, die nur von registrierten Usern im Frontend erreichbar sind.

In der Spalte TITEL finden wir die Bezeichnung der Menüs, die frei gewählt werden kann. Mit einem Klick auf den Titel, der sich in Klammern befindet (z.B. USERMENU), könnten Sie den Typ, den Titel und die Beschreibung für den Menüpunkt ändern. Die MENÜART muss eindeutig sein und ohne Leerzeichen geschrieben werden. Über den Typ identifiziert Joomla! das Menü im Code bzw. Template. Joomla! muss sich auf diesen einzigartigen Namen beziehen, da es sonst zu Konflikten kommen würde. Die BESCHREIBUNG können Sie frei bestimmen.

Wenn Sie direkt auf den Menütitel in der Titelspalte (z.B. BENUTZERMENÜ) klicken, gelangen Sie zu den Elementen des entsprechenden Menüs. Sie können auch über den Reiter MENÜEINTRÄGE (direkt über der Liste) zu dieser Ansicht wechseln.

Abbildung 5.5 Die Menüverwaltung

Die unter ANZAHL MENÜEINTRÄGE zusammengefassten Spalten geben Ihnen einen Überblick über die Anzahl der Menüpunkte und ihren jeweiligen Status.

Unter #FREIGEGEBEN können wir sehen, wie viele Einträge im Menü existieren und tatsächlich im Frontend verfügbar sind. Gelöschte oder unveröffentlichte Objekte sind noch nicht vorhanden.

In der vorletzten Spalte ZUM MENÜ VERLINKTE MODULE werden Module aufgelistet, die sich innerhalb des jeweiligen Menüs befinden. Mit einem Klick auf eines der Module können Sie die wichtigsten Konfigurationen direkt aus der Menüverwaltung bearbeiten und müssen nicht über das Menü ERWEITERUNGEN • MODULE zu den Modulen wechseln.

Schauen wir uns kurz den Eintrag im »Hauptmenü« an. Klicken Sie dazu einfach auf den Titel HAUPTMENÜ. In der neuen Ansicht der Menüverwaltung sollten Sie nun eine Liste der bereits vorhandenen Objekte sehen. Momentan sollten elf Einträge aufgelistet sein, von »Home« bis »Beispiele« (siehe Abbildung 5.6).

Die Bedeutung der nachfolgenden Spalten ist Ihnen teilweise bereits aus anderen Verwaltungen wie der Kategorienverwaltung bekannt.

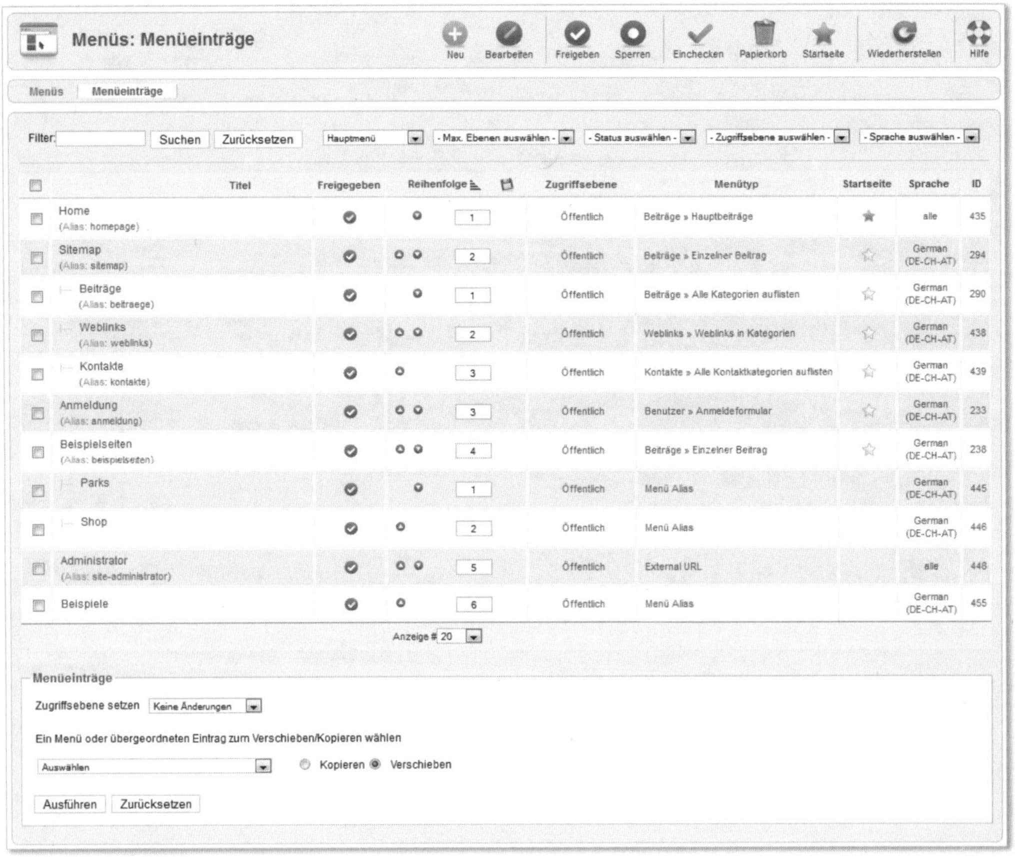

Abbildung 5.6 Die Menüeinträge im Hauptmenü

Greifen wir einige neue Dinge heraus. Bei der Reihenfolge können Sie entscheiden, ob Sie die Einträge mit den Pfeilen oder durch die direkte Eingabe sortieren möchten.

Die Spalte Menütyp ist in diesem Zusammenhang neu. Sie gibt an, um was es sich bei dem Menüeintrag tatsächlich handelt, wie es im Frontend dargestellt wird und welche Funktion es hat.

In der Spalte Startseite können Sie bestimmen, welcher Menü-Link auf die Startseite verweisen soll.

Achten Sie auch immer darauf, dass Sie über die Filter oberhalb der Tabelle diese Ansicht ändern können. Gerade das erste Dropdown-Menü ist wichtig, da Sie dort das Menü wählen können, für das Sie die Menüeinträge angezeigt bekommen möchten.

5.2.2 Einen Menüpunkt erstellen

Um einen neuen Menüpunkt zu erstellen, wählen Sie zunächst das Menü aus, in dem der neue Eintrag erzeugt werden soll, und klicken in der Toolbar den Button NEU an. Es erscheint ein neues Fenster, in dem Sie den TYP, also die Art Ihres Menüpunkts, bestimmen können. Man bekommt acht Hauptbereiche zur Auswahl gestellt (siehe Abbildung 5.7):

- KONTAKTE
- BEITRÄGE
- NEWSFEEDS
- SUCHE
- BENUTZER
- WEBLINKS
- WRAPPER
- SYSTEMLINKS

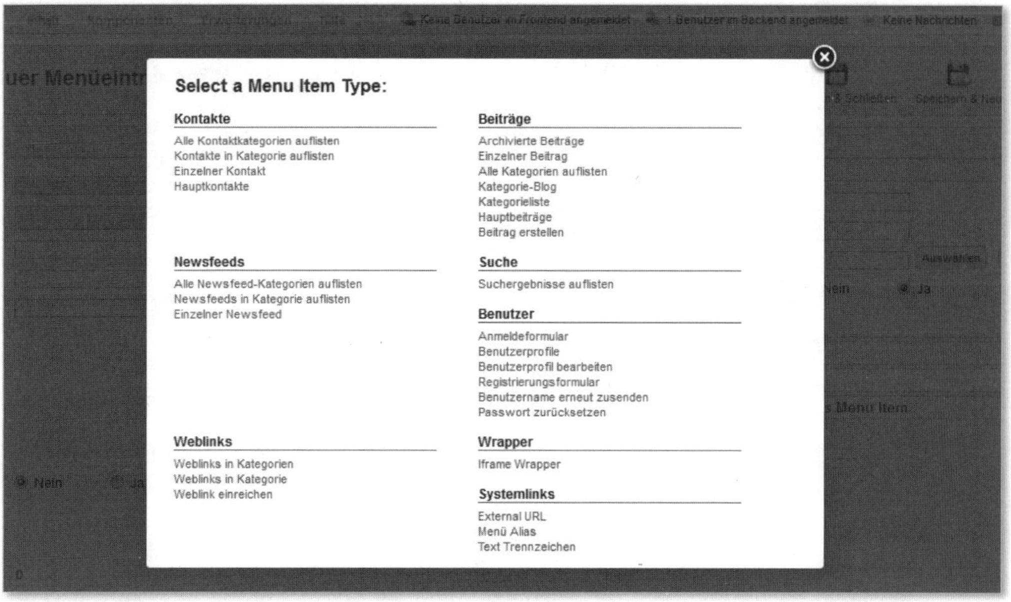

Abbildung 5.7 Mögliche Menüeinträge

Jeder Hauptbereich für Menütypen liefert unterschiedliche Funktionen oder Darstellungen der damit verlinkten Inhalte. Die Auswahl ist ziemlich groß und sollte alle Wünsche erfüllen. Einige Erweiterungen, die Sie später vielleicht einmal ergänzend installieren werden, bringen oft noch neue Menütypen mit, sodass diese Liste noch etwas wachsen kann. Details zu den einzelnen Menütypen erhalten Sie über kleine Flyouts, wenn Sie den Mauscursor etwas länger über einem Typ stehen lassen.

Für unser Beispiel werden wir einen einfachen KATEGORIELISTE-Menüeintrag erzeugen. Wählen Sie dazu unter BEITRÄGE • KATEGORIELISTE. Im Unterschied zum KATEGORIE-BLOG-Layout werden hier einfach alle Artikel einer Kategorie in einer Liste angezeigt. Beim KATEGORIE-BLOG-Layout haben Sie dagegen immer die Möglichkeit, die Beiträge in Spalten und Zeilen anzuordnen. Die Blog-Darstellung wirkt meist etwas dynamischer und interessanter.

Der Menütyp bestimmt die Ansicht bzw. das Seiten-Layout

Mit der Wahl des Menütyps bestimmen Sie das Layout der Beiträge in der Übersicht einer Kategorie.

Dieser Hinweis ist besonders bei den ersten Schritten mit Joomla! wichtig. Das Anklicken eines Menüeintrags im Frontend löst die Zusammenstellung der darauffolgenden Seite erst aus. Wenn also ein Menüeintrag als Menütyp KATEGORIELISTE definiert ist, werden Artikel aus der entsprechenden Kategorie in Form einer Liste auf der neuen Seite generiert.

Den Menütyp können Sie an dieser Stelle jederzeit wieder ändern, auch nachdem Sie den Menüpunkt bereits gespeichert haben.

Besprechen wir nun zunächst einmal die Eingabemöglichkeiten des Bereichs DETAILS. Danach folgt eine Auflistung der Eingabefelder und Parameter zu den verschiedenen Menüelementen. Die Eingabemöglichkeiten bei den DETAILS sind mehr oder weniger bei allen Menüeinträgen identisch. Wir werden sie daher nur einmal erwähnen und bei den anderen Elementen lediglich die jeweiligen Besonderheiten herauspicken.

Unser erster Eintrag im Feld MENÜTITEL bestimmt ganz einfach den Namen des Menüpunkts. Danach können wir im Feld ALIAS einen für Suchmaschinen aussagekräftigen Titel ergänzen. NOTIZ bietet Ihnen die Möglichkeit, interne Notizen zu hinterlegen. Im Feld LINK sehen Sie nach dem Abspeichern des Menüeintrags die entsprechende Adresse des Menüpunkts. Auch bei Menüeinträgen haben Sie die Möglichkeit, über den STATUS und die FREIGABEEBENE zu entscheiden. Als Nächstes bestimmen Sie, in welchem Menü Ihr Eintrag erscheinen soll. Wählen Sie dazu in der Dropdown-Liste MENÜ BEREICH ein gewünschtes Menü aus. Über den Punkt ÜBERGEORDNETER EINTRAG bestimmen Sie, auf welcher Ebene sich der Menüeintrag befinden soll. Soll sich der Eintrag auf dem gleichen Level der Hauptmenüpunkte befinden, so verwenden Sie die Einstellung MENU ITEM ROOT, ansonsten wählen Sie einen der vorhandenen Punkte, um einen Untermenübeitrag zu erzeugen. Definieren Sie im nächsten Schritt, ob sich durch das Anklicken des Menüeintrags ein neues Fenster mit dem neuen Inhalt öffnen soll. Dies ist bei Links auf externe Websites oder erklärende Inhalte sinnvoll. Bei der Option STANDARDSEITE handelt es sich eigentlich um die Startseite. Wählen Sie »Ja«, wenn Sie diesen Inhalt zur Startseite Ihrer Website machen möchten. Entscheiden Sie noch, ob der Menüeintrag bereits einer Übersetzung zugeordnet werden soll, und wählen Sie die entsprechende Sprache.

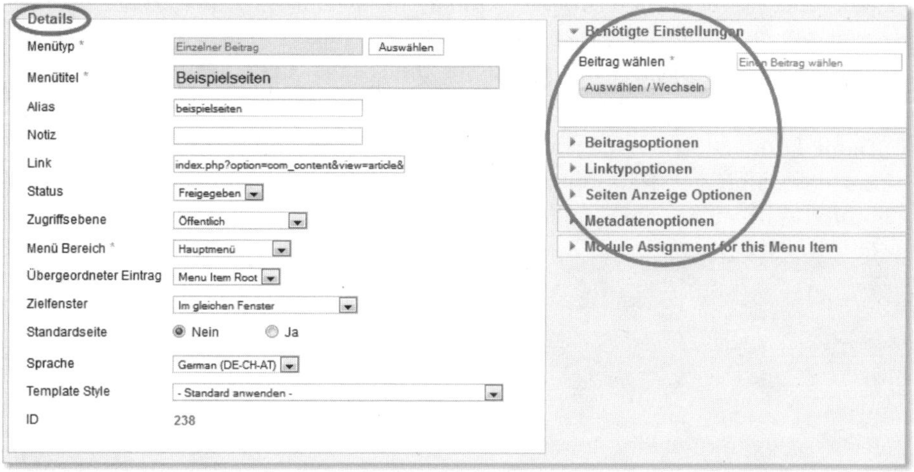

Abbildung 5.8 Detaillierte Konfigurationsoptionen für einen neuen Menüeintrag

Zu guter Letzt finden wir noch eine Besonderheit. Sie können mit dem Menüeintrag auch entscheiden, ob die darauffolgende Darstellung ein anderes Design-Template verwenden soll. Bei unserer Installation verfügen wir bereits über drei Templates: »atomic«, »beez5« und »beez_20«. Weitere Templates erhalten Sie in großer Auswahl im Internet. Mit dieser Option ist es Ihnen sehr einfach möglich, Themenbereiche Ihrer Site auch mit einem eigenen Design hervorzuheben.

Bevor wir uns die verschiedenen Parameter anschauen, gehen wir noch kurz auf die Bedeutung des ÜBERGEORDNETEN EINTRAGS ein. Denn hier finden wir die Möglichkeit, unser Menü wie bereits angesprochen hierarchisch zu gliedern. Aber beachten Sie, dass sich diese Möglichkeit nur auf die Darstellung bezieht und nicht auf die tatsächliche Organisation der Inhalte. Hier im Menü können wir z. B. die Kategorie »Rathaus« der Kategorie »Einrichtungen« unterordnen. Die Kategorien bleiben in der Kategorienverwaltung aber weiterhin auf der gleichen hierarchischen Stufe. Wir werden dieses Beispiel kurz demonstrieren.

1. In MENÜVERWALTUNG erstellen wir zunächst im Hauptmenü über den Button NEU den Menüeintrag »Einrichtungen«. Dazu wählen wir MENÜTYP • BEITRÄGE • KATEGORIELISTE aus.

2. Nun können wir den Namen für den Menüpunkt eingeben (»Einrichtungen«) und die entsprechende Kategorie »Einrichtungen« aus der Liste in BENÖTIGTE EINSTELLUNGEN auswählen. ÜBERGEORDNETER BEITRAG soll in diesem Fall »Menu Item Root« sein.
3. Vergessen Sie nicht, die Einstellungen über den Button SPEICHERN & SCHLIESSEN zu sichern. Das können Sie auch über den Button SPEICHERN regelmäßig wiederholen, ohne dass Sie die Bearbeitung des Menüeintrags verlassen.
4. Nun wiederholen wir den ganzen Vorgang, wählen aber für NAME »Rathaus« und entsprechend für den BEREICH »Rathaus« aus. Bei ÜBERGEORDNETER EINTRAG müssen wir nun unbedingt die Kategorie »Einrichtungen« angeben!
5. Dann können Sie den Menüeintrag abspeichern. In der Menüverwaltung erscheint nun der Hauptmenüpunkt »Einrichtungen« mit dem Untermenüpunkt »Rathaus« (siehe Abbildung 5.9).

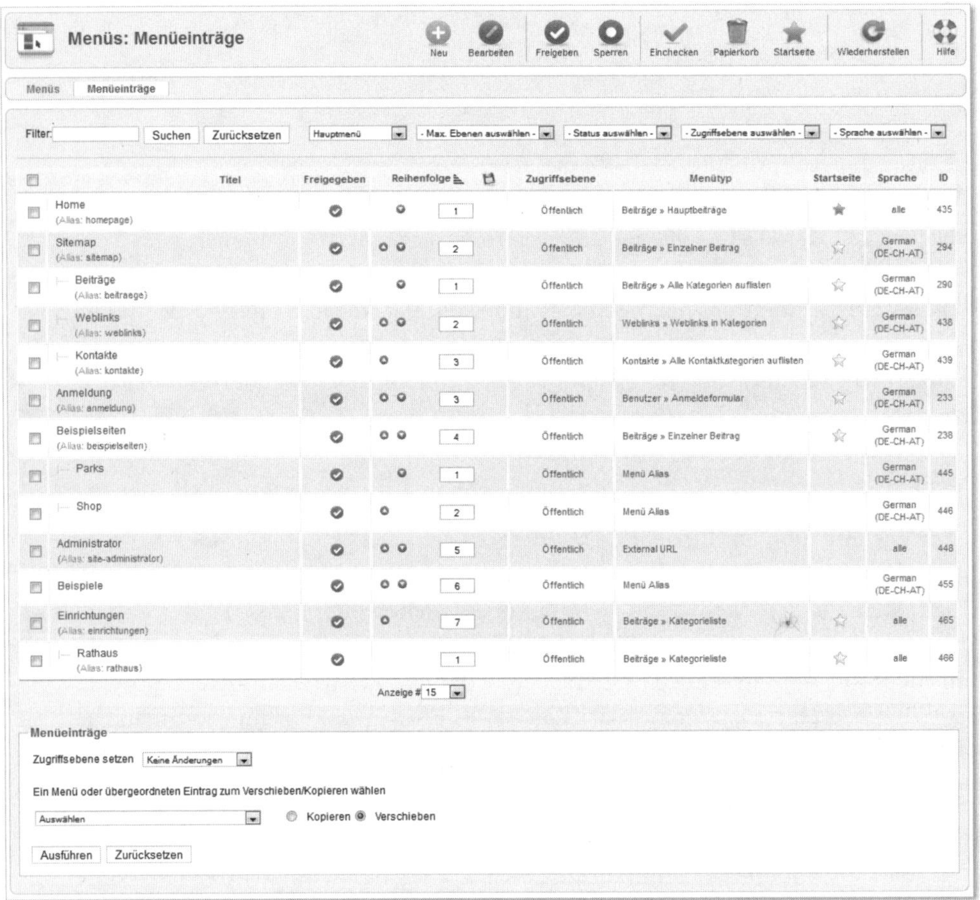

Abbildung 5.9 Die Darstellung untergeordneter Menüeinträge

Menüs und SSL

In Joomla! wurde eine Unterstützung für SSL-Verbindungen integriert (sichere Verbindungen). Dazu finden Sie unter den METADATENOPTIONEN einiger Menütypen die Option SECURE. Wenn Sie hier AN auswählen, werden alle Links in diesem Bereich über das *https://*-Protokoll aufgerufen.

5.2.3 Arten von Menüeinträgen

Kommen wir jetzt zum Bereich der Parameter, rechts neben den DETAILS auf der Menüeintrag-Seite, und verschaffen wir uns einen Überblick. Dieser unterteilt sich in Bereiche, die, abhängig vom Menütyp, verschiedene Konfigurationsoptionen bieten. Vier Parameter ziehen sich aber fast durch alle Menütypen durch:

- LINKTYPOPTIONEN
  Optional können Sie hier für den Linktitel einen anderen Namen festlegen, der beim Mouseover im Flyout erscheint. Im CSS-Feld haben Sie die Möglichkeit, den Link individuell und unabhängig vom Template zu gestalten. Außerdem kann ein Bild angegeben werden, das beim Link erscheinen soll.
- SEITEN ANZEIGE OPTIONEN
  Definieren Sie in diesem Abschnitt, welche Titel in der Kopfzeile des Browsers oder für den Artikel erscheinen sollen.
- METADATENOPTIONEN
  Mit den Metadaten steuern Sie die Informationen für Suchmaschinen. Wenn Sie diese Felder nicht bearbeiten, werden die global definierten Site-Metadatenoptionen für alle Beiträge/Kategorien verwendet. Für besondere Inhalte können Sie hier eine kurze Beschreibung des Inhalts hinterlegen und passende Schlagworte kommagetrennt eintragen. Entscheiden Sie außerdem, ob der Inhalt überhaupt von (Suchmaschinen-)Robotern erfasst werden darf und ob die Verbindung verschlüsselt aufgebaut werden muss (SECURE).
- MODULE ASSIGNMENT FOR THIS ITEM
  Hier haben Sie direkten Zugriff auf alle verfügbaren Module. Für jedes Modul können Sie einstellen, ob es bei diesem Menüpunkt angezeigt werden soll.

Die unterschiedlichen Menütypen und Komponenten, die Sie über diese Parameter steuern können, werden detailliert in Anhang A.3, »Parameter der unterschiedlichen Menütypen«, aufgeführt. An dieser Stelle möchten wir Ihnen nur einen Überblick zu den verschiedenen Bereichen geben.

- KONTAKT
  Kontakte können ganze Kontaktgruppen einer bestimmten Kategorie, Einzelpersonen oder Hauptkontakte (diese müssen in der Kontaktverwaltung entsprechend markiert worden sein) auflisten.
- BEITRAG
  Sieben verschiedene Layoutdarstellungen werden hier für Beiträge angeboten (ARCHIV, EINZELBEITRAG, ALLE KATEGORIEN, KATEGORIELISTE oder -BLOG, HAUPTBEITRÄGE (also Beiträge für die Startseite) und BEITRAG erstellen).
- NEWSFEEDS
  Feeds definieren Sie je nach Bedarf für alle Kategorien, eine spezielle Kategorie oder als individuellen Feed.
- SUCHE
  Das ist das Standardlayout für Suchergebnisse.
- BENUTZER
  Für die Benutzer finden Sie sechs verschiedene Einstiegsseiten: den üblichen Login, die Darstellung eines Benutzerprofils, die Bearbeitung eines Benutzerprofils, eine Registrierungsseite für neue Besucher, die Möglichkeit, sich einen Benutzernamen zusenden zu lassen, sowie eine Seite für Benutzer, die ihr Passwort vergessen haben.
- WEBLINKS
  Listen Sie Weblinks einer speziellen oder aller Kategorien auf, oder erlauben Sie registrierten Benutzern, weitere Links zu ergänzen.
- WRAPPER
  Binden Sie externe Webseiten per Iframe in Joomla! ein.
- SYSTEMLINKS
  Erstellen Sie einen Menüeintrag auf eine beliebige (externe) URL, verlinken Sie mit einem Menü-Alias auf einen bereits bestehenden Menüeintrag, und definieren Sie ein Trennzeichen für die Menüliste.

5.3 Übungsaufgaben

1. Erstellen Sie zwei weitere Kategorien »Neues Rathaus« bzw. »Altes Rathaus«, und weisen Sie den Kategorien jeweils die Kategorie »Standesamt« und »Geschichte« zu.
2. Erstellen Sie über die Menüverwaltung zwei neue Menüeinträge »Das neue Rathaus« bzw. »Das alte Rathaus«, und ordnen Sie sie dem vorhandenen Menüeintrag »Rathaus« unter.

»Sie irrten in der Stadt umher wie in einem weiten Labyrinth, in dem man sich nicht zurechtfinden kann.«
– Voltaire

6 Inhalte erstellen und verändern

In diesem Kapitel lernen Sie,

- wie Sie die richtigen Einstellungen für Ihre Beiträge festlegen.
- wie Sie Ihre Seiten nicht nur mit Textbeiträgen füllen.
- wie Sie Inhalte pflegen und organisieren können, ohne alte Beiträge gleich löschen zu müssen.
- den Unterschied zwischen den vier Darstellungsformen Ihrer Inhalte zu erkennen.

Wir haben bereits Kategorien erstellt, nun fehlen aber noch geeignete Inhalte (Beiträge) für die jeweiligen Kategorien. Wie Sie in Kapitel 3, »Frontend«, gesehen haben, kann man Inhalte auch im Frontend editieren. Was sind die Unterschiede zur Bearbeitung im Backend? Insgesamt kann man sagen, dass die Optionen in vielen Dingen sehr ähnlich sind, aber wesentlich eingeschränkter und kontrollierter gehandhabt werden. Die wichtigsten Unterschiede:

- Im Frontend ist es Ihnen zwar erlaubt, neue Artikel ins Leben zu rufen, diese müssen jedoch von einem Administrator freigegeben werden. Neue Kategorien können Sie nicht über das Frontend erzeugen.
- Beim Einbinden von Bildern im Publisher stehen Ihnen nicht alle Funktionalitäten, wie z. B. das Erstellen von neuen Verzeichnissen, zur Verfügung.
- Über das Parametermenü der jeweiligen Beiträge im Backend stehen Ihnen zahlreiche Einstellungsmöglichkeiten zur Verfügung, die Sie im Frontend nicht zu Gesicht bekommen.

In unserem Beispiel werden wir nun Inhalte im Backend bearbeiten. Dabei gehen wir speziell auf die dortigen zusätzlichen Möglichkeiten und Besonderheiten ein.

6.1 Neue Inhalte einfügen

Beginnen wir im Kontrollzentrum des Backends. Es gibt zwei Möglichkeiten, um an die entsprechende Stelle zu gelangen, an der Sie Ihre Inhalte eingeben können. Wir werden beide Wege nacheinander beschreiben.

6.1.1 Die Beitragsverwaltung

Klicken Sie im Kontrollzentrum auf das Icon BEITRÄGE, und Sie gelangen in die Übersicht zu sämtlichen Inhaltselementen Ihrer Website (siehe Abbildung 6.1).

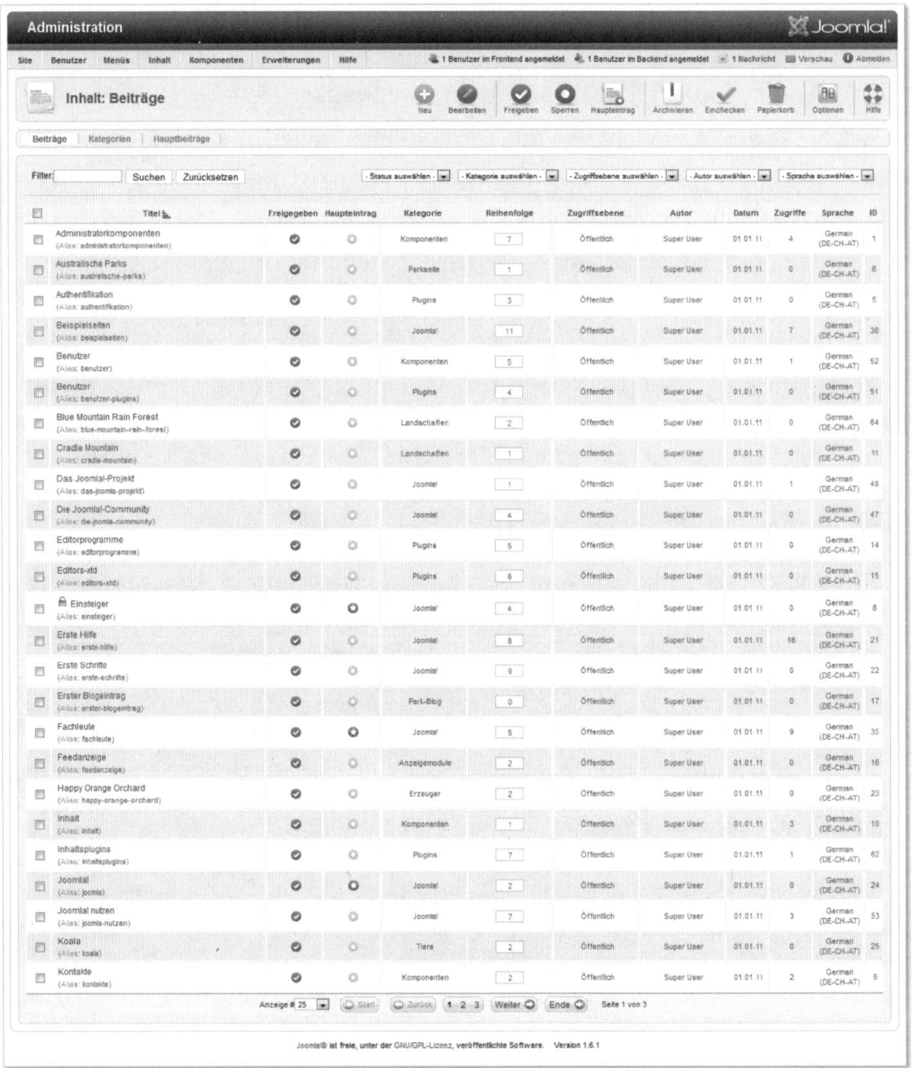

Abbildung 6.1 Die Übersicht der Beiträge in der Beitragsverwaltung

Es sind dank der installierten Beispieldaten bereits etwa 70 Einträge vorhanden. Die Ansicht wird Ihnen mittlerweile auch bekannt vorkommen und Sie an die Kategorieverwaltung erinnern.

Einige Dinge sind jedoch neu. Werfen wir einen Blick auf die Werkzeugleiste. Anders als bei der Kategorieverwaltung haben wir bei den Beiträgen die Möglichkeit, Haupteinträge zu definieren. Dabei handelt es sich um Beiträge, die auch auf der Startseite Ihrer Site erscheinen sollen.

Danach folgt der Button ARCHIVIEREN. Mit dieser Funktion ist es Autoren möglich, veraltete Inhalte im Backend in einen archivierten Zustand zu verschieben, ohne dass die Artikel endgültig gelöscht werden müssen. Der entsprechende Artikel wird entsprechend markiert und auf die Liste der archivierten Elemente geschoben. Über den Filter »Status auswählen« haben Sie immer die Möglichkeit, sich die archivierten Artikel auflisten zu lassen. Genau wie bei der Kategorieverwaltung können Sie Beiträge über den Button EINCHECKEN für andere Benutzer wieder verfügbar machen. Das funktioniert auch, wenn Sie auf das Schloss-Icon neben ausgecheckten Beiträgen klicken. Anders als bei den Kategorien fehlt in der Beitragsverwaltung der WIEDERHERSTELLEN-Button. Um gelöschte Beiträge wiederherstellen zu können, müssen Sie die Ansicht nach dem Status »Papierkorb« filtern und danach die gewünschten Beiträge über FREIGEBEN wiederherstellen.

Abbildung 6.2 Die Filterleiste

Mit den Pulldown-Menüs und dem Filterfeld unter der Werkzeugleiste (siehe Abbildung 6.2) können Sie die Beiträge noch genauer sortieren, als Sie es bereits aus den anderen Verwaltungen kennen. Das ist sehr nützlich, sobald die Liste mal angewachsen ist und man schnell einen Überblick gewinnen möchte. Suchen Sie nach speziellen Titeln, so können Sie im Feld FILTER direkt einen Titelnamen eingeben und mit der Taste SUCHEN die Sortierung starten. Wichtig ist aber vor allem der Filter »Status auswählen«, da Sie dort auch archivierte oder gelöschte Beiträge auflisten können. Es gibt keinen extra Button in der Werkzeugleiste, mit dem Sie sonst zum Archiv oder Papierkorb gelangen könnten.

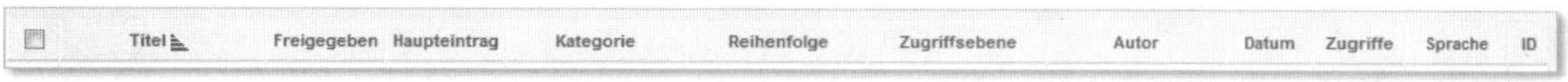

Abbildung 6.3 Die Kopfzeile der Beitragsverwaltung

Betrachten wir noch kurz die Liste der Beitragsverwaltung (siehe Abbildung 6.3). Hier wurden die Spalten HAUPTEINTRAG, KATEGORIE, AUTOR, DATUM und ZUGRIFFE ergänzt. Die Spalte HAUPTEINTRAG zeigt an, ob der jeweilige Beitrag auf der Startseite Ihrer Website zu sehen sein soll oder nicht. Klicken Sie dazu einfach das entsprechende Icon in der Spalte HAUPTBEITRAG an, und schon wird der Beitrag auf der Startseite mit aufgeführt. Die Spalte KATEGORIE zeigt an, welcher Kategorie die Artikel zugeordnet sind. Über die Spalte AUTOR erfahren Sie schnell und auf den ersten Blick, wer der Verfasser der unterschiedlichen Beiträge war. DATUM und ZUGRIFFE geben Ihnen Auskunft darüber, wann der Beitrag erstellt und wie oft er bereits aufgerufen wurde.

Beiträge alphabetisch absteigend oder aufsteigend auflisten

In der Spalte TITEL finden Sie neben der Überschrift ein kleines dreieckiges Symbol. Klicken Sie darauf, um die Reihenfolge der Beiträge in der Liste zu ändern.

6.1.2 Voreinstellungen treffen

Bevor wir den ersten Beitrag für unsere Gemeinde Tschumgau erstellen und auf der Startseite veröffentlichen, können wir in der Beitragsverwaltung noch einige Parameter bestimmen. Klicken Sie dazu auf den Button OPTIONEN in der Werkzeugleiste. Es öffnet sich ein neues Fenster mit den Konfigurationsmöglichkeiten (siehe Abbildung 6.4). Eine Liste der Parameter finden Sie in Anhang A.

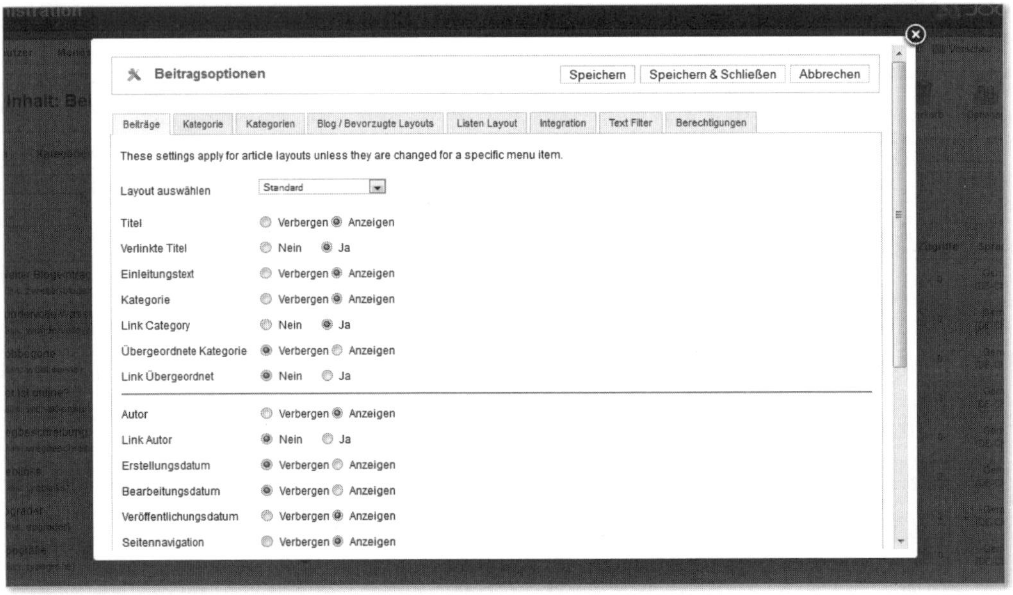

Abbildung 6.4 Treffen Sie global Einstellungen für alle Beiträge.

6.1.3 Beitragsspezifische Einstellungen

Sie konnten jetzt global die wichtigsten Vorbereitungen für Ihre Beiträge treffen und schaffen so auch eine relativ konsistente Darstellung der Inhalte. Diese globalen Voreinstellungen sind äußerst praktisch, wenn man später einmal beschließt, einige Funktionen, wie z. B. die Zugriffsberechtigungen umzustellen. Es reicht dann, die Änderung einmal vorzunehmen, und man muss nicht die Parameter der einzelnen Beiträge separat bearbeiten. Allerdings ist es vielleicht nicht immer erwünscht, die globalen Einstellungen greifen zu lassen. Joomla! bietet Ihnen hier die Möglichkeit, eine Vielzahl der oben beschriebenen Einstellungen nochmals Beitrag für Beitrag zu definieren und damit die globalen Konfigurationen an dieser Stelle zu überschreiben. Diese beitragsspezifische Konfiguration ist dann ausschlaggebend für die Darstellung der Inhalte. Öffnen Sie dazu einen beliebigen Beitrag. Rechts neben dem Beitrag finden Sie die gewünschten Parameter (siehe Abbildung 6.5).

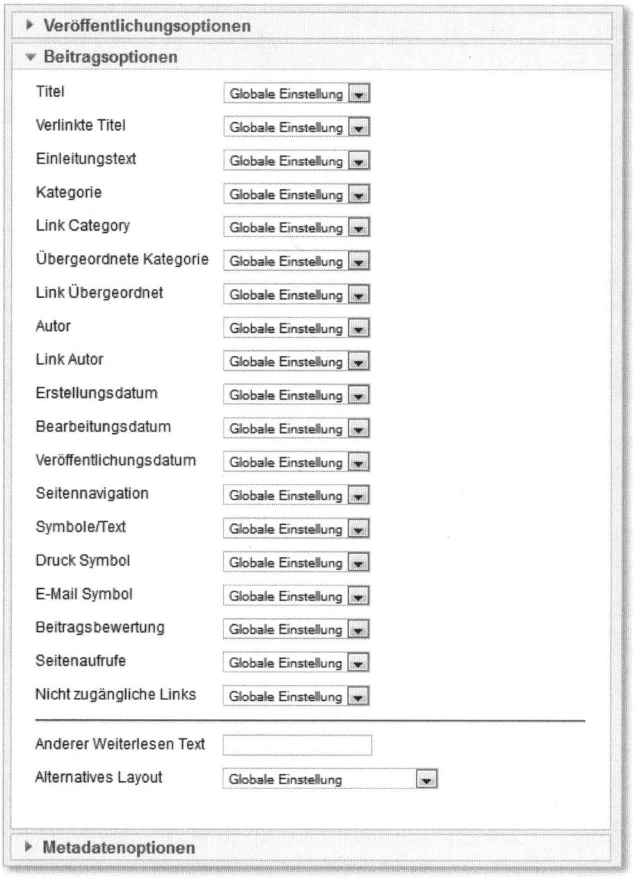

Abbildung 6.5 Überschreiben Sie globale Einstellungen mit den spezifischen Parametern eines Beitrags.

6.2 Die Startseite füllen

Die Organisation der Startseitenbeiträge finden Sie ebenfalls in in der Beitragsverwaltung unter dem Reiter HAUPTBEITRÄGE. Hier können Sie Ihre Elemente nach Freigaben, Kategorien oder Autoren gliedern lassen bzw. diese auch beliebig filtern (dazu folgt gleich mehr im nächsten Abschnitt). Die Werkzeugleiste ermöglicht es Ihnen, Beiträge zu archivieren, den Veröffentlichungsstatus zu ändern oder ausgewählte Elemente von der Startseite zu entfernen.

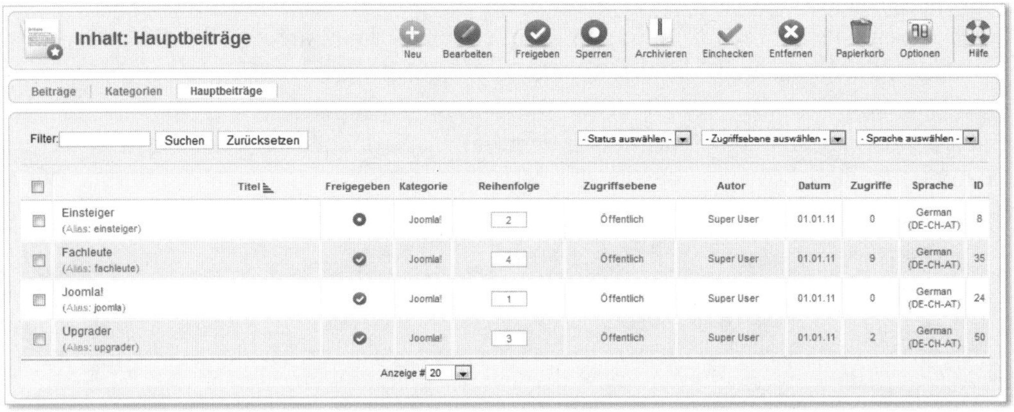

Abbildung 6.6 Die Startseitenbeiträge werden in der Beitragsverwaltung gesondert unter den Hauptbeiträgen aufgelistet.

> **Entfernen von der Startseite und Löschen**
>
> Das Entfernen von der Startseite hat nicht ein Löschen des Elements zur Folge. Es erscheint lediglich nicht mehr auf der Startseite, sondern bleibt weiterhin in der Artikelverwaltung aufgelistet.

Zunächst brauchen wir aber einen Beitrag, den wir auf der Startseite darstellen möchten. Dazu fahren wir einfach mit unserem Beispiel Tschumgau fort und erstellen für eine beliebige Kategorie den entsprechenden Inhalt. Wählen Sie z.B. die Kategorie »Rathaus« und die Unterkategorie »Geschichte«. Wir erreichen die Beiträge entweder über die Menüzeile INHALT • BEITRÄGE oder über das Kontrollzentrum und den Button BEITRÄGE. Beginnen Sie mit einem neuen Beitrag, indem Sie auf den Button NEU klicken.

Wir werden jetzt für das Rathaus eine kleine Chronik erstellen, die Ihnen die Eingabe von Inhalten etwas verdeutlichen soll (siehe Abbildung 6.7). Tragen Sie zunächst einen Titel in das Feld TITEL ein. Der ALIAS kann vom eigentlichen Titel abweichen, sollte aber aussagekräftig genug sein, um Suchmaschinen das Leben leichter zu machen. Wählen Sie aus der Dropdown-Liste die Unterkategorie »Geschichte«, und bestimmen Sie, ob der Text gleich freigegeben sein soll und ob er auf der Startseite erscheinen darf. Sie sehen, man kann schon an dieser Stelle bestimmen, was eigentlich auf der Startseite zu sehen sein soll.

Im großen Eingabefeld für Ihren eigentlichen Text können Sie nun entscheiden, ob es zunächst einen kurzen Intro-Text geben oder gleich der ganze Artikel erscheinen soll. Es gibt an dieser Stelle nicht mehr zwei Eingabefelder, wie es in älteren Joomla!-Versionen der Fall war, sondern Sie geben einfach Ihren Text ein und positionieren den Cursor dort, wo der Intro-Text zu Ende ist und der eigentliche Artikel beginnt. Klicken Sie dann auf den Button WEITERLESEN unter diesem Eingabetext. Sie können den Text über die Werkzeugleiste formatieren oder Elemente wie Bilder und Tabellen hinzufügen.

Gehen wir gleich weiter zur Eingabe des eigentlichen Textes. Klicken Sie dazu in das Eingabefeld, und beginnen Sie mit Ihrer Eingabe. Da es sich hier nur um ein Beispiel handeln soll, werden wir einfach fiktive Daten eintragen. Beginnen wir mit einer Überschrift. Fügen Sie einen Text ein, und formatieren Sie ihn mit ÜBERSCHRIFT 1. Jetzt erstellen wir eine Tabelle, die einige Daten der Herzogsburg enthalten wird. Klicken Sie dazu auf das Tabellensymbol in der Werkzeugleiste, und tragen Sie bei den Tabellenoptionen die gewünschten Werte ein. Auf der rechten Seite haben Sie die Möglichkeit, die Parameter dieses Beitrags anzupassen. Ändern Sie nichts, so werden die bereits beschriebenen globalen Parameter greifen.

In Abbildung 6.7 sehen Sie die Backend-Ansicht der soeben erstellten Inhaltsseite.

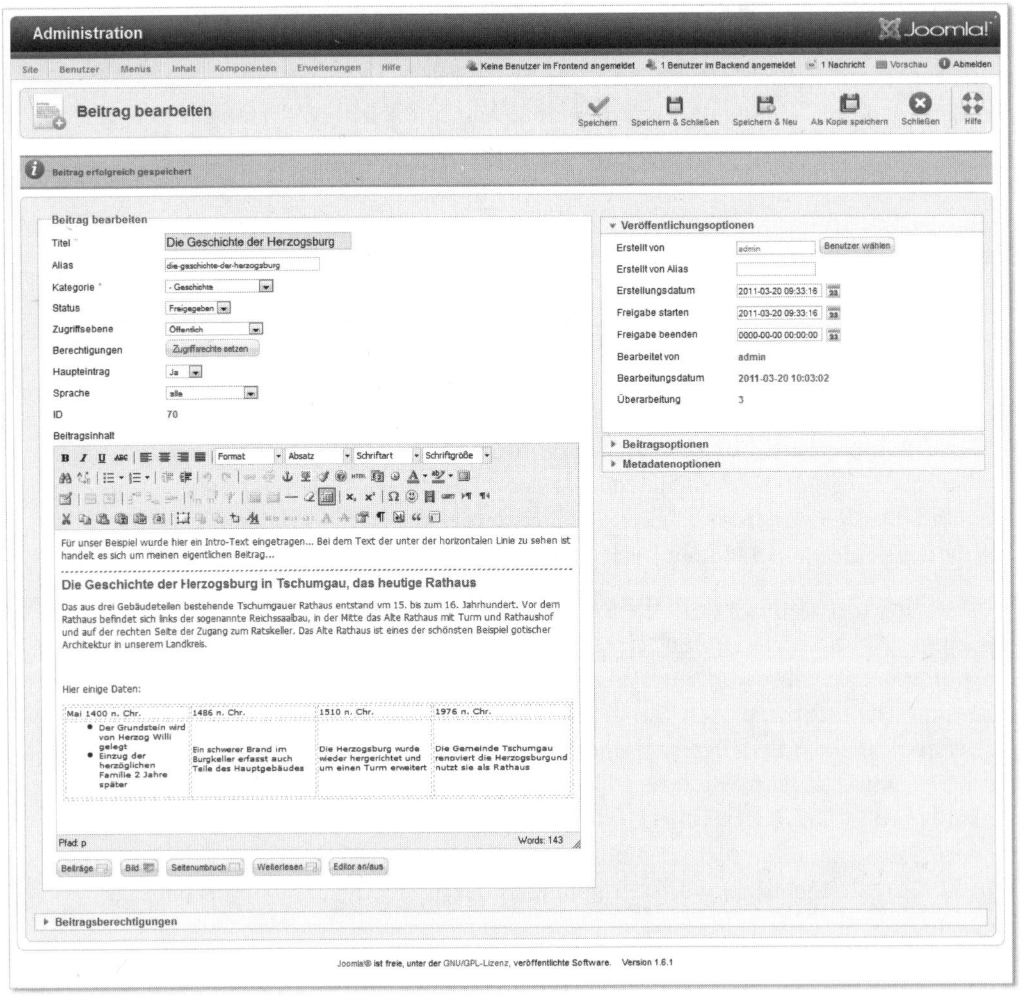

Abbildung 6.7 Unser Beitrag im Backend

Betrachten wir unseren neuen Inhalt auch einmal im Frontend (siehe Abbildung 6.8). Haben Sie bei Ihrem Beitrag die Option HAUPTEINTRAG angewählt? Falls nicht, können Sie das nachträglich ändern, denn erst dann erscheint der Beitrag auf der Startseite und in der Übersicht der HAUPTBEITRÄGE. Öffnen Sie dazu noch einmal den Beitrag, und aktivieren Sie die Option HAUPTEINTRAG, oder klicken Sie in der Beitragsübersicht in der Spalte HAUPTEINTRAG auf das Icon, um den Artikel für die Startseite freizuschalten.

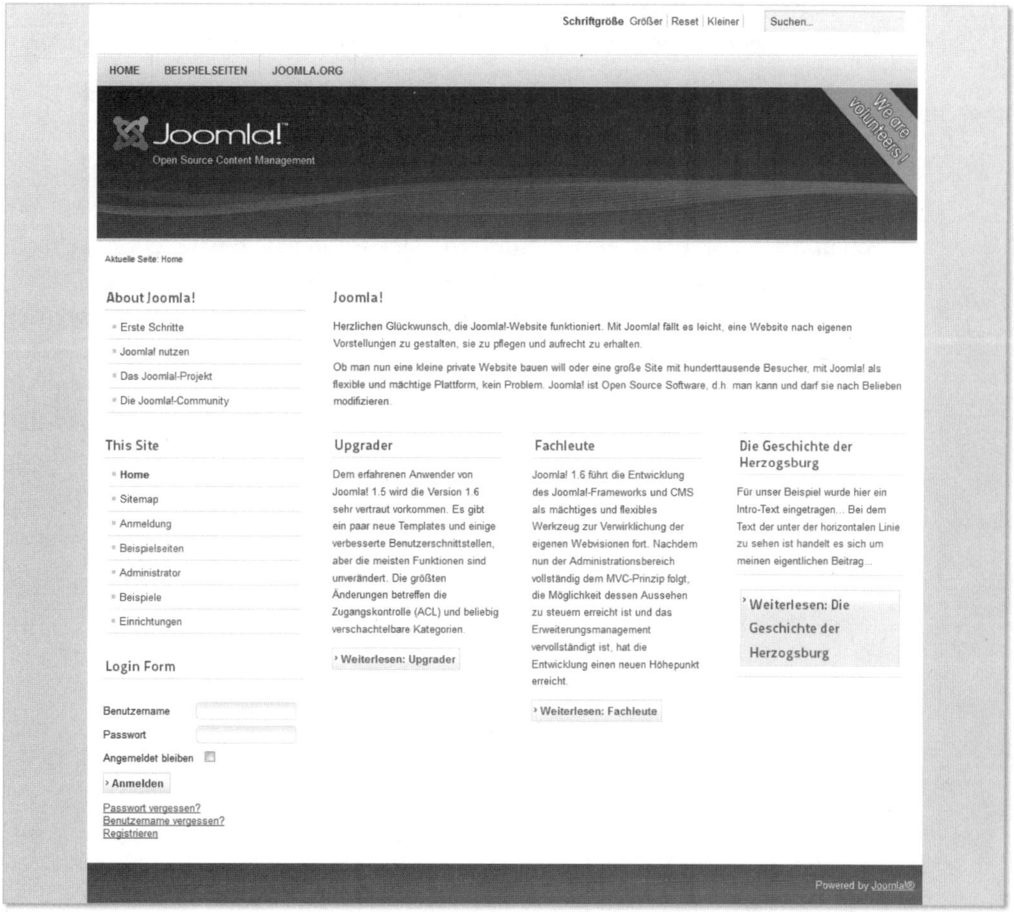

Abbildung 6.8 Unser Beitrag im Frontend

6.3 Beiträge über das Frontend erstellen

Abhängig vom Template steht es Usern auch frei, Beiträge über das Frontend zu erstellen. Unser Beispiel-Template ermöglicht uns diese Funktion, sobald man sich eingeloggt hat.

1. Wechseln Sie dazu in das Frontend.
2. Loggen Sie sich unter »Login Form« mit den Zugangsdaten ein, (Benutzername: `admin`, Passwort: `admin`).
3. Klicken Sie dann auf Anmeldung.

4. Sie werden zwei Veränderungen an Ihrem Frontend wahrnehmen: Zum einen gibt es neben den Beiträgen ein Bearbeitungs-Icon, und zum anderen erscheint ein zusätzliches Menü auf der linken Seite.
5. Wählen Sie den Punkt BEITRAG EINREICHEN (siehe Abbildung 6.9).
6. Es öffnet sich ein Editor-Fenster.
7. Hier können Sie wie gewohnt einen Artikel über den WYSIWYG-Editor erstellen und speichern. Unter dem Editierbereich finden Sie noch die Möglichkeit, den Beitrag einer Kategorie zuzuordnen. Wenn Sie die nötigen Rechte haben, können Sie auch gleich festlegen, ob der Artikel sofort veröffentlicht werden soll. In unserem Beispiel sind wir als Admin eingeloggt und haben daher keine Einschränkung. Näheres zu den Benutzerrechten erfahren Sie in Kapitel 8, »Benutzer und Bereiche«. User mit weniger Rechten können zwar einen Beitrag erstellen, dieser muss allerdings noch in der Beitragsverwaltung (Backend) vom Admin veröffentlicht werden.

Abbildung 6.9 Artikel über das Frontend erstellen

6.4 Eigene Bilder einbinden

Zu unserem Rathaus brauchen wir natürlich auch ein Foto. Dies sollte direkt nach der Überschrift erscheinen. Um dieses Bild einbinden zu können, muss es jedoch auf dem Server liegen. Sie haben mit Joomla! zwei Möglichkeiten, das Bild auf Ihren Server zu laden. Entweder verwenden Sie den Dialog im WYSIWYG-Editor, wenn Sie gerade einen Inhalt bearbeiten, oder Sie nutzen die MEDIENVERWALTUNG im Backend. Eine dritte Möglichkeit ist der Upload per FTP, wie sie in Abschnitt 10.6, »Übertragung zum Webhost«, beschrieben wird. Darauf gehen wir an dieser Stelle aber nicht näher ein.

6.4.1 Hochladen und Einbinden über den WYSIWYG-Editor

Prinzipiell funktioniert das Einfügen von Bildern im Backend genauso, wie Sie es bereits im Frontend kennengelernt haben. Wenn Sie den Beitrag bearbeiten, verwenden Sie entweder das Icon in der Symbolleiste des Editors und geben die URL an oder wählen das gewünschte Bild über den Button Bild unter dem Eingabefeld aus der Mediengalerie aus. Der Button in der Symbolleiste und das darauf folgende Dialogfenster sind immer abhängig vom verwendeten WYSIWYG-Editor. Je nachdem, welchen Editor Sie aktiviert oder welches Plugin Sie installiert haben, kann sich der Dialog zum Einbinden von Bildern an dieser Stelle unterscheiden.

Verwenden Sie dagegen den Button Bild unter dem Eingabebereich Ihres Beitrags, so ist das eine eigene Joomla!-Funktion, die Sie so im Frontend, im Backend und im Mediencenter wiederfinden.

Für das Einbinden unseres Rathausbildes laden wir gleich das Foto *rathaus.jpg* hoch.

1. Bringen Sie den Cursor im Beitrag an die Stelle, an der das Bild zu sehen sein soll.
2. Klicken Sie auf den Button Bild unter dem Eingabebereich.
3. Es öffnet sich der Auswahldialog für Bilder.
4. Da das Bild *rathaus.jpg* noch nicht im Bilderverzeichnis existiert, wählen Sie am unteren Fensterrand im Bereich Dateien hochladen den Button Durchsuchen. Sie können nun lokal nach dem gewünschten Bild stöbern.

Abbildung 6.10 Der Dialog zum Einbinden von Bildern

1. Nachdem Sie ein Bild ausgewählt haben, können Sie mit dem Upload beginnen.
2. Klicken Sie nun auf den Button HOCHLADEN STARTEN, und das Bild erscheint im aktuellen Verzeichnis.
3. Jetzt müssen Sie es noch mit einem Klick auswählen.
4. Mit dem Button EINFÜGEN wird es an der Cursorposition in den Text eingefügt.

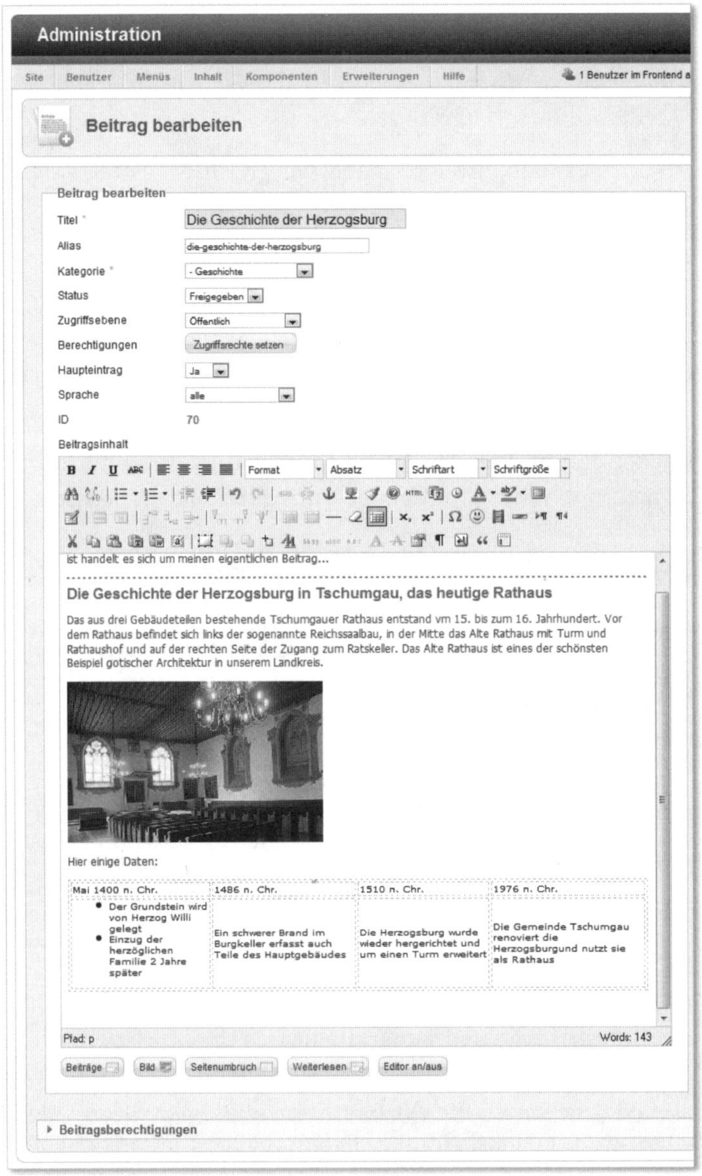

Abbildung 6.11 Das eingebundene Bild im Beitrag

6.4.2 Hochladen über die Medienverwaltung

Die Medienverwaltung bietet im Gegensatz zum einfachen Upload noch die Möglichkeit der Verwaltung von Bildern. Sie können dementsprechend auch neue Verzeichnisse anlegen oder Bilder löschen.

Kehren wir dazu zum Kontrollzentrum zurück. Sie erreichen es z.B. über das Joomla!-Menü INHALT • MEDIEN (siehe Abbildung 6.12).

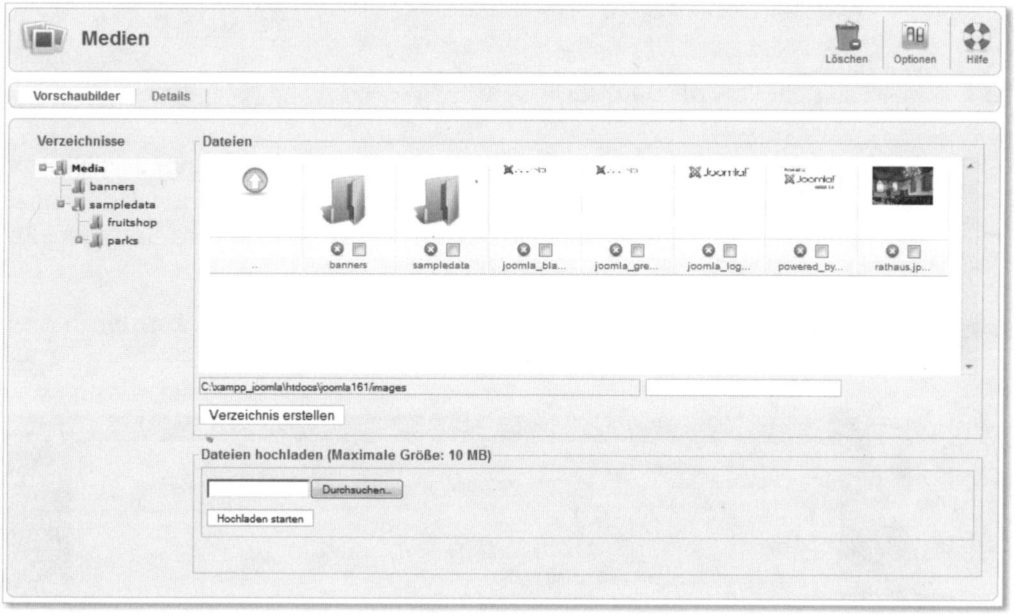

Abbildung 6.12 Die Medienverwaltung bietet die Übersicht zu sämtlichen Bildern.

Hier bekommen Sie mithilfe von Thumbnails einen schnellen Überblick über alle Grafiken und Fotos in Ihrem */images*-Verzeichnis. Sie können außerdem neue Grafikunterverzeichnisse erzeugen oder Bilder mit einer maximalen Größe von 10 MB hochladen.

Bild in Originalgröße

Klicken Sie das Bild in der Miniaturansicht an, um es in Originalgröße zu sehen.

Betrachten wir kurz die vorhandenen Funktionen. Das Ganze ist ziemlich übersichtlich. Unter der Werkzeugleiste finden Sie die Reiter VORSCHAUBILDER und DETAILS. Hier können Sie zwischen der Ansicht mit Thumbnails, also mit kleinen Vorschaubildern, und der Detailansicht umschalten. Bei den Details erhalten Sie zusätzliche Informationen, wie die Maße und die Dateigröße der einzelnen Bilder. Klicken Sie ein Bild an, und es wird in voller Größe abgebildet. Bilder löschen Sie, indem Sie entweder ein Bild direkt über das kleine *x* löschen, oder – um mehrere Bilder gleichzeitig zu entfernen –, indem Sie diese in den Checkboxen markieren und dann auf den Button LÖSCHEN klicken.

Abbildung 6.13 Der Ordnerbereich in der Medienverwaltung

Es gibt noch den Bereich VERZEICHNISSE, der die Verzeichnisstruktur darstellt, den Bereich DATEIEN, in dem wir den aktuellen Verzeichnispfad und die darin enthaltenen Bilder sehen, und den Bereich DATEI HOCHLADEN, über den wir weitere Bilder in die Verzeichnisse kopieren können.

Bevor wir zum Upload eines Bildes kommen, werfen wir noch kurz einen Blick auf die Optionen in der Werkzeugleiste (siehe Abbildung 6.14).

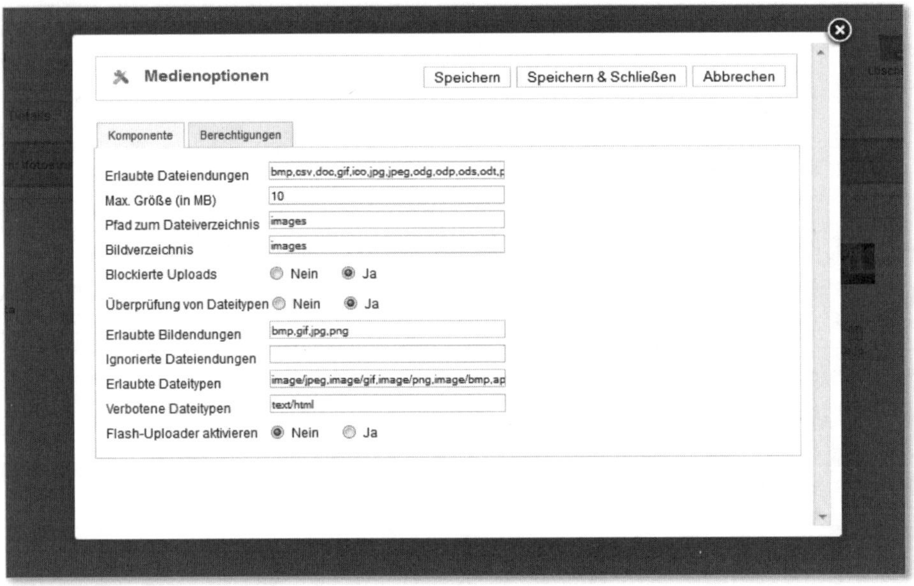

Abbildung 6.14 Die Medienoptionen für die Komponente

Hier können Sie die maximale Bildgröße, Dateipfade oder erlaubte Bildformate definieren. Die letzte Option, FLASH-UPLOADER AKTIVIEREN, ermöglicht das Hochladen von mehreren Grafikdateien auf einmal, sodass Sie nicht jedes Bild einzeln hochladen müssen. Aktivieren Sie diese Option. Nehmen Sie weitere gewünschte Einstellungen vor, klicken Sie auf SPEICHERN & SCHLIESSEN, und kehren Sie zur Medienverwaltung zurück.

Sobald Sie über den Button DATEIEN SUCHEN eine Grafik ausgewählt haben, können Sie mit dem Button HOCHLADEN STARTEN die Auswahl bestätigen, und die Datei wird in das aktuelle Verzeichnis hochgeladen. Um ein neues Verzeichnis zu erstellen, geben Sie im Bereich DATEIEN den Verzeichnisnamen in das Feld neben dem aktuellen Verzeichnispfad ein und bestätigen mit dem Button VERZEICHNIS ERSTELLEN. An dieser Stelle sollten Sie schon mal das Verzeichnis */fotos* anlegen.

Sie haben also hier auch noch die Möglichkeit, das Bild *rathaus.jpg* auf den Server zu kopieren. Klicken Sie dazu auf den Button DATEIEN SUCHEN, und wählen Sie das gewünschte Bild aus. Im Datei-Browser könnten Sie gleich mehrere Bilder bestimmen, die als Liste im Feld DATEI HOCHLADEN aufgeführt werden. Um Bilder aus der Liste zu entfernen, klicken Sie in der entsprechenden Zeile auf ENTFERNEN. Beachten Sie, dass die Bilder jetzt noch nicht in Ihrem Medienordner sind. Dazu müssen wir den Upload über den Button HOCHLADEN STARTEN erst ausführen. Das Bild ist nun in unserem angelegten Verzeichnis, und wir können es in unserem Beitrag ergänzen. Dabei ist es egal, ob Sie das im Frontend oder Backend machen möchten. Ihr Bild wurde auf den Server hochgeladen und ist über beide Bereiche erreichbar.

Wechseln Sie also wieder zurück zu Ihrem Beitrag. Setzen Sie den Cursor im Eingabefeld an die Stelle, an der das Bild platziert werden soll, und klicken Sie auf den Button BILD am unteren Ende der Seite. Wechseln Sie im neuen Fenster in das Verzeichnis */fotos*, indem Sie entweder direkt auf das Icon des Verzeichnisses klicken oder es aus dem Verzeichnis-Dropdown-Menü wählen.

Verzeichnis löschen

Wenn Sie ein Verzeichnis löschen möchten, muss dieses erst komplett geleert worden sein.

6.5 Mülltrennung

Wie vom Papierkorb auf Ihrem Desktop bekannt, tauchen auch bei Joomla! Papierkörbe auf. Es gibt einen Papierkorb für Menüeinträge und einen extra Papierkorb für Beiträge und Kategorien. Sie finden die Papierkörbe jeweils in den Werkzeugleisten der Menüeinträge, Beiträge, Kategorien oder Hauptbeiträge (siehe Abbildung 6.15). Gelöschte Beiträge werden also nicht sofort gelöscht, sondern erscheinen erst in diesen Papierkörben, um Sie vor Fehlentscheidungen zu schützen. Die Papierkörbe können Sie über die Filterfunktion in der jeweiligen Verwaltung aufrufen. Es gibt keinen speziellen Menüpunkt, der Sie zu einem Papierkorb führen würde. Haben Sie also erst einmal die gelöschten Beiträge durch den Filter *Papierkorb* identifiziert, können Sie diese über den Button FREIGEBEN in der Werkzeugleiste oder direkt in der Liste wiederherstellen.

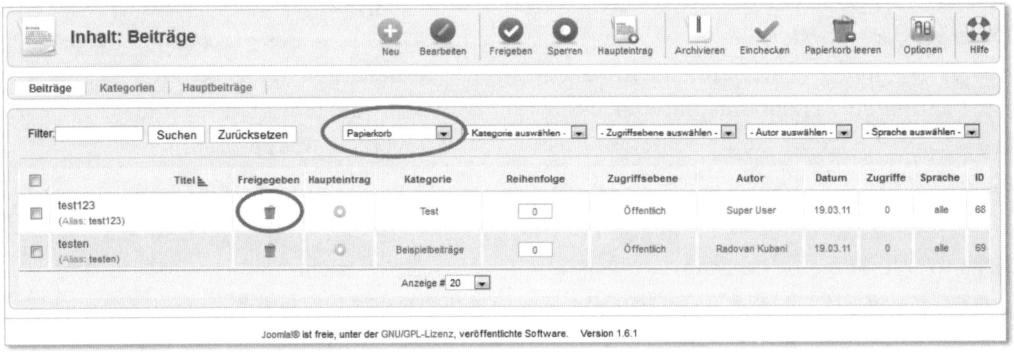

Abbildung 6.15 Papierkorb für Beiträge

Menüs löschen

Beachten Sie, dass MENÜS keine Papierkörbe besitzen. Wenn Sie also ein Menü löschen, wird es nach einer Warnmeldung sofort und samt der darin enthaltenen Menüeinträge endgültig gelöscht!

Der Button WIEDERHERSTELLEN in der Werkzeugleiste stellt die Menüs nicht wieder her. Die Funktion ist lediglich dafür gedacht, fehlerhafte Darstellungen in der Menüliste zu bereinigen, und es sollte eigentlich nicht nötig sein, diesen Button zu verwenden.

Sie können nun entscheiden, ob ein Beitrag endgültig gelöscht oder wiederhergestellt werden soll. Markieren Sie den entsprechenden Titel, und wählen Sie die gewünschte Funktion in der Werkzeugleiste. FREIGEBEN stellt den Beitrag wieder her, und er erscheint an der ursprünglichen Position, wohingegen PAPIERKORB LEEREN das permanente Löschen ermöglicht. Die Beiträge werden dann sofort entfernt. Probieren wir das doch gleich einmal aus:

1. Erstellen Sie zunächst einen einfachen Beitrag. Wechseln Sie dazu in das Menü INHALT, und klicken Sie auf BEITRÄGE.
2. Sie landen in der Übersicht der vorhandenen Beiträge.
3. Wählen Sie nun einen der Beispielbeiträge aus, indem Sie ihn im Kästchen vor dem Titel mit einem Häkchen markieren.
4. Nun klicken Sie auf den PAPIERKORB in der WERKZEUGLEISTE.

5. Sie bekommen die Benachrichtigung, dass ein Beitrag im Papierkorb gelandet ist, und gleichzeitig verschwindet dieser aus der Liste der Beiträge.
6. Aktivieren Sie nun den Filter *Papierkorb* im ersten Dropdown-Feld.
7. Es öffnet sich eine neue Liste, und wir sehen den gelöschten Beitrag.
8. Sie erfahren, aus welcher Kategorie der Beitrag ursprünglich stammt, wer der Autor war oder wann der Beitrag erstellt wurde, und können die Liste auch nach diesen Kriterien filtern.
9. Wählen Sie den Beitrag nun mit einem Häkchen aus.
10. In der WERKZEUGLEISTE entscheiden Sie nun, ob der Beitrag wiederhergestellt (dann klicken Sie auf den Button FREIGEBEN) oder endgültig vernichtet werden soll (dann klicken Sie auf den Button PAPIERKORB LEEREN).

Im Reiter HAUPTBEITRÄGE gibt es neben dem Papierkorb noch eine weitere Funktion. Sie haben die Möglichkeit, Hauptbeiträge zu entfernen. Mit dem Button ENTFERNEN in der Werkzeugleiste wird der Beitrag dann allerdings nicht gelöscht, sondern verliert lediglich seinen Status *Hauptbeitrag*. Als Konsequenz erscheint dieser Artikel nicht mehr auf der Startseite. Er ist aber immer noch als Artikel freigegeben und verfügbar.

6.6 Die Joomla!-Installation bereinigen

Sie haben nun das Löschen von Beiträgen kennengelernt. Als Nächstes werden wir uns von unnötigem Ballast befreien. Entfernen Sie alle Beispieldaten aus Ihrer Joomla!-Installation. Diese Inhalte brauchen wir auf unserer Tschumgau-Website nicht, und sie stören sowohl im Backend als auch im Frontend nur die Übersichtlichkeit.

Folgen Sie einfach der Schritt-für-Schritt-Anleitung:

1. Klicken Sie im Kontrollzentrum des Backends auf den Button BEITRÄGE.
2. Wählen Sie im Filter »Anzeige« die Option ALLE.
3. Setzen Sie in der nachfolgenden Übersicht einen Haken in die Checkbox in der Kopfzeile der Tabelle, um alle Beiträge zu markieren.
4. Klicken Sie in der Werkzeugleiste auf den Button PAPIERKORB.
5. Aktivieren Sie jetzt den Filter »Papierkorb«, und löschen Sie die Beiträge mit PAPIERKORB LEEREN endgültig vom System. Dazu müssen Sie entweder die einzelnen Beiträge mit einem Haken in der Checkbox markieren oder den Haken in der Kopfzeile für alle Beiträge setzen.
6. Wählen Sie im Hauptmenü INHALT • KATEGORIEN.

7. Setzen Sie in der nachfolgenden Übersicht einen Haken in die Checkbox in der Kopfzeile der Tabelle, um alle Kategorien zu markieren.
8. Klicken Sie in der Werkzeugleiste auf den Button PAPIERKORB.
9. Setzen Sie in der nachfolgenden Übersicht einen Haken in die Checkbox in der Kopfzeile der Tabelle, um alle Kategorien zu markieren.
10. Klicken Sie in der Werkzeugleiste auf den Button PAPIERKORB LEEREN. Das endgültige Löschen der Kategorien im Papierkorb ist erst möglich, wenn diese keine Beiträge mehr beinhalten!

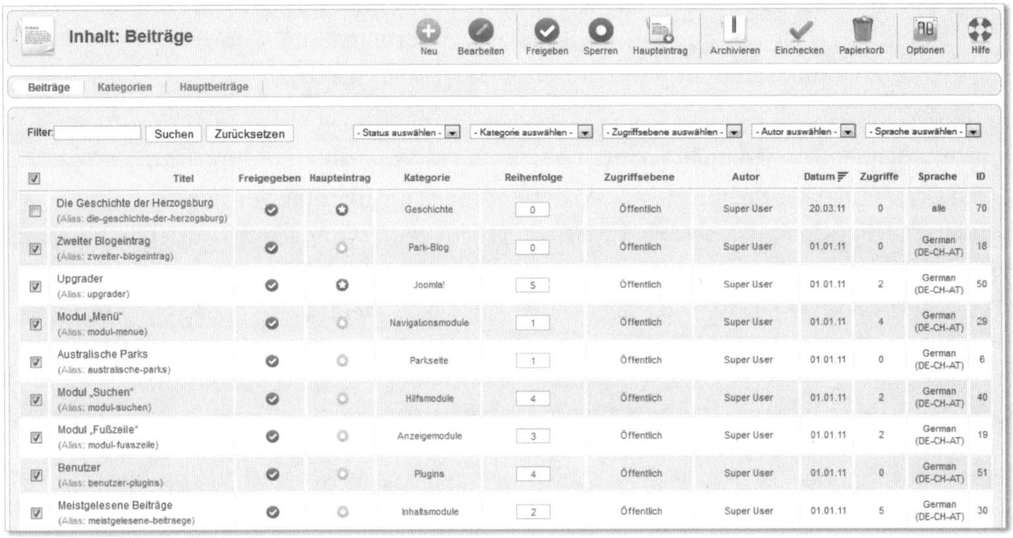

Abbildung 6.16 Beiträge zur Bereinigung markieren

Nun sollte Ihre Joomla!-Installation frei von Beispielinhalten sein, und wir können mit der Eingabe unserer Beiträge beginnen.

6.7 Kategorien kopieren

Anders als in Joomla!-Vorgängerversionen lassen sich nicht mehr mehrere Kategorien gleichzeitig kopieren. Außerdem werden auch die Inhalte einer Kategorie beim Kopieren nicht mit übernommen. Kategorien dienen nur noch als Markierungen für Beiträge, nicht mehr als Container. Dennoch gibt es direkt unterhalb der Kategorienliste die Möglichkeit, einzelne Kategorien zu kopieren oder zu verschieben. Wählen Sie dazu einfach die gewünschte Kategorie aus, und entscheiden Sie, ob Sie diese KOPIEREN oder VERSCHIEBEN möchten (siehe Abbildung 6.17).

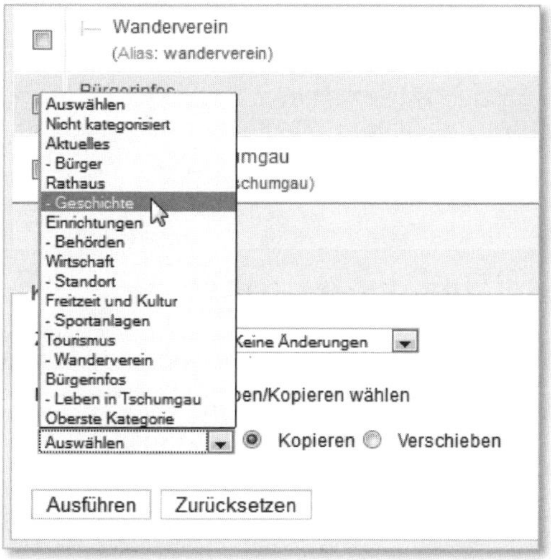

Abbildung 6.17 Eine Kategorie zum Kopieren auswählen

Beim Kopieren wird die Kategorie einfach dem Original untergeordnet (siehe Abbildung 6.18). Danach kann man immer noch entscheiden, ob die Kategorie eine andere Ebene einnehmen soll. Sie müssen die Kategorien nicht umbenennen, da sie sich durch ihre ID eindeutig unterscheiden, es könnte jedoch für Sie übersichtlicher sein.

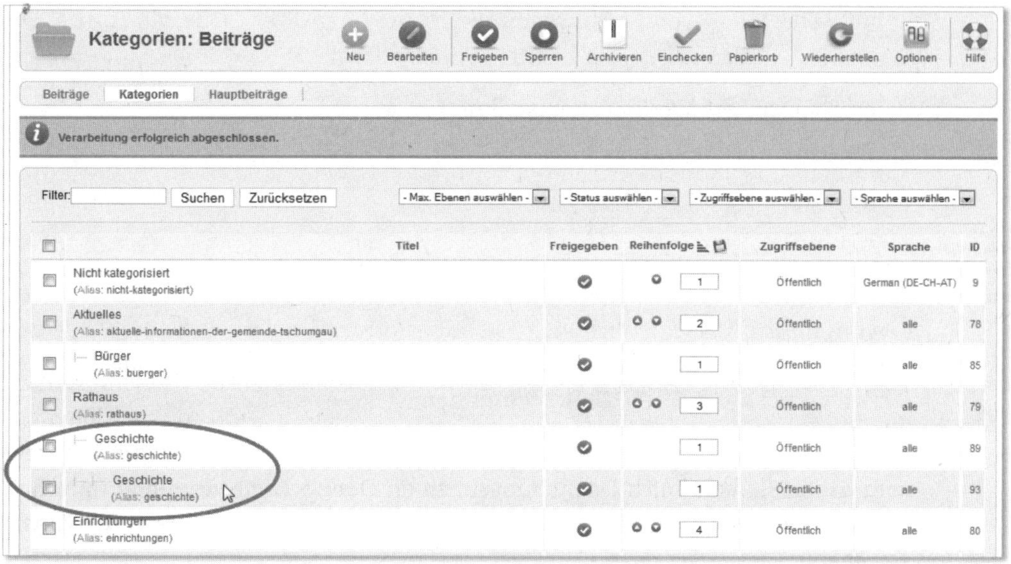

Abbildung 6.18 Die kopierte Kategorie wird untergeordnet.

Möchten Sie eine Kategorie verschieben, müssen Sie die zu verschiebende Kategorie in der Liste mit einem Haken in der Checkbox markieren. Danach wählen Sie in der Auswahl die Kategorie aus, in die Sie die markierte Kategorie verschieben möchten, aktivieren den Radiobutton bei VERSCHIEBEN und bestätigen mit AUSFÜHREN.

6.8 Unterschiedliche Darstellung der Inhalte

In Abschnitt 5.2.3, »Arten von Menüpunkten«, haben wir bereits einige verschiedene Darstellungsmöglichkeiten der Inhalte in einer Kategorie angesprochen. Denken Sie daran, dass immer der Menütyp die Darstellung der Inhalte zumindest auf Kategorieebene bestimmt. Warum ist das so?

Der Hintergrund ist, dass es sich bei Joomla! um ein Content-Management-System handelt. Es verwaltet also Inhalte. Diese Inhalte werden in einer Datenbank abgelegt und zu einer Seite zusammengestellt, sobald der User auf einen Link klickt.

Das bedeutet nicht, dass Ihre Beiträge durch den Menütyp verändert werden, sondern wir reden von der Seite, die den Überblick oder die Auswahl zu Beiträgen bietet. Bevor der User zu einem Beitrag gelangt, erhält er für gewöhnlich einen Überblick mit den wichtigsten Informationen wie Beitragstitel, Autor und einen kurzen Anleser. Über diese Seite gelangt man dann zu dem eigentlichen Beitrag. Die Menütypen bestimmen die Darstellung dieser Überblicksseite. Die Typen für Beiträge haben wir bereits kennengelernt:

- archivierte Beiträge (Listendarstellung)
- Einzelbeitrag (Standard)
- Beitragskategorie als Blog oder Liste
- Hauptbeiträge

Es gibt also fünf verschiedene Typen für die Darstellung eines Beitrags. Wir werden uns diese unterschiedlichen Darstellungsformen im Vergleich anschauen und einige Unterschiede herausarbeiten. Beginnen wir mit der Darstellung als LISTE, die wir so bei archivierten Beiträgen finden (siehe Abbildung 6.19).

Die archivierten Beiträge werden untereinander in einer Liste aufgeführt. Außerdem haben Sie bei dieser Darstellungsform die Möglichkeit, über Filter am oberen Seitenrand den Zeitraum und die Anzahl der archivierten Beiträge einzuschränken.

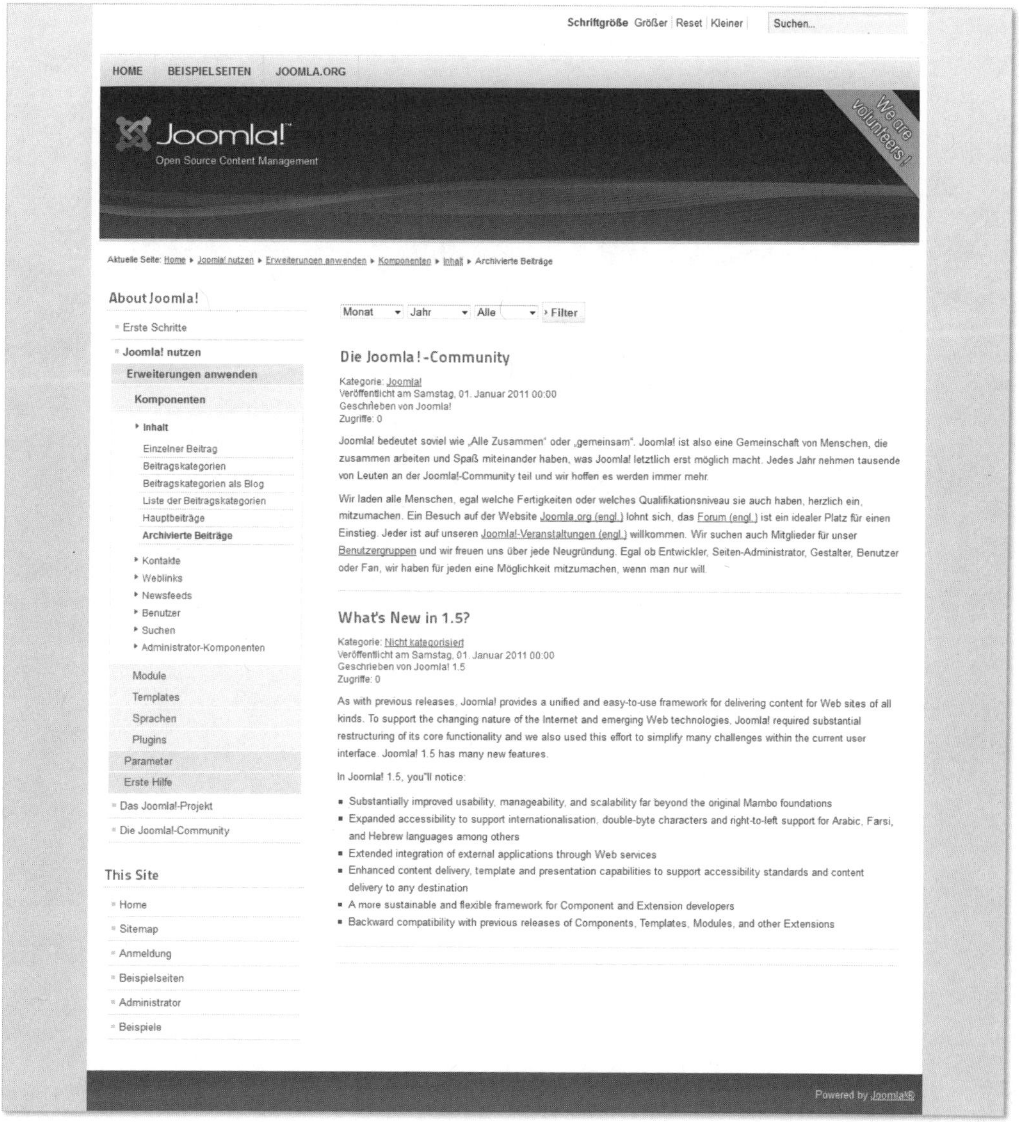

Abbildung 6.19 Beiträge als Archivliste darstellen und nach Jahr filtern

Bei der STANDARD-Ansicht erhalten die User den Beitrag als einzelnen Artikel, so wie er vom Autor erstellt wurde (siehe Abbildung 6.20). Es gibt keine weiteren Optionen, und die Ansicht entspricht einer statischen Darstellungsform, die wir aus normalen HTML-Seiten ohne Datenbank-Anbindung kennen. Diese Ansicht eignet sich vor allem für Texte, die in keinem weiteren inhaltlichen Zusammenhang stehen müssen, wie z.B. das Impressum oder die AGB.

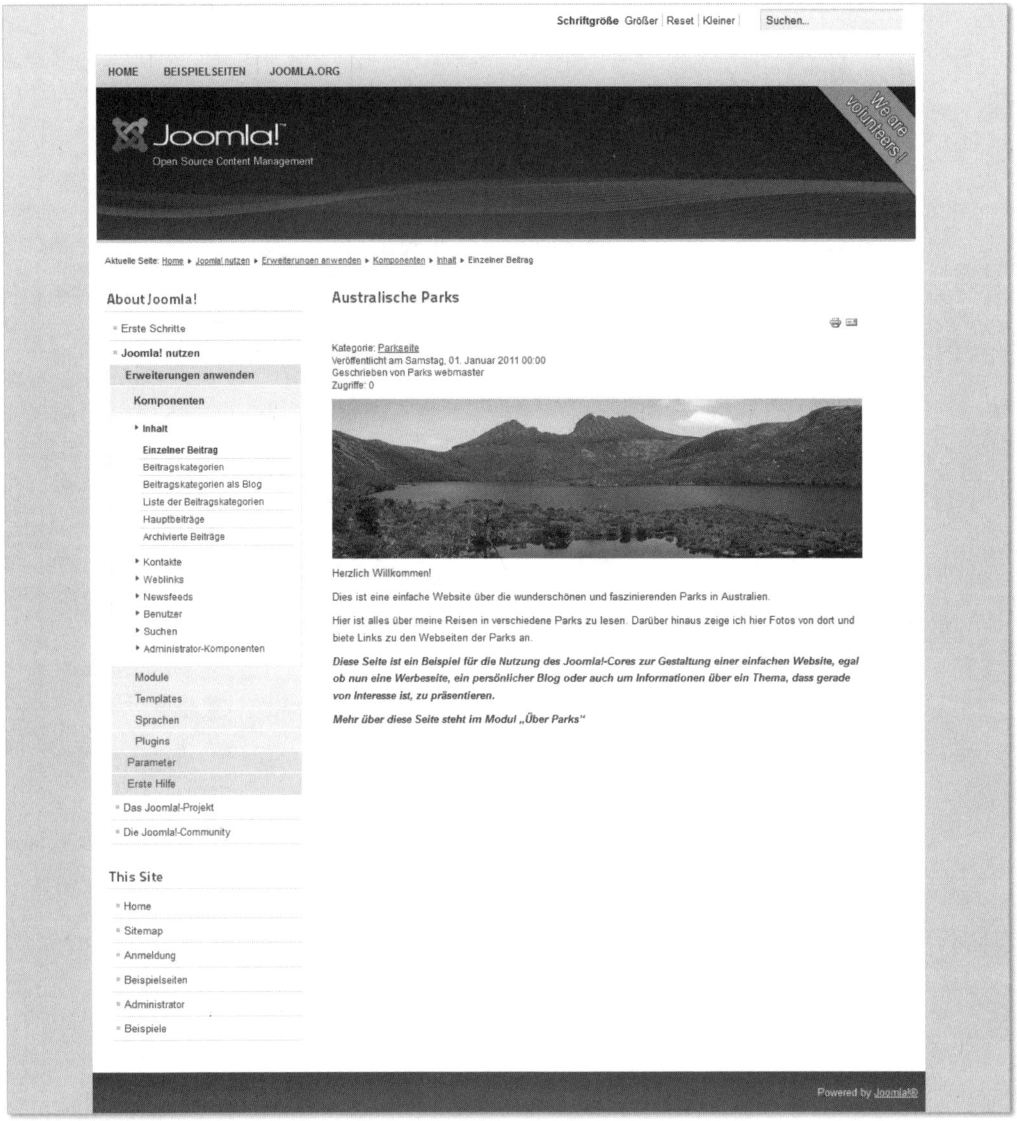

Abbildung 6.20 Die Standard-Ansicht für einen einzelnen Beitrag

Kommen wir jetzt zur Blog-Ansicht der Artikel (siehe Abbildung 6.21).

Hier bekommt der User einen Überblick über die tatsächlichen Inhalte der jeweiligen Beiträge. Man bekommt sämtliche Beiträge einer Kategorie aufgeführt. Die Anzahl der Spalten und abgebildeten Beiträge wird über die Parameter im Menüpunkt selbst definiert. Es wird nicht nur der Titel abgebildet, sondern auch der Einleitungstext bzw. der komplette Artikel erscheint darunter. Man wird außerdem informiert, wer der Verfasser war, wann der Beitrag entstanden ist und wie viele Zugriffe bereits erfolgt sind. Aus dieser Ansicht könnte man, wie bei der Einzelseite auch, in die Druckansicht wechseln oder ihn als E-Mail verschicken. Diese Einstellungen lassen sich aber bei allen Darstellungsformen unter BEITRAGSOPTIONEN anpassen.

Abbildung 6.21 Eine Beitragskategorie, als Blog dargestellt

Ist nur der Einleitungstext eines Beitrags zu sehen, erhalten die User den vollständigen Artikel, sobald sie auf >> WEITERLESEN klicken. Dieser wird dann in der Standardansicht dargestellt.

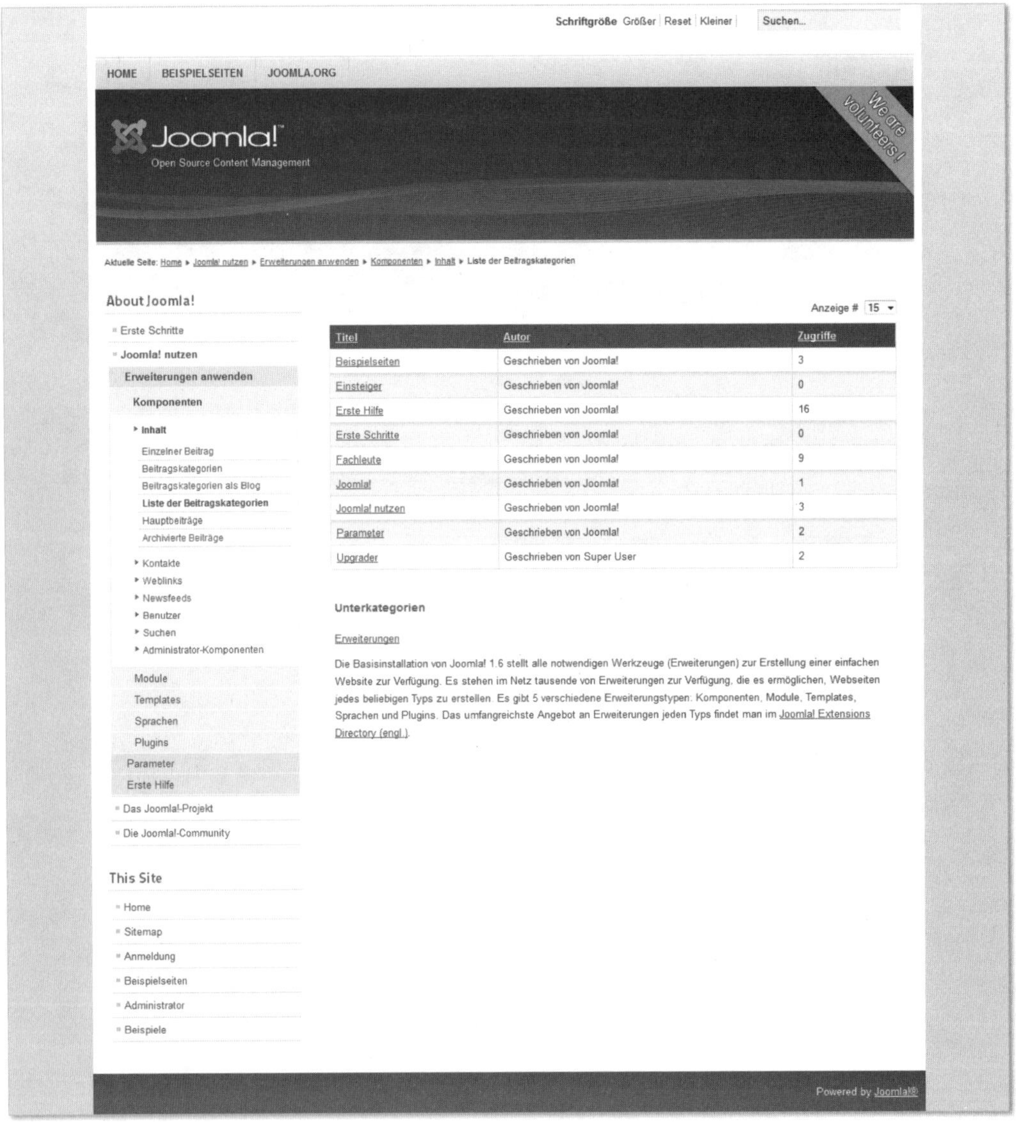

Abbildung 6.22 Die Tabellenansicht für Beiträge einer Kategorie

Als letzte Darstellungsform sehen Sie die Tabellenansicht, wie man sie z.B. beim TYP KATEGORIELISTE zu sehen bekommt (siehe Abbildung 6.22). Die Artikel werden in einer Tabelle mit Kopfzeile angeordnet. Die Kopfzeile gliedert die Tabelle in drei Spalten, die dem User den Titel des Artikels, den Namen des Autors und die Anzahl der Zugriffe anzeigen. Außerdem haben Sie die Möglichkeit, die Inhaltsseiten filtern bzw. nach Autor sortieren zu lassen. Unter der Liste befindet sich gegebenenfalls eine zusätzliche Navigationsleiste, die das Blättern zur nächsten oder vorangehenden Tabelle ermöglicht. Die Beiträge lassen sich über einen Klick auf den Titel öffnen.

Bitte beachten Sie, dass wir hier nur Darstellungsformen für Beiträge betrachtet haben. Die Darstellungsmöglichkeiten für Kontakte, Newsfeeds oder Suchergebnisse können sich noch deutlich von den beschriebenen Seitenlayouts unterscheiden. Sie können sich die Beispiele jederzeit online unter *http://demo16.cloudaccess.net/index.php/using-joomla/extensions/components* anzeigen lassen, um so den Überblick zu behalten.

6.9 Übungsaufgaben

1. Loggen Sie sich im Frontend ein, und erstellen Sie einen Beispielbeitrag, den Sie der Kategorie »Standesamt« in der Kategorie »Neues Rathaus« zuordnen.
2. Erzeugen Sie nun einen Beitrag über die Backend-Beitragsverwaltung für die Kategorie »Geschichte«.
3. Welche wichtigen Möglichkeiten bietet Ihnen das Backend bei der Beitragserstellung zusätzlich im Vergleich zum Frontend?
4. Erstellen Sie im Mediencenter des Backends ein neues Verzeichnis */rathaus* im Hauptordner, und laden Sie die Bilder von der CD aus dem Verzeichnis */images/rathaus* auf einmal hoch.

»Das Dorf bin ich!«
– Grobianix

7 Das Website-Design

In diesem Kapitel erfahren Sie,

- wie Sie ein Template aktivieren bzw. weitere heruntergeladene Vorlagen über die Template-Verwaltung installieren.
- wie man ein Template eigenen Bedürfnissen anpasst und unnötige Komponenten abschaltet.
- wie ein Joomla!-Template-Grundgerüst aussieht und wie Sie direkt in die Gestaltung eingreifen können.

Das Design unserer Website bestimmen wir bei Joomla! über ein Template, also eine Layout- und Gestaltungsvorlage. Bis zum jetzigen Zeitpunkt haben wir einfach die vorinstallierte Vorlage verwendet. Da wir uns aber von anderen Websites, die mit Joomla! erstellt wurden, unterscheiden möchten, werden wir ein neues Template suchen und es ein wenig unseren Bedürfnissen anpassen.

Aber keine Sorge: Die Eingaben, die wir bisher für die Gemeinde Tschumgau gemacht haben, gehen deshalb nicht verloren! Hier sehen Sie einen bedeutenden Vorteil eines Content-Management-Systems: Inhalte und Gestaltung werden getrennt voneinander erstellt und behandelt, d.h., Sie könnten Ihre Inhalte jederzeit in einer neuen Umgebung erscheinen lassen, ohne dafür Beiträge oder Kategorien kopieren zu müssen.

Dank des Templates müssen Sie sich selbst keine Gedanken über das Layout, die Navigation oder eine geeignete Farbpalette machen. Diese Dinge werden vorgegeben, könnten aber auch jederzeit über die CSS- bzw. HTML-Datei geändert werden. Dies wäre wichtig, falls man die Corporate Identity (also das bisherige Erscheinungsbild) der Gemeinde berücksichtigen muss.

Hat die Gemeinde eventuell schon ein Logo oder sonstiges Printmaterial wie Faltblätter und Plakate, an dem man sich orientieren sollte? Da wir das Template nicht selbst erstellen wollen und auch nicht zu viele Änderungen vornehmen möchten, werden wir uns eine Vorlage suchen, die farblich und vom Stil einigermaßen passen könnte. Danach werden wir kleine Änderungen vornehmen. Das Logo muss selbstverständlich ausgetauscht werden, und es soll noch die eine oder andere Schriftfarbe verändert werden.

7.1 Auswahl und Aktivieren des Templates

Bevor wir ein geeignetes Template heraussuchen, können Sie sich schon ein wenig Inspiration auf der deutschen Joomla!-Seite unter *www.joomlaos.de* holen. Hier finden Sie unter dem Menüpunkt USERPAGES die Rubrik STÄDTE & LÄNDER. Besuchen Sie einfach einige der Seiten, und verschaffen Sie sich einen Überblick über die gestalterischen und inhaltlichen Unterschiede. Auf Joomlaos werden wir uns später auch unser Beispiel-Template holen. Kommen wir aber zunächst zu unserer Joomla!-Installation zurück.

Das Joomla!-Backend bietet uns zwei schnelle Möglichkeiten, um ein Template auszuwählen und zu aktivieren:

Abbildung 7.1 Die Template-Verwaltung im Backend

Möchten Sie eines der vorinstallierten Templates nutzen, so aktivieren Sie dafür einfach über den Menüpunkt ERWEITERUNGEN • TEMPLATES das gewünschte Template für Ihre neue Site, indem Sie die entsprechende Checkbox anklicken und mit STANDARD als Standard-Template definieren (siehe Abbildung 7.1). An dieser Stelle haben Sie übrigens auch die Möglichkeit, ein Template für den Backend-Bereich auszuwählen. Wechseln Sie dazu einfach über den Bereichsfilter auf die Ansicht ADMINISTRATOR. Nun sollten das Standard-Template und ein weiteres Template in der Template-Auflistung erscheinen.

Zusätzlich finden Sie online z.B. unter *www.joomlaos.de* eine ständig wachsende Template-Galerie mit freien Vorlagen zum Download.

- Wechseln Sie also in Ihrem Browser auf die Seite *www.joomlaos.de*.
- Wählen Sie den Menüpunkt JOOMLA! TEMPLATES an, und schon können Sie entscheiden, für welche Joomla!-Version Sie das Template benötigen.
- Klicken Sie auf TEMPLATES FÜR JOOMLA! 1.6. Der Bereich ist noch einmal unterteilt in:
  - STATISCHE TEMPLATES: Diese Templates sind für eine bestimmte Bildschirmbreite ausgelegt.
  - DYNAMISCHE TEMPLATES: Dynamische Templates passen sich an die Breite des Bildschirms des Users an.
  - GENERATOR WÄHLBAR: Hier sind Templates verfügbar, die mit einem Template-Generator erstellt worden sind.

Abbildung 7.2 Der Download-Bereich für Templates bei joomlaos

- Sobald Sie sich für einen der drei Bereiche entschieden haben, können Sie sich über Live Preview ein Demo des jeweiligen Layouts ansehen oder die passende Vorlage sofort herunterladen. Dazu klicken Sie auf Download. In unserem Beispiel nehmen wir das Template *BizBlue J1.6* aus der Kategorie Templates für Joomla! 1.6 im Bereich Dynamische Templates (Sie finden die Datei auch auf der Buch-CD im Verzeichnis */template*). Sobald der Download abgeschlossen ist, können Sie über Ihr Joomla!-Backend den Verzeichnispfad der Quelldatei angeben. Die Quelldatei ist ein gepacktes Verzeichnis, das mehrere Dateien für die Installation enthält. Aber keine Sorge – Sie müssen sich nicht um den Inhalt oder das Entpacken dieser Datei kümmern! Der Installationsmanager von Joomla! übernimmt alle nötigen Vorgänge:

1. Anders als bei der Aktivierung eines bereits installierten Templates wählen Sie jetzt unter dem Menüpunkt Erweiterungen die Option Erweiterungen.
2. Der Erweiterungen-Manager verwaltet bei Joomla! 1.6 sämtliche Extensions und Templates.
3. Nun geben Sie bei Paketdatei über Durchsuchen den Pfad Ihres Downloads an und
4. installieren das Paket mit Hochladen & Installieren (siehe Abbildung 7.3).

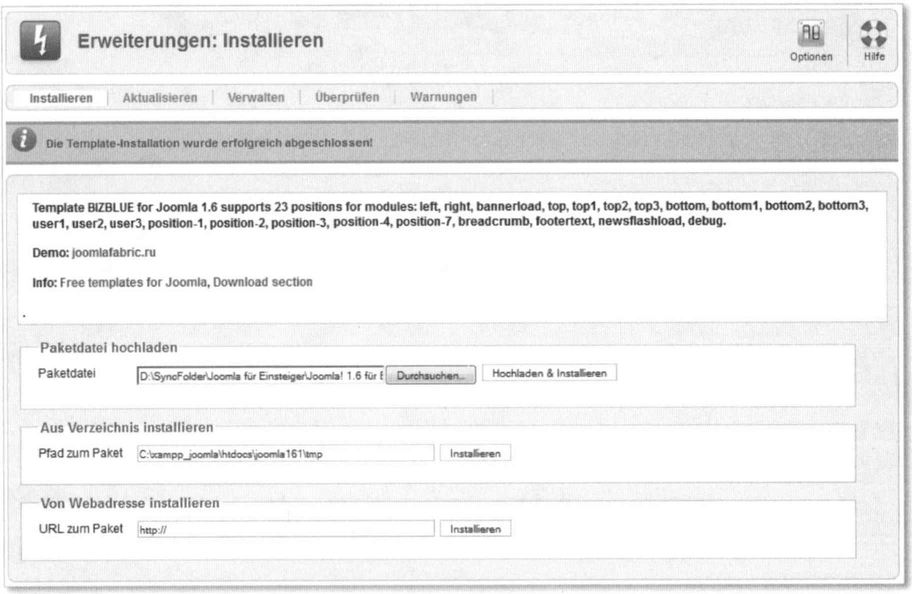

Abbildung 7.3 Erweiterungen suchen und hochladen

5. Nach der Bestätigung der erfolgreichen Installation können Sie über das Menü Erweiterungen • Templates zu der Liste der Templates wechseln.

6. In der Auflistung ist nun auch das neu installierte Template »BizBlue« aufgeführt.
7. Zum Aktivieren klicken Sie auf die Checkbox vor dem Template und bestätigen Ihre Auswahl mit dem Button STANDARD aus der Werkzeugleiste.

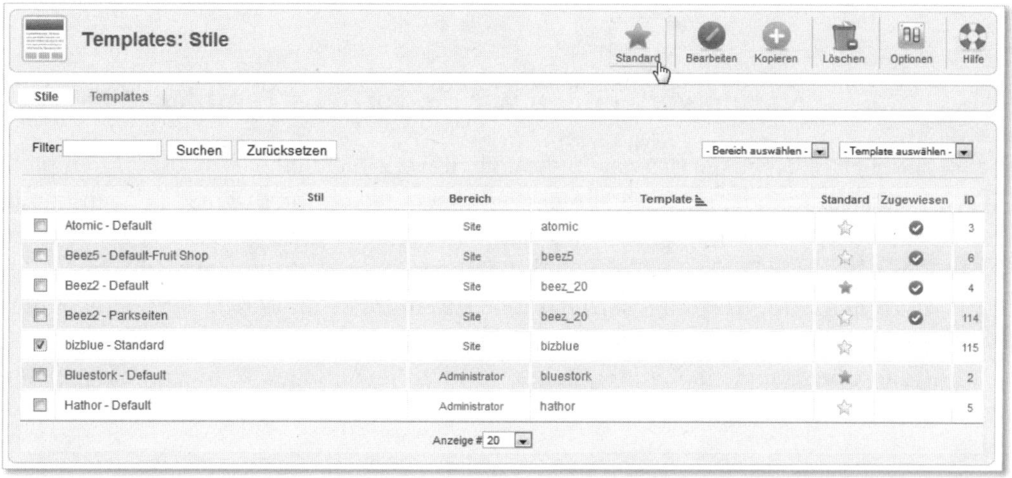

Abbildung 7.4 Diese Templates stehen Ihnen nun für das Frontend zur Verfügung.

8. Wenn Sie nun in das Frontend wechseln, erscheint Ihr Joomla! bereits im neuen Gewand.

Abbildung 7.5 Neues Template im Frontend

Alte Vorlagen

Haben Sie eine nicht kompatible Vorlage heruntergeladen und versuchen, diese zu installieren, erhalten Sie eine Fehlermeldung (spätestens, wenn Sie das Template im Frontend betrachten möchten). Ihr System wird deshalb aber keinen Schaden erleiden.

7.2 Warum verwenden wir ein fertiges Template?

Vielleicht haben Sie sich gewundert, warum wir nicht einfach selbst ein Template erstellen und dabei gleich alle Einstellungen nach unseren Vorstellungen implementieren? Das ist natürlich wünschenswert, da man so ein Layout und Design erhalten würde, das in dieser Form im Internet vermutlich nicht noch einmal auftauchen wird. Allerdings setzt das tiefere Kenntnisse im Webdesign voraus. Gutes Webdesign erfordert neben den technischen Grundlagen HTML und CSS auch die Überschneidung von mindestens drei technischen Schwerpunktgebieten (siehe Abbildung 7.6).

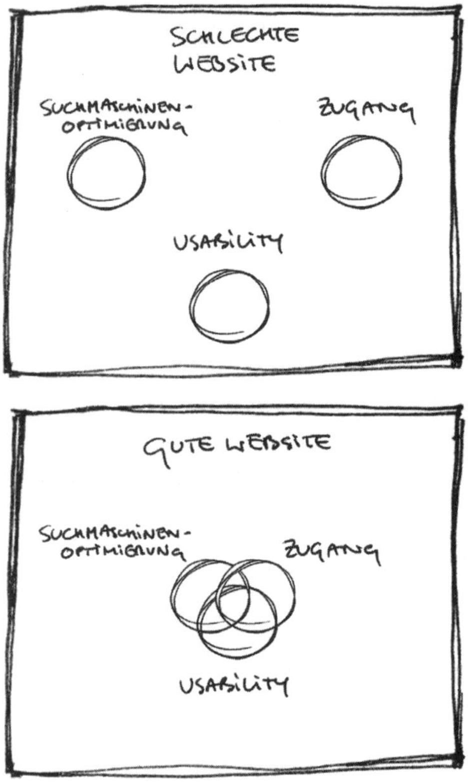

Abbildung 7.6 Was macht eine gute Website aus?

Solange Sie in diesen Gebieten nicht ausreichend Erfahrung besitzen, hätte Ihr eigenes Template Schwächen, die vielleicht so weit führen, dass Ihre Website auf einigen Browsern gar nicht betrachtet werden kann. Daher verlassen wir uns auf die fertigen Templates, die von erfahrenen Entwicklern erstellt wurden und bereits von anderen Usern im Einsatz getestet werden konnten. Wir beschränken uns auf die Anpassung dieser Vorlage. Dabei kann nicht viel schiefgehen, und wir erhalten eine stabile Website, die auch professionellen Ansprüchen gerecht wird.

Werfen wir jetzt einmal einen genaueren Blick auf unser Frontend mit dem neu installierten Template. Wir entscheiden nun, welche Bereiche an unsere Bedürfnisse angepasst werden müssen. Dabei werden wir einerseits Joomla!-Module einfach abschalten und andererseits einige Veränderungen an der Formatierung im Template vornehmen.

7.3 Das Template zurechtbiegen

Momentan sehen wir im Frontend einige Menüs oder Funktionen, die wir für unsere kleine Gemeindeseite gar nicht brauchen werden. Andererseits möchten wir gerne Dinge ergänzen, die uns Joomla! mitliefert (siehe Abbildung 7.7). Um den User nicht über Gebühr zu belasten, sollte die Seite nicht unnötig gefüllt sein. Aber auch die schnelle Erreichbarkeit von Informationen oder wichtigen Funktionen, wie z.B. der Suche, ist ein wichtiges Merkmal für gute Websites.

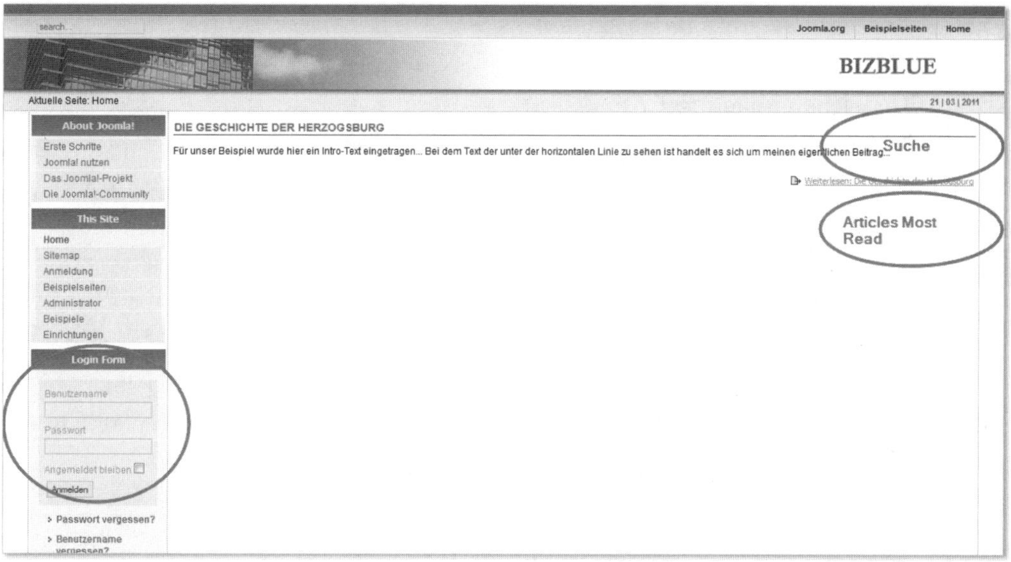

Abbildung 7.7 Bereiche, die wir nicht brauchen oder erweitern möchten, sind markiert.

Wir werden jetzt gemeinsam das Menü LOGIN entfernen und die Funktionen SUCHE und ARTICLES MOST READ ergänzen.

1. Wechseln Sie dazu in Ihrem Browser wieder zurück in das Backend.
2. Über das Menü ERWEITERUNGEN • MODULE erhalten Sie einen Überblick über die aktiven Module.
3. In der Spalte FREIGEGEBEN sehen Sie, welche der Module momentan aktiv sind und welche abgeschaltet wurden.
4. Klicken Sie jetzt bei LOGIN FORM auf das grüne Häkchen. Nun wird dieses Modul deaktiviert, aber natürlich nicht gelöscht. Es ist also im Frontend nicht mehr verfügbar, kann aber im Backend weiter verwendet und zu einem beliebigen Zeitpunkt wieder freigeschaltet werden.
5. Möchten Sie mehrere Module gleichzeitig aktivieren oder deaktivieren, können Sie diese jeweils auch in der ersten Spalte markieren und über die Buttons in der Werkzeugleiste in den entsprechenden Zustand versetzen.
6. Um die Suche rechts oben darzustellen, geben Sie zunächst im Filter `Suche` ein, und klicken auf SUCHEN. Es sollten drei Ergebnisse erscheinen. Zwei dieser Module sind für spezielle Seiten im Atomic Template reserviert. Wir benötigen das Such-Modul, das sich derzeit auf der Position *Position-0* befindet.
7. Klicken Sie auf den Titel, und ändern Sie die Position über POSITION WÄHLEN auf *position-3 / bizblue (Right 2)*.
8. Wiederholen Sie die Schritte für das Modul ARTICLES MOST READ.
9. Legen Sie noch unter REIHENFOLGE *2. Articles Most Read fest*.
10. Ändern Sie unter MENÜZUWEISUNG die MODULZUWEISUNG *Auf alle Seiten* (siehe Abbildung 7.8).
11. Schalten Sie jetzt noch über die BASISOPTIONEN des *bizblue*-Template im Menü ERWEITERUNGEN • TEMPLATES die Logo-Darstellung (SHOW LOGO) ab.
12. Wechseln Sie jetzt wieder in das Frontend. Rechts erscheint nun eine neue Spalte mit der Suche und den beliebtesten Artikeln. Der Inhaltsbereich ist automatisch schmaler geworden, und die Navigation links hat jetzt keinen Anmelde-Bereich mehr (siehe Abbildung 7.9).

Der nächste Schritt wird das »Branding« der Seite sein. Wir möchten dem Ganzen unseren persönlichen Stempel aufdrücken und z.B. ein bestehendes Logo in das Design einbinden.

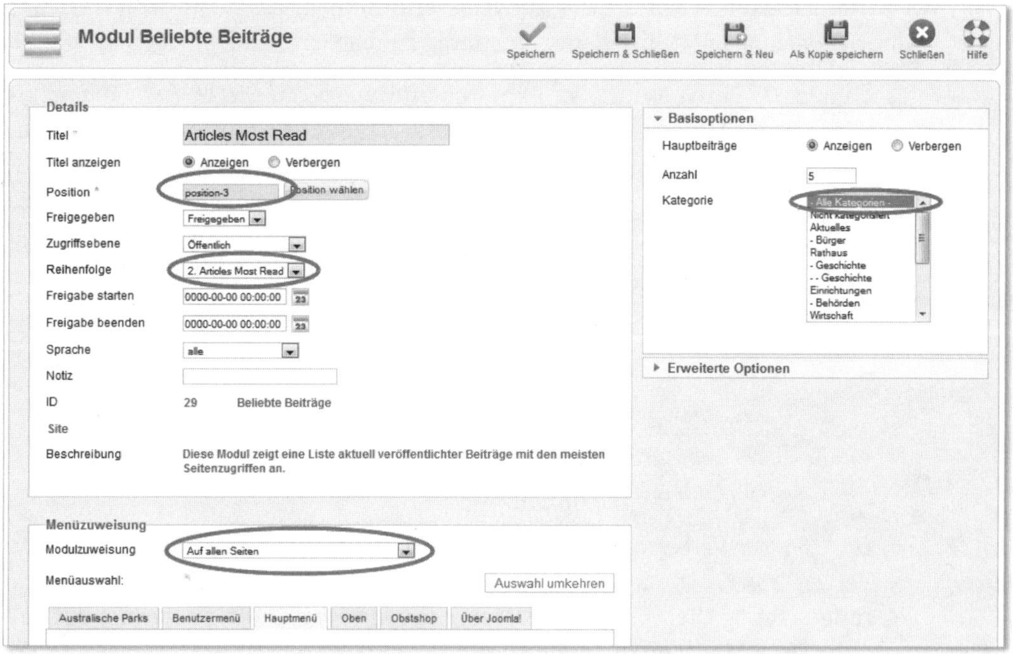

Abbildung 7.8 Konfiguration einer Modulposition

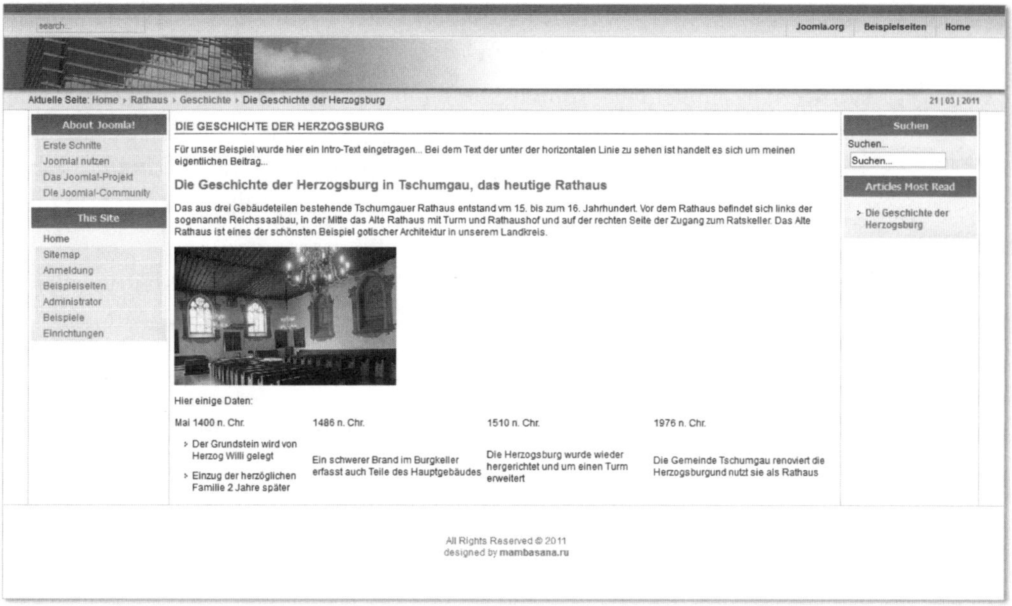

Abbildung 7.9 Das angepasste Layout von Tschumgau

Für die nächsten Schritte ist es zunächst erforderlich, das Template-Verzeichnis Ihrer lokalen Joomla!-Installation ausfindig zu machen.

1. Öffnen Sie Ihren Windows Explorer und wechseln Sie in das Verzeichnis *C:\xampp\htdocs\NAME IHRER JOOMLA-INSTALLATION\templates\bizblue.*
2. Hier finden Sie vier weitere Unterverzeichnisse und einige Dateien, die für ein Template notwendig sind. Egal welche Templates Sie später einmal installieren werden, Sie werden immer diese Dateien und Unterverzeichnisse vorfinden. Folgende Komponenten muss jedes Template enthalten:
   - ein Verzeichnis */images*
   - ein Verzeichnis */css*
   - die Datei *index.php*
   - die Datei *templateDetails.xml*
   - das Bild *template_thumbnail.png*

   Das */images*-Verzeichnis enthält die Slices, also Grafiken eines Layouts. Im Verzeichnis */css* findet man die Datei *template.css*. Sie enthält die Formatierungen für das Template. Die Datei *index.php* enthält die Codierung des Layouts. Die XML-Datei dient als Zusammenfassung relevanter Elemente für das Template. Zu guter Letzt gibt es für das Template noch eine kleine Voransicht: Diese befindet sich in der Datei *template_thumbnail.png*.
3. Öffnen Sie nun das Verzeichnis */images*. Hier befinden sich alle Bilder, die vom Template *BizBlue* verwendet werden.
4. Wir werden einige davon durch die Bilder von der Buch-CD ersetzen. Kopieren Sie die Dateien *header.jpg, mod.gif* und *mod_lr.gif* von der CD aus dem Verzeichnis */templates/images* in das lokale Verzeichnis *C:\xampp\htdocs\NAME IHRER JOOMLA-INSTALLATION\templates\bizblue\images,* und überschreiben Sie dabei die bestehenden Grafiken.
5. Wenn Sie jetzt in Ihrem Browser auf das Frontend der Joomla!-Installation wechseln, werden Ihnen die Veränderungen gleich auffallen. Mit wenigen Handgriffen haben Sie dem Template ein neues Erscheinungsbild verliehen!

Sehr kleine Bilder

Wenn Sie die Bilder im */images*-Verzeichnis des Templates betrachten, wird Ihnen auffallen, dass es viele Grafiken gibt, die kaum breiter als zwei Pixel sind. Diese Bilder werden im Browser automatisch auf die benötigte Breite gestreckt. Durch das Strecken der Grafik kann man auf große Hintergrundbilder verzichten und erspart dem User so unnötige Ladezeiten.

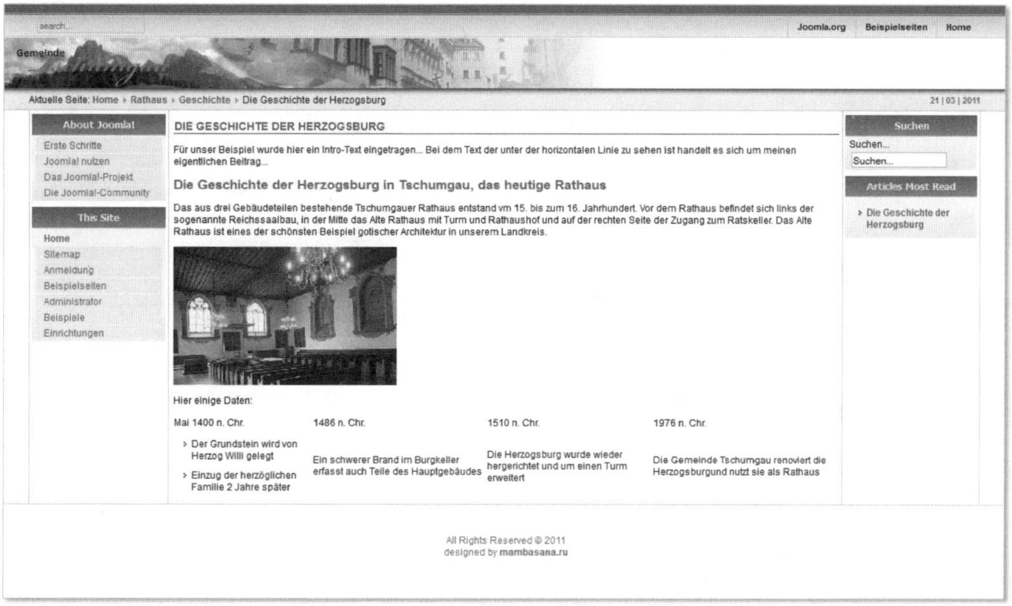

Abbildung 7.10 BizBlue mit veränderten Grafiken

Bevor wir noch etwas tiefer in das Template eingreifen, machen wir Sie mit einigen Grundlagen der HTML- und CSS-Techniken vertraut, sodass Sie sich vielleicht schon bald selbst an die Template-Erstellung heranwagen werden.

7.4 Der tiefere Einblick ins Template

Die folgenden Erläuterungen werden sich mit dem tatsächlichen Eingriff in die Vorlagenstruktur befassen. Bisher haben wir nur Veränderungen »drum herum« vorgenommen und das Template bis auf die Bilder unberührt gelassen. Machen wir uns aber kurz ein Bild davon, was eigentlich hinter einem Template steckt.

7.4.1 Die Vorarbeit

Ein Template sollte gut geplant sein, da es verschiedenen Anforderungen gerecht werden muss. So gibt es zum einen den funktionellen und zum anderen den gestalterischen Aspekt. Ein im Webdesign etablierter Gestaltungsleitsatz aus der Architektur beschreibt das Verhältnis mit »Form follows function«. Die Form, also die Gestaltung, soll der Funktion folgen. Damit ist aber nicht gemeint, dass man auf gestalterische Elemente verzichten soll. Ganz im Gegenteil: Das Design soll die Funktion in ihrer Aufgabe unterstützen. Daher ist es bei den Vorüberlegungen zum Layout der Site sinnvoll, mit einer Skizze zu beginnen. Sie können mit einfachen Kästchen arbeiten, da man sich eigentlich erst Gedanken zu der Funktion macht. Wie sollen also die verschiedenen Elemente (Menüs, Inhalte etc.) auf meiner Seite untergebracht werden? Verwenden Sie für den Entwurf ein Hilfsmittel, mit dem Sie spielerisch zurechtkommen: vielleicht ein einfaches Grafikprogramm, Powerpoint oder ganz einfach Stift und Papier.

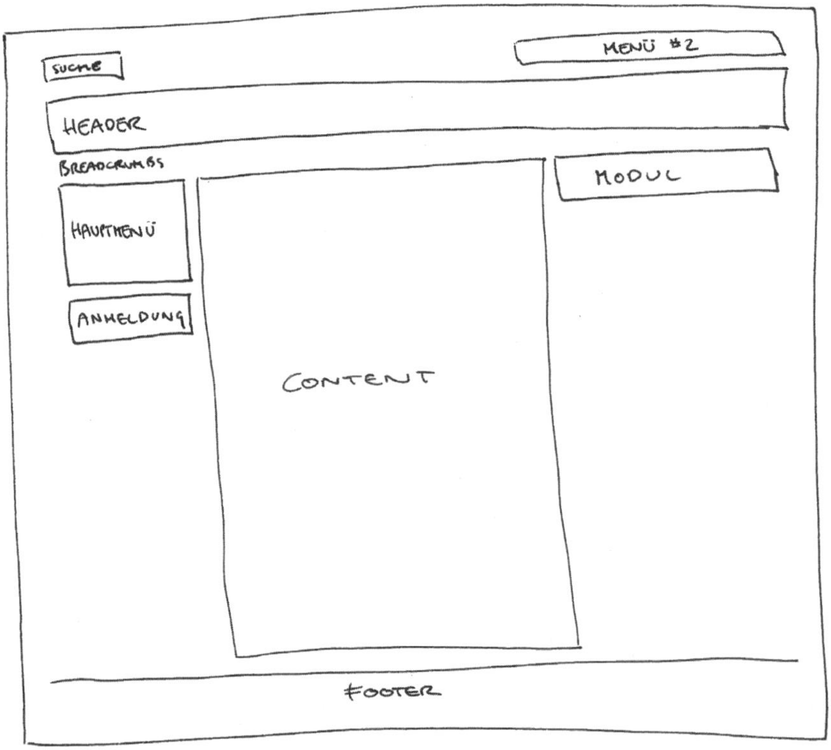

Abbildung 7.11 Eine einfache Skizze für eine Website

Das Layout spielt bei unseren Vorüberlegungen insofern eine Rolle, als dass sich das Template, das Sie vielleicht einmal erstellen möchten, natürlich an der Aufteilung des Screens orientieren muss.

Ein Template besteht aus zwei Bereichen. Ein Teil sind die für die Formatierung der Seitenelemente verantwortlichen Cascading Style Sheets (CSS), der andere Bereich steuert das Layout, also die Positionierung verschiedener Module und Inhalte. Dies geschieht über eine HTML-Datei mit PHP-Variablen. Darauf kommen wir aber erst etwas später zu sprechen.

Nachdem Sie einen groben Entwurf skizziert haben, können Sie sich schon mal Gedanken zur Gestaltung dieses Layouts machen. Holen Sie sich Anregungen aus dem Internet, indem Sie nach Seiten mit ähnlichen Themen suchen oder indem Sie ein wenig in Designvorlagen stöbern. So müssen Sie nicht selbst die Knüller-Ideen entwickeln, sondern können sich an existierenden Designs orientieren oder sich davon inspirieren lassen.

Der nächste Schritt wird schon etwas schwieriger. Sobald Sie sich für eine gestalterische Richtung entschieden haben, sollten Sie mit einem Grafikprogramm einen farbigen Entwurf als Grundlage für Ihre Seitengestaltung anfertigen oder anfertigen lassen. Das hat den Vorteil, dass Sie das Design schnell und unkompliziert im Grafikprogramm ändern können, bis es Ihren Wünschen entspricht. Teile davon werden später als Designelemente in die HTML-Seite eingebunden. Denken Sie dabei immer an Ihre Zielgruppe. Bei der Farbpalette muss ein Kompromiss gefunden werden zwischen wenigen Farben, die das Design übersichtlich halten, und einer Farbauswahl, die dennoch interessant ist und dem Auge etwas bietet, ohne dabei störend zu werden.

Der Entwurf ist natürlich keine unverrückbare Lösung. Achten Sie aber darauf, dass Sie bei Ergänzungen nicht plötzlich eine ganz andere Richtung einschlagen und so einen »Designsalat« erzeugen. In diesem Zusammenhang möchten wir auch darauf hinweisen, das Layout möglichst so zu gestalten, dass Sie eventuell noch nachträglich Menüleisten oder Content-Bereiche erweitern können. Meistens lassen sich die benötigten Flächen nicht pauschal vorher bestimmen und sollten daher auch noch für längere Inhalte geeignet sein. Diesen Trick konnten wir bereits bei unserem heruntergeladenen Template *Biz Blue J1.6* beobachten. Verschiedene Grafiken wurden nur mit einer Breite von zwei Pixeln abgespeichert und werden im Browser automatisch auf die gewünschte Breite gestreckt.

Der fertige Screenshot kann dann in Einzelteile (Slices) »zerschnitten« werden, die in einem für das Internet geeigneten Format abgespeichert werden (also als *.gif*, *.jpg* oder *.png*). Diese Slices werden von der HTML-Datei unseres Templates wieder zu einem Ganzen zusammengesetzt. Dabei sollten Sie darauf achten, nicht einfach alles mit Grafik zu bepflastern, sondern Bereiche, die z.B. einen einheitlichen Hintergrund haben, direkt über CSS zu codieren. So ersparen Sie den Usern unnötige Download-Zeiten und erhöhen die Performance der Site.

7.4.2 Dem Entwurf Leben einhauchen

Einen großen Schritt haben Sie nun mit den Vorüberlegungen für Ihr Template geschafft. Neben dem Plan für das Grundgerüst Ihrer Seite ist auch schon das Baumaterial vorhanden. Das bedeutet, Sie haben auch schon die Grafiken, die Sie bei unserem Beispiel-Template im Verzeichnis */images* finden. Als Nächstes muss das Grundgerüst umgesetzt werden.

Schauen wir mal, wie dieser Plan für das Grundgerüst bei unserem Template aussieht.

1. Öffnen Sie im Backend die Template-Verwaltung über ERWEITERUNGEN • TEMPLATES.
2. Klicken Sie auf den Reiter TEMPLATES.
3. Scrollen Sie zu BIZBLUE und klicken Sie auf BIZBLUE DETAILS.
4. Es erscheint die Übersicht zu unserem Template. Wählen Sie die Option HAUPTSEITE BEARBEITEN im Bereich TEMPLATE HAUPTDATEIEN (siehe Abbildung 7.12).

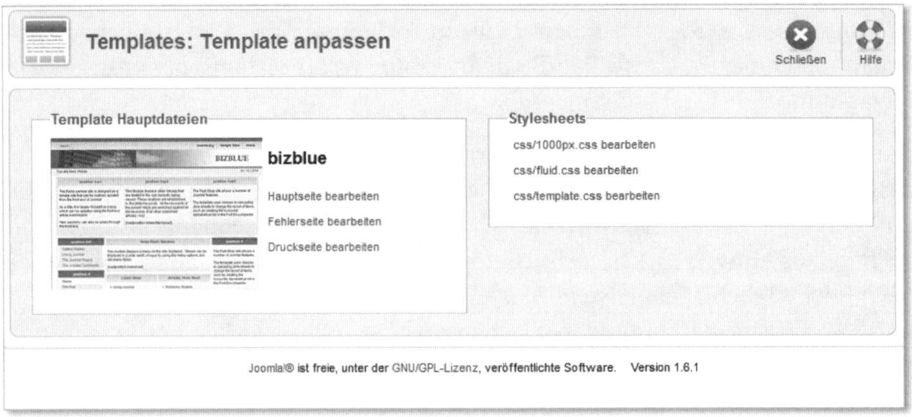

Abbildung 7.12 Die Details zu unserem Template Biz Blue J1.6

5. Es öffnet sich der TEMPLATE-HTML-EDITOR. Besonders komfortabel: seit Joomla! 1.6 erscheint die Ansicht mit Code-Highlighting für eine bessere Übersicht.
6. Die minimalen Anforderungen an eine Joomla!-*index.php* sehen etwa so aus:

```
<?php
    // no direct access defined('_JEXEC') or
    die('Restricted access');
?>
<!DOCTYPE html PUBLIC "-//W3C//DTD XHTML 1.0
    Transitional//EN"
    "http://www.w3.org/TR/xhtml1/DTD/xhtml1-
    transitional.dtd">
<html xmlns="http://www.w3.org/1999/xhtml"
    xml:lang="<?php echo $this->language; ?>"
<head>
<jdoc:include type="head" />
```

```
13 <link rel="stylesheet" ↩
14     href="templates/system/css/system.css" ↩
15     type="text/css" />
16 <link rel="stylesheet" ↩
17     href="templates/system/css/general.css" ↩
18     type="text/css" />
19 <link rel="stylesheet" href="templates/<?php echo ↩
20     $this->template ?>/css/template.css" ↩
21     type="text/css" />
22 </head>
23 <body>
24     <?php echo $app->getCfg('sitename');?><br />
25     <jdoc:include type="module" name="breadcrumbs" />
26     <jdoc:include type="modules" name="top" />
27     <jdoc:include type="modules" name="left" />
28     <jdoc:include type="component" />
29     <jdoc:include type="modules" name="right" />
30 </body>
31 </html>
```

Das Grundgerüst besteht aus einigen notwendigen Bausteinen, die auf jeden Fall vorhanden sein sollten:

- So findet man in den ersten vier Zeilen den Code, der das Template vor fremden Eingriffen und Änderungen schützt.
- In Zeile 12 ruft das Template allgemeine Informationen aus Ihrer globalen Joomla!-Konfiguration ab und bindet diese automatisch beim Aufruf des Frontends ein.
- In den Zeilen 13–18 werden allgemeine Joomla!-Formatierungen über CSS verknüpft.
- Darauf folgt in Zeile 19 die Verknüpfung zu der für das Template spezifischen CSS-Datei.
- Im `<body>`-Bereich von Zeile 23–30 werden die Inhalte von einigen Joomla!-Modulen geladen.

Sie sehen, das Prinzip für das Grundgerüst ist zumindest in der einfachsten Ausführung nicht sonderlich kompliziert. Es fehlt uns nur noch der Einblick in die Datei *template.css*. Cascading Style Sheets (CSS) stellen einen einfachen Mechanismus der Formatierung von HTML-Elementen (Tags) dar. Sie können Angaben zu Schriftart, Farbe oder Hintergrundgrafiken etc. enthalten. Es gibt kaum HTML-Elemente, die so nicht individuell angepasst werden können. Ein weiterer Vorteil liegt darin, dass Sie nur eine zentrale Datei benötigen, in der Sie sämtliche Einstellungen konfigurieren. Möchte man also zu einem späteren Zeitpunkt Änderungen vornehmen, muss man sich nicht durch verschiedene HTML-Dokumente hangeln, sondern kann sich auf eine Datei konzentrieren. Wir werden nun für das Template Biz Blue eine kleine Veränderung vornehmen, damit Sie einen ersten Eindruck bekommen, wovon wir hier reden.

1. Öffnen Sie im Backend wieder die Template-Verwaltung über ERWEITERUNGEN • TEMPLATE.
2. Klicken Sie auf den Reiter TEMPLATES.
3. Scrollen Sie zu BIZBLUE, und klicken Sie auf BIZBLUE DETAILS.
4. Es erscheint die Übersicht zu unserem Template. Wählen Sie die Option CSS/TEMPLATE.CSS BEARBEITEN im Bereich STYLESHEETS. Je nachdem, welche Option Sie für die Breite des Templates in den Basisoptionen festgelegt haben, können Sie hier auch die entsprechenden CSS-Dateien zusätzlich bearbeiten.
5. Der *Template-CSS-Editor* öffnet sich (siehe Abbildung 7.13).

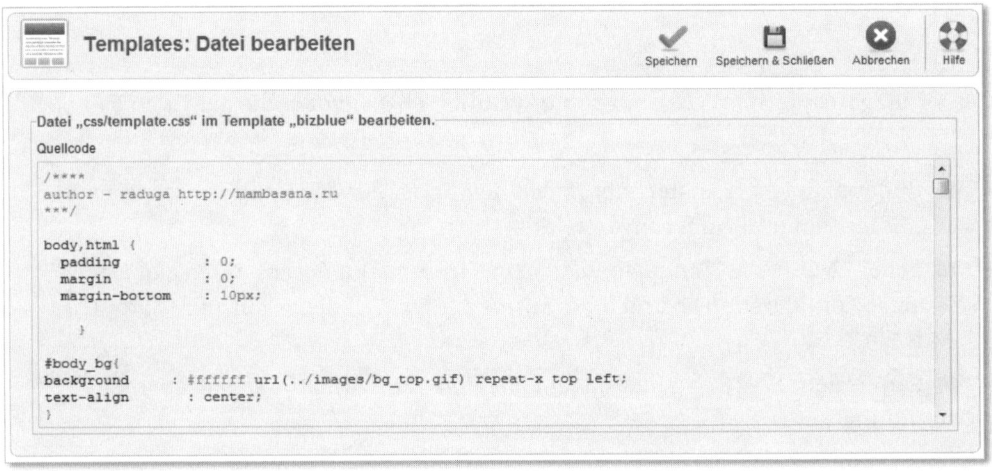

Abbildung 7.13 Der CSS-Editor von Joomla!

Durch die Länge des Listings bekommen Sie schon mal einen Eindruck davon, wie aufwendig es ist, sämtliche Formatierungen für ein Template zusammenzustellen.

1. Scrollen Sie an die Stelle `h1`.
2. Ändern Sie hier die Textfarbe `color : #546B88;` auf `color : #87994A;`.
3. Klicken Sie auf SPEICHERN & SCHLIESSEN.
4. Beim Wechsel zurück ins Frontend sehen Sie, dass sich die Textfarbe der Überschrift »Die Geschichte der Herzogsburg in Tschumgau, das heutige Rathaus« von Blau auf Grün verändert hat.

Sie sehen, wie schnell die Anpassung funktioniert. So lassen sich alle weiteren Schrift-, Hintergrund- oder Rahmenfarben ändern. Schwieriger wird es allerdings bei den anderen Formatierungen, wenn Sie bisher noch keine Erfahrung mit CSS haben. Eine weitere Herausforderung ist es, die richtige Stelle in der CSS-Datei zu finden, wenn Sie z.B. bestimmte Textfarben ändern möchten. Firefox-Usern stehen da zwei hilfreiche Erweiterungen zur Verfügung:

1. Installieren Sie die Erweiterungen *Firebug* oder *Web Developer* aus dem CD-Verzeichnis */tools/firefox*, und starten Sie Firefox erneut.
2. Aktivieren Sie im Menü HERVORHEBEN des Web Developers die Option AKTUELLES ELEMENT HERVORHEBEN.
3. Bewegen Sie den Mauszeiger über eine Joomla!-Seite.
4. Das Tool hebt die aktiven Bereiche hervor und zeigt Ihnen in der Statuszeile den entsprechenden HTML-Code an, über den Sie die Formatierung in der CSS-Datei finden können.

Noch ausführlicher funktioniert die Erweiterung *Firebug* (siehe Abbildung 7.14). Darin können Sie sich über ein Konsolenfenster mit der Funktion INSPECT/ELEMENT UNTERSUCHEN den HTML-Code eines markierten Elements anzeigen lassen. Gleichzeitig erscheinen die entsprechenden CSS-Formatierungen. Aktivieren Sie die Funktion INSPECT, und fahren Sie mit der Maus über die Joomla!-Seite, um die gewünschten Informationen zu erhalten.

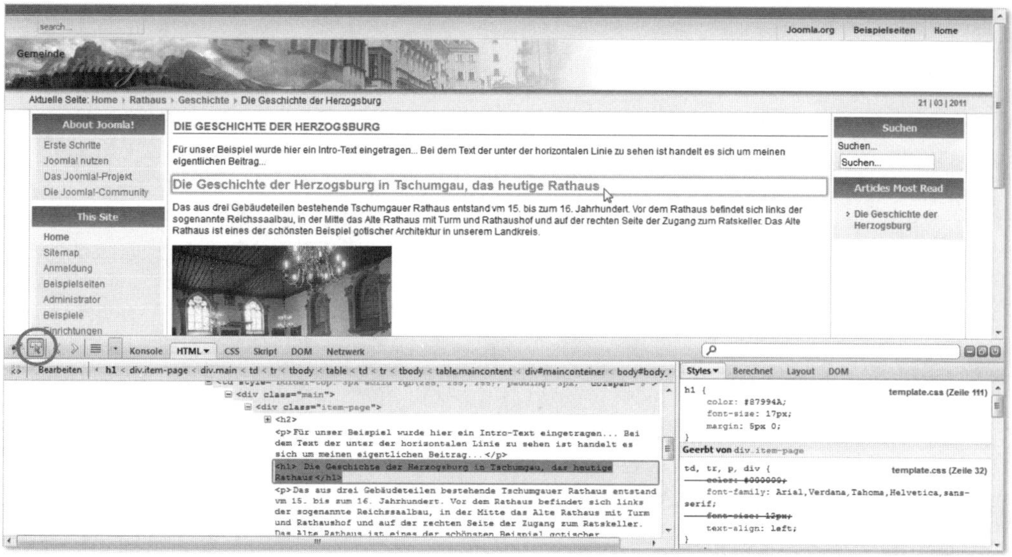

Abbildung 7.14 Firebug verschafft Ihnen einen Überblick über die HTML- und CSS-Bereiche.

7.5 Übungsaufgaben

1. Setzen Sie in der Template-Verwaltung das Standard-Template um auf »Beez2 – Parkseiten«.
2. Welche Gefahr besteht für den Inhalt, wenn Sie ein neues Template aktivieren?
3. Öffnen Sie im Backend den CSS-Editor des Templates, und ändern Sie für die Überschrift H1 bei `#main h1,#main2 h1` das Tag `color:#000;` in `color:#b77815;`.

»Die Menschen, nicht die Häuser machen die Stadt.«
– Perikles

8 Benutzer und Bereiche

Hier lernen Sie,

- wie man neue User anlegt.
- welches Berechtigungssystem Joomla! 1.6 zugrunde liegt.
- welche Rechte man den Benutzern zuordnen kann.
- mit welchen Zugriffsebenen die einzelnen Inhalte versehen werden können.
- welche Rolle das Benutzermenü spielt.
- wie die User des Backends miteinander kommunizieren können.

Ein Content-Management-System spielt seine Stärke erst aus, wenn mehrere Menschen an der Gestaltung der Seiten beteiligt sind. Es ist dann nicht mehr nötig, dass ein zentraler Webmaster alle Inhalte selbst in die Seite einpflegt. Vielmehr können die Inhaltslieferanten ihre Beiträge selbst im System erstellen und nach ihren Wünschen anpassen. Das erspart dem Webmaster viel Arbeit und dem gesamten Prozess einige Zwischenschritte.

Zudem haben Webseiten häufig Bereiche für registrierte User, in denen zusätzliche Informationen stehen oder auch von den Benutzern selbst zur Verfügung gestellt werden können. Diese privaten Bereiche werden ebenfalls von Joomla! verwaltet und geschützt. Es muss also zwischen Frontend- und Backend-Benutzern unterschieden werden.

Bei der Arbeit mit registrierten Benutzern gibt es zwei grundlegende Konzepte:

- **Authentifizierung**
  bedeutet, dass das System weiß, wer die Person ist, die gerade mit den Seiten arbeitet. Dazu wird meistens ein Login benötigt, mit dem sich die User einmal pro Sitzung anmelden. Aktionen des Benutzers werden so nachvollziehbar und unterliegen dadurch einer gewissen Kontrolle. Je nach System steht es jedoch unter Umständen jedem Besucher frei, sich namentlich oder per Pseudonym anzumelden. Unter dem Aspekt der Sicherheit ist eine reine Authentifizierung daher ein eher schwacher Schutz.

- **Autorisierung**
  ist der zweite Schritt, in dem überprüft wird, ob ein bekannter User auch wirklich die Berechtigung hat, eine Seite zu sehen oder zu bearbeiten. So kann man beispielsweise zwischen »nur« bekannten Usern, Redakteuren und Administratoren der Seite unterscheiden, die jeweils die für sie nötigen Bereiche sehen und die für ihre Aufgaben wichtigen Aktionen ausführen können. Die Rechtestruktur kann je nach System relativ differenziert sein. In dieser Hinsicht haben die Entwickler von Joomla! 1.6 im Vergleich zur Vorgängerversion sehr stark aufgeholt und stellen ein äußerst granulares Berechtigungssystem zur Verfügung.

8.1 Benutzer anlegen und verwalten

Joomla! organisiert seine User in der Benutzerverwaltung. Diese finden Sie entweder im Symbolbereich auf der Hauptseite des Backends oder aber im Menü unter BENUTZER • BENUTZER (siehe Abbildung 8.1). Hier sollte bisher nur ein User zu finden sein, nämlich der Administrator, genannt SUPER USER.

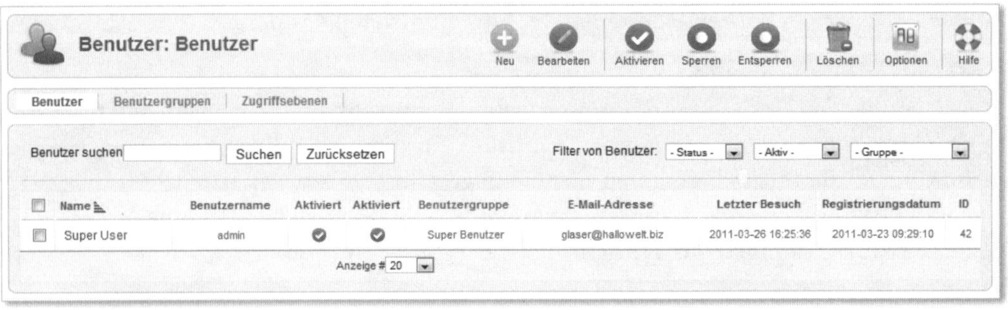

Abbildung 8.1 Die Benutzerverwaltung nach der Installation

In der Liste der registrierten Benutzer werden Ihnen einige Informationen zur Verfügung gestellt.

Detail	Information
	Auswahlkästchen
Name	Das ist der echte Name des Benutzers. Er wird beim Einloggen gegebenenfalls als Begrüßung mit ausgegeben.
Benutzername	Unter diesem Namen kann sich der Nutzer anmelden.

Tabelle 8.1 Informationen für registrierte Benutzer

Detail	Information
Aktiviert	Sehen Sie hier einen grünen Haken, so ist der betreffende Nutzer aktiviert und kann im System im Rahmen seiner Rechte agieren. Um die jeweiligen User kurzzeitig zu sperren bzw. zu entsperren, nutzen Sie die Optionen in der Werkzeugleiste.
Aktiviert[1] (Freigegeben)	Wenn sich ein Nutzer neu registriert, muss er meistens erst einmal von einem Administrator anhand der Option AKTIVIEREN in der Werkzeugleiste im Joomla!-System freigegeben werden.
Benutzergruppe	Die Benutzergruppe entscheidet über die Rechte, die der User im System hat.
E-Mail	Eine Kontaktadresse, über die Sie den User erreichen können
Letzter Besuch	Hier sehen Sie das Datum des letzten Logins des Users.
Registrierungsdatum	Nennt das Datum, an dem der jeweilige User beim System registriert wurde.
ID	Joomla! weist dem User eine eindeutige, nicht änderbare Nummer zu.

Tabelle 8.1 Informationen für registrierte Benutzer (Forts.)

Um einen Nutzer aus dem System zu entfernen, markieren Sie wieder die entsprechende Checkbox und klicken auf das LÖSCHEN-Symbol. Aber aufgepasst: Der User wird dann direkt gelöscht und nicht im Papierkorb zwischengespeichert. Sie sollten sich also sicher sein, dass Sie das wirklich tun wollen.[1]

8.1.1 Neue Benutzer anlegen und bearbeiten

Um einen neuen Benutzer aus dem Backend heraus anzulegen, klicken Sie auf das Symbol NEU. Es erscheint ein Formular, in dem Sie die nötigen Angaben machen können. Diese entsprechen weitestgehend den Angaben, die Sie in der Benutzer-Verwaltung angezeigt bekommen. Im Feld NEUES PASSWORT können Sie ein Passwort vergeben, das Sie zur Sicherheit in PASSWORT BESTÄTIGEN noch einmal eintippen müssen.

Achtung Tippfehlergefahr

Es ist sehr verlockend, hier mit Copy & Paste zu arbeiten. Davon sei aber ausdrücklich abgeraten. Wenn Sie sich beim ersten Mal vertippt haben, wird der Fehler übernommen, und das Passwort ist wertlos.

---

1 In der momentanen deutschen Übersetzung von Joomla! kommt es leider zu einer – wie wir denken – fehlerhaften Doppelbelegung der Merkmale mit dem Begriff »Aktiviert«. In der englischen Fassung heißt die erste Option »Enabled«, die zweite »Activated«. Wir geben daher eine Alternativübersetzung für Letzteres in Klammern an.

Wenn Sie »Super Benutzer« oder »Administrator« sind, so erhalten Sie hier zusätzlich die Auswahl BENUTZER SPERREN und SYSTEMNACHRICHTEN EMPFANGEN. Mit Letzterem können Sie anderen Usern (oder auch sich selbst) z.B. das Recht zuweisen, dass dieser Nutzer informiert wird, wenn sich ein Besucher im Frontend registriert.[2]

Das Auswahlfeld ZUGEWIESENE GRUPPEN bestimmt die Rechte, die der Nutzer haben wird. Näheres dazu finden Sie weiter unten in diesem Kapitel.

Im Bereich BASIS EINSTELLUNGEN legen Sie unter anderem fest, welchen Editor der neue Nutzer standardmäßig verwenden soll. Wenn Sie hier nichts angeben, wird der Standardwert der Seite verwendet. Zusätzlich können Sie noch die Sprache für das Front- und Backend sowie für die Hilfe und die Zeitzone festlegen. Gibt es für den User eine Verbindung zu einem Kontaktdatensatz in der Komponente KONTAKTE (vgl. Abschnitt 9.3.2, »Kontakte«), so werden diese Daten im Bereich KONTAKT INFORMATION angezeigt und können hier auch bearbeitet werden. Wie üblich schließen Sie die Anlage des neuen Nutzers mit SPEICHERN & SCHLIESSEN ab.

Wenn Sie einen bereits existierenden Userdatensatz bearbeiten wollen, markieren Sie den entsprechenden Eintrag in der Userverwaltung und klicken auf das BEARBEITEN-Symbol oder ganz einfach auf den Usernamen. Sie gelangen dann auf die gleiche Maske, mit der Sie auch neue Nutzer erzeugen können. Die Felder NEUES PASSWORT und PASSWORT BESTÄTIGEN sind nicht ausgefüllt. Füllen Sie diese nur aus, wenn Sie das Passwort ändern wollen. Soll es nicht angetastet werden, können die beiden Felder leer bleiben.

8.1.2 Neue User im Frontend

Das Login-Formular im Frontend werden wir in Abschnitt 9.1.5, »Anmeldung«, besprechen. Standardmäßig erscheint unter dem Login-Formular im Frontend der Link REGISTRIEREN[3]. Hier kann sich ein Benutzer selbst einen Usernamen geben, indem er in einem Formular seinen Namen, den gewünschten Usernamen, die E-Mail-Adresse und sein Passwort eingibt. Mit diesen Daten wird er mit der zweitgeringsten Berechtigungsstufe[4] (»Registriert«) in die Datenbank eingetragen.

---

2 Hierfür muss jedoch die Mailfunktion aktiviert sein (siehe Abschnitt 10.3, »Mail-Versand«).

3 Möchten Sie nicht, dass sich die User über das Frontend registrieren dürfen, so müssen Sie diese Funktion in der Benutzerverwaltung unter OPTIONEN deaktivieren.

4 Den geringsten Berechtigungsstatus (»Öffentlich«) haben die nicht angemeldeten Nutzer inne.

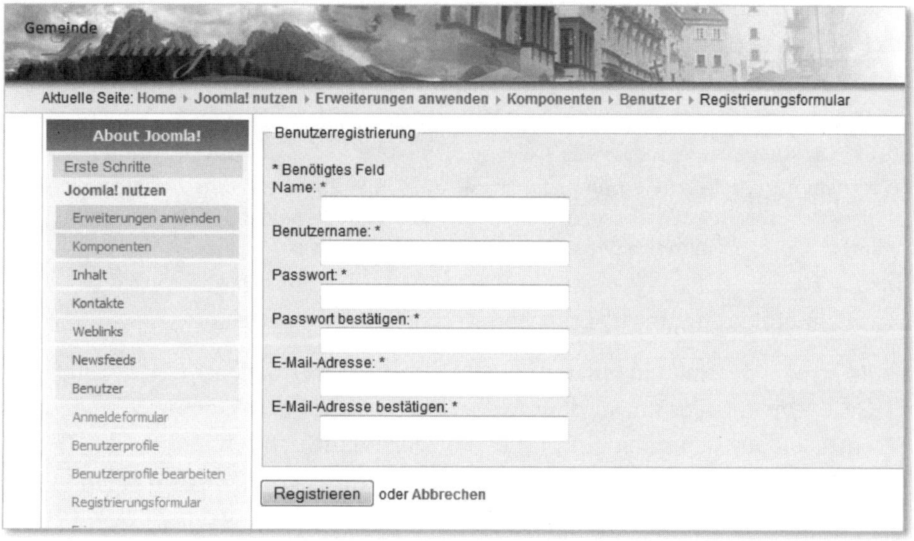

Abbildung 8.2 Registrierung im Frontend

Je nach Einstellung, die Sie in der Benutzerverwaltung unter OPTIONEN vornehmen können, ist der Account entweder sofort freigeschaltet oder es ist erst eine Aktivierung im Backend durch den Administrator notwendig. Standardmäßig ist als kleine Hürde gegen Vandalismus die Verifizierung der E-Mail-Adresse eingestellt. Damit wird der Zugang erst aktiviert, nachdem der neu registrierten Person z.B. die unten gezeigte E-Mail mit einem Aktivierungslink gesendet wurde und diese Person dem Link gefolgt ist. Bedenken Sie, dass diese Funktion nur reibungslos abläuft, wenn Ihr Server für den Mailbetrieb konfiguriert ist (siehe Abschnitt 10.3, »Mail-Versand«).

```
Hallo Markus,
Vielen Dank für die Registrierung bei Tschumgau. Das Benutzerkonto
wurde angelegt und muss zur Verwendung noch aktiviert werden.

Um dieses zu tun, genügt ein Klick auf den folgenden Link, oder der
Link kann auch aus dieser Nachricht kopiert und in den Webbrowser
eingefügt werden:
http://localhost/joomla/index.php?option=com_
users&task=registration.activate&token=069a872561083aacb8bcf6ea7fc4cc64

Nach der Aktivierung ist eine Anmeldung bei http://localhost/joomla/
mit dem folgenden Benutzernamen und Passwort möglich:


Benutzername: testuser1
Passwort: testuser1
```

So ist sichergestellt, dass die E-Mail-Adresse auch einen Empfänger hat, der seine Nachrichten gelegentlich liest. Natürlich ist es mittlerweile ein Leichtes, sich eine temporäre Mail-Adresse zuzulegen und diesen Mechanismus zu umgehen.

Manuelle Aktivierung

Alternativ zur Mail-Aktivierung haben Sie als Administrator immer die Möglichkeit, den neuen Benutzer in der Benutzerverwaltung über die AKTIVIERT-Spalte freizuschalten, wenn z.B. die E-Mail beim neuen User verloren gegangen ist.

Es spricht einiges dafür, die Frontend-Registrierung einzuschalten:

- Es erspart dem neuen Nutzer die Wartezeit auf die Account-Aktivierung. Das ist in einem Medium, in dem Millisekunden über die Akzeptanz einer Seite entscheiden, sicherlich ein großer Vorteil. Wenn sich jemand an der Gestaltung beteiligen möchte, dann sollte man ihn nicht zwingen zu warten, bis die Anfangsmotivation wieder verschwunden ist. Das Beantragen eines Accounts, z.B. per E-Mail, stellt zudem einen Medienbruch dar, der eine nicht zu unterschätzende Hürde ist. Viele potenzielle User werden sich dann nicht registrieren.
- Neue User können und müssen sich ein eigenes Passwort überlegen. Wenn ein Administrator den neuen Account anlegt, muss er ein Passwort vergeben. Das ist unschön, denn das Passwort eines Nutzers sollte nur dieser selbst wissen. Das dient auch der Sicherheit des Administrators. Also ist der neue User angehalten, das Passwort zu ändern. Ein zusätzlicher Schritt, der Zeit kostet und Aufwand darstellt und daher oft nicht getan wird.
- Dem Administrator wird einiges an Arbeit abgenommen, weil er sich nicht mehr um jede Anmeldung selbst kümmern muss.

Dies alles gilt jedoch nur, wenn Sie eine breite Beteiligung der Öffentlichkeit wollen, z.B. in Foren. Geht es beispielsweise um Daten, die sensibel sind, so ist klar, dass der Zugang nur über den Administrator gewährt werden kann. Zudem werden die sogenannten Linkspammer immer versierter, sodass eine freie Anmeldung unter Umständen in naher Zukunft das Spamrisiko erhöhen kann.

8.2 Das Berechtigungssystem

8.2.1 Allgemeines zum Konzept

Mittlerweile haben wir Möglichkeiten, User im System bekannt zu machen. Nun müssen wir noch kontrollieren, welcher User welche Inhalte sehen darf. Um ein wenig Ordnung in das Begriffswirrwarr zu bringen, sehen Sie hier die wichtigsten Konzepte im Schnellüberblick (siehe auch Abbildung 8.3):

- **Gruppe**
  Eine Sammlung von Nutzern. Mitglieder einer Gruppe haben gleiche Rechte in Bezug auf bestimmte inhaltliche Einheiten, sie können z. B. einen Artikel bearbeiten. Diese Rechte werden der Gruppe direkt bei der inhaltlichen Einheit zugewiesen.
- **Zugriffsebene**
  Eine Sammlung von Gruppen. Über diese Ebene wird bestimmt, wer bestimmte Elemente überhaupt sehen kann.
- **Berechtigung**
  Die Erlaubnis für eine Gruppe, eine bestimmte Aktion, die über das Betrachten eines Elements hinausgeht, in Joomla! auszuführen.

Das Rechtesystem von Joomla! betrifft zwei Bereiche. Zum einen geht es darum, welche Aktionen ein Nutzer im System insgesamt ausführen kann, z. B. ob er lesen, bearbeiten, löschen, administrieren etc. darf. Für die Festlegung dieser grundlegenden Aktionsberechtigungen gibt es Usergruppen, die bei der Installation schon angelegt wurden.

Zum anderen wird festgelegt, welche Usergruppen wie Zugang zu einem bestimmten darstellbaren Inhalt oder Modul haben dürfen. Dies wird über die Zugriffsebene des jeweiligen Elementes festgelegt. Dies bedeutet, dass Sie bei feineren Berechtigungseinstellungen in Joomla! in drei Schritten vorgehen sollten:

1. Zunächst weisen Sie den Usern über die Benutzerverwaltung eine Gruppe zu. Die eigentlichen Rechte werden für die Gruppen eingestellt, sodass ein Nutzer automatisch alle Rechte für die Gruppen hat, denen er zugeordnet ist. Diese Rechte werden auf der Ebene des jeweiligen Elements geklärt, auf das zugegriffen werden soll, z. B. auf der Ebene des gesamten Joomla!-Systems, auf der Kategorie- oder der Beitragsebene. Gegebenenfalls müssen Sie vorher eine neue Nutzergruppe anlegen. Diese übernimmt (erbt) alle Rechte von der Gruppe, die beim Neuerstellen als übergeordnete Gruppe angegeben wurde.
2. Definieren Sie, welche Berechtigungsgruppen die bestehenden Zugriffsebenen einschließen. Auch hier können Sie zusätzliche Zugriffsebenen anlegen.
3. Danach gehen Sie in die Bearbeitungsansicht des jeweiligen Elements, z. B. eines Beitrags, und wählen anhand der Einstellung der Zugriffsebene aus, welche Usergruppen zugreifen dürfen und welche für das jeweilige individuelle Element zutreffenden Rechte die Gruppen haben.

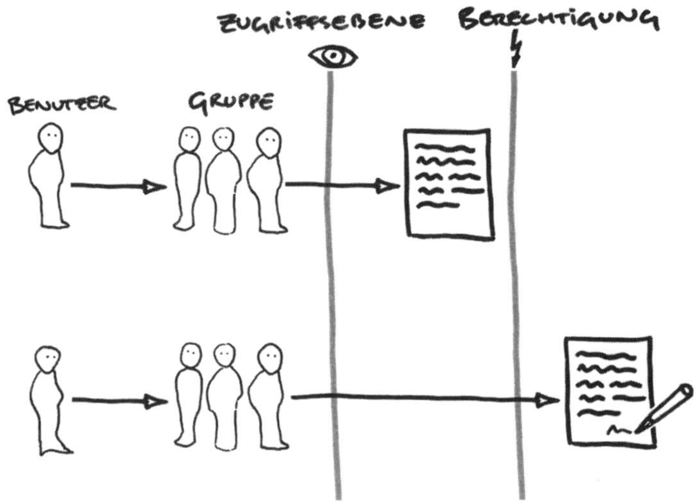

Abbildung 8.3 Schematische Darstellung des Joomla!-Berechtigungskonzepts

Bei der Einrichtung des Berechtigungssystems ist zu beachten, dass Joomla! sowohl im Bereich der Usergruppen als auch im Bereich der Zugriffsrechte das Konzept der Vererbung nutzt, d.h., die Usergruppen und Zugriffsrechte übernehmen die Eigenschaften der übergeordneten Einheiten.

8.2.2 Die Usergruppen

Die Standardgruppen

Jeder Nutzer kann einer oder mehreren Gruppen zugeordnet werden.

Sie finden den Bereich ZUGEWIESENE GRUPPEN in der Bearbeitungsansicht des jeweiligen Nutzers. Wie Sie sehen, wurden bei der Installation bereits Gruppen angelegt und auf der Ebene des gesamten Joomla!-Systems bereits die ersten Rechte festgelegt. Die Baumstruktur verrät, dass es sich bei der Systematik der Gruppen um verschiedene Hierarchieebenen handelt. Die nach rechts eingerückten Gruppen »erben« alle Rechte von der übergeordneten Gruppe und besitzen zusätzliche Berechtigungen, d.h., die untergeordneten Gruppen haben immer mehr Rechte als ihre übergeordnete Gruppe. So besitzen z.B. alle Untergruppen die Rechte der Gruppe »Öffentlich« (siehe Abbildung 8.4).

Welche Rechte den jeweiligen Gruppen standardmäßig für die gesamte Site zugebilligt wurden, sehen Sie in der Konfiguration unter BERECHTIGUNGEN, wo diese auch bearbeitet werden könnten. Dieser Bereich gehört jedoch erst zum dritten

Schritt, also zu der Zuordnung der Rechte zu den Gruppen und wird in Abschnitt 8.2.4, »Zugriffsebene auswählen und Rechte vergeben«, behandelt.

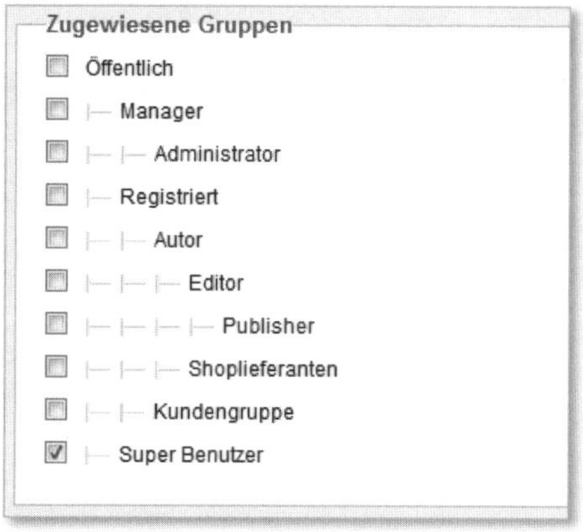

Abbildung 8.4 Die Benutzergruppenhierarchie in der Bearbeitung eines Beitrags

Wir haben aber hier schon mal das dort kodierte Berechtigungskonzept für die gegebenen Gruppen in Tabelle 8.3 zusammengefasst und aufgelistet, damit Sie einen Überblick erhalten.

Gruppe	Rechte
Öffentlich	Die Website kann im Frontend gesehen, aber nicht bearbeitet werden. Trifft für alle Nutzer zu, die noch nicht registriert sind.
Für das Backend	
Manager	Ist in erster Linie für die inhaltlichen Funktionen im Backend zuständig. Der Manager hat hier Zugriff auf Inhalt, Bereiche und Kategorien, die Frontpage, Menüs, Medien und das Archiv.
Administrator	Darf zusätzlich Benutzer verwalten, Module, Plugins und einige Komponenten verwenden und installieren sowie den Papierkorb leeren. Er hat keinen Zugriff auf die Templates und globale Einstellungen.
Für das Frontend	
Registriert	Ein registrierter Nutzer kann sich im Frontend einloggen und daher in einen privaten Bereich gelangen (siehe unten). Alle Nutzer, die sich selbst über das Frontend registriert haben, werden dieser Gruppe zugeordnet.
Autor	Ein Autor darf neue Inhalte in die Seite einfügen. Das geht über einen Link im User-Menü (siehe unten). Die Inhalte müssen allerdings durch einen Publisher oder Backend-User freigeschaltet werden.

Tabelle 8.2 Rechteabstufung im frisch installierten Joomla!-System

Gruppe	Rechte
Editor	Ein Editor hat zusätzlich zu den genannten Rechten die Möglichkeit, beliebige Inhalte im Frontend zu bearbeiten.
Publisher	Ein Publisher kann Inhalte erstellen, bearbeiten und auch freischalten. Damit wird es möglich, die gesamte inhaltliche Arbeit direkt den Frontend-Usern zu überlassen.
Shoplieferanten	Die Gruppen wurden mit den Beispieldaten bei der Installation angelegt. Sie erben lediglich die Eigenschaften ihrer übergeordneten Gruppe »Registriert«.
Kundengruppe	
Für beides	
Super Benutzer	Er hat sowohl im Frontend als auch im Backend alle Rechte.

Tabelle 8.2 Rechteabstufung im frisch installierten Joomla!-System (Forts.)

Neue Usergruppen anlegen

Seit der Version 1.6 kann man in Joomla! zusätzliche Usergruppen anlegen, damit man der Website ein noch detaillierteres Rechtemanagement zugrunde legen kann.

Wenn Sie eine neue Gruppe mit eigenen Zugriffsmöglichkeiten kreieren wollen, gehen Sie dazu in die Benutzerverwaltung und dann in den Reiter BENUTZERGRUPPEN.

Sie können über die Schaltfläche NEU eine weitere Gruppe anlegen und einer bereits bestehenden Gruppe unterordnen, von der sie alle Rechte erbt (siehe Abbildung 8.5). Am wenigsten »vorbelastet« ist die Gruppe »Öffentlich«.

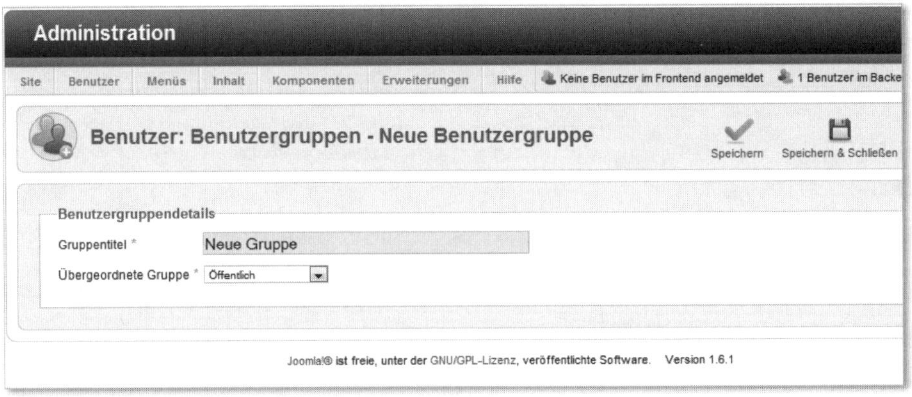

Abbildung 8.5 Neue Benutzergruppe anlegen

Diese beiden Optionen sind das Einzige, was Sie bei der Anlage einer neuen Gruppe definieren müssen. Wie oben bereits erwähnt wurde, findet die eigentliche Festlegung der Berechtigungen der Gruppe direkt bei den verschiedenen Elementen statt.

8.2.3 Zugriffsebenen definieren

Die Standardzugriffsebenen

Im nächsten Schritt legen Sie fest, welche Gruppen die einzelnen Zugriffsebenen umfassen. Dazu wechseln Sie in der Benutzerverwaltung in den Reiter ZUGRIFFSEBENEN. Sie sehen hier alle vorgegebenen Zugriffsebenen in der Listenansicht (siehe Abbildung 8.6).

Abbildung 8.6 Listenansicht der Zugriffsebenen

Zugriffsebenen	Funktion
Öffentlich	Jeder hat Zugriff, egal ob angemeldet oder nicht.
Registriert	Um den Inhalt zu sehen, muss der Nutzer sich mit einem gültigen Account im System angemeldet haben.
Spezial	alle Nutzer, die der Gruppe *Manager, Autor* oder *Super User* angehören
Eigene Zugriffsebene	Die Standardeinstellung legt fest, dass Manager, Autoren und die Kundengruppe in dieser Zugriffsebene berücksichtigt wurden. Diese Ebene wurde mit den Beispieldaten angelegt.

Tabelle 8.3 Verschiedene Zugriffslevel

Wenn Sie nun in die Bearbeitungsansicht einer Ebene schalten, können Sie die Auswahl der Gruppen nachvollziehen und nach Belieben ändern (siehe Abbildung 8.7).

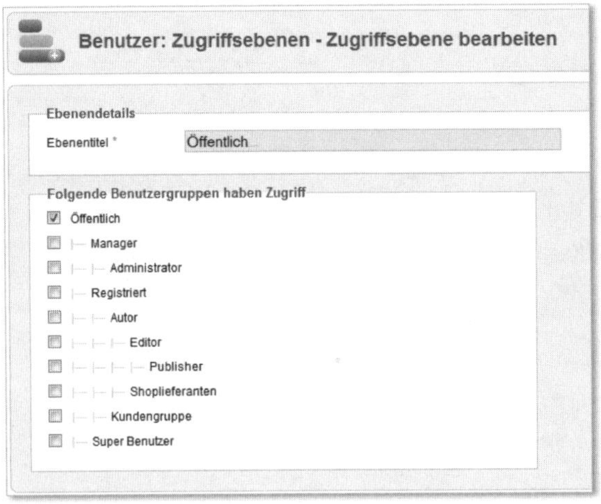

Abbildung 8.7 Bearbeitungsansicht eines Zugriffslevels

Eine neue Zugriffsebene erstellen

Wenn Sie sich nicht mit den vorgegebenen Zugriffsebenen zufriedengeben wollen, können Sie ein eigenes Level anlegen und definieren.

Klicken Sie dazu in der Werkzeugleiste auf NEU, geben Sie der Ebene einen Titel, und weisen Sie ihr die gewünschten Gruppen zu (siehe Abbildung 8.8).

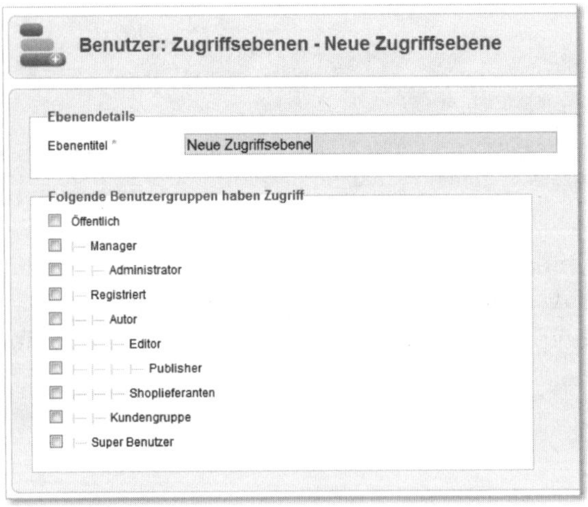

Abbildung 8.8 Eine neue Zugriffsebene erstellen

Vererbung nicht vergessen!

Auch die »untergeordneten«, also rechtlich höher stehenden Gruppen werden durch die Vererbung automatisch mit in die jeweilige Zugriffsebene eingeschlossen.

8.2.4 Zugriffsebene auswählen und Rechte vergeben

Um nun den Zugriff auf bestimmte Inhalte zu beschränken oder freizugeben, müssen Sie bei den entsprechenden Elementen zunächst die gewünschte Zugriffsebene auswählen. Für Inhalte geht das beispielsweise im Feld ZUGRIFFSEBENE des Bereichs BEITRAG BEARBEITEN in der Beiträgeverwaltung (siehe Abbildung 8.9).

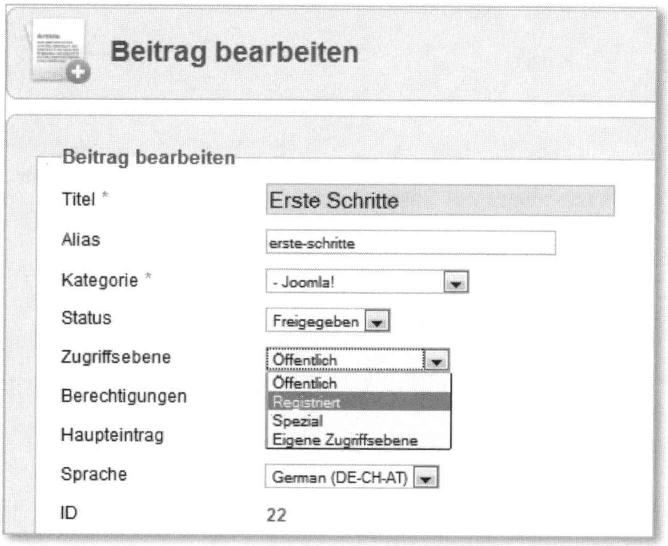

Abbildung 8.9 Beitragsberechtigungen; »Registriert« ist ausgewählt.

In der Dropdown-Liste ZUGRIFFSEBENE finden Sie alle bestehenden Zugriffslevel und können Ihre Auswahl treffen, indem Sie einfach auf den betreffenden Eintrag in der Spalte klicken.

Die eigentliche Vergabe der einzelnen Rechte bezüglich des Beitrags erfolgt ein Stückchen weiter unten im Bereich BEITRAGSBERECHTIGUNGEN. Hier ist es natürlich nur sinnvoll, Rechte für Gruppen zu vergeben, die durch die ausgewählte Zugriffsebene betroffen sind – das Element also überhaupt sehen können.

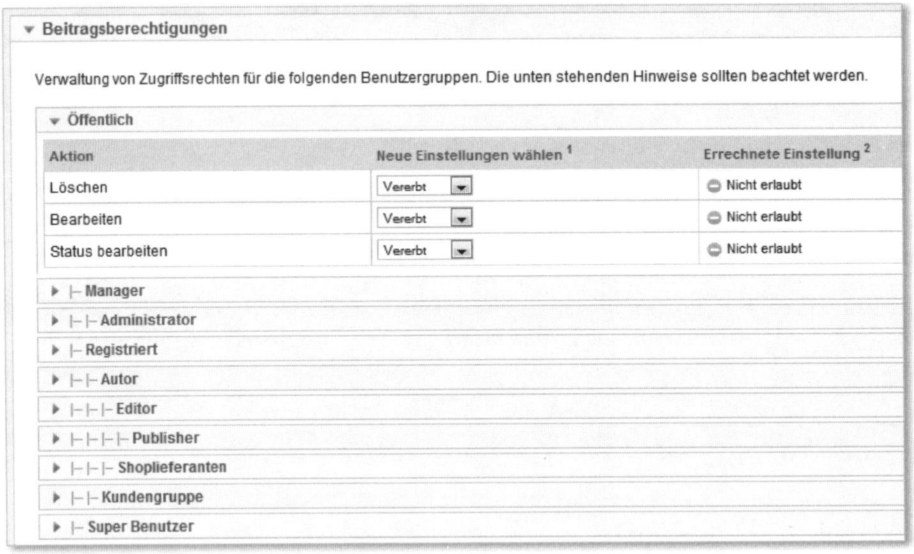

Abbildung 8.10 Die Beitragsberechtigung einer Gruppe im Detail

Sie können nicht nur Beiträge mit Berechtigungen versehen. Auch ganze Kategorien können z.B. abgeschlossen werden. Ebenso ist es möglich, Menüeinträge nur für registrierte Nutzer sichtbar zu machen oder Module je nach Status ein- und auszublenden. Selbiges gilt für die Funktionen der Plugins, die ebenfalls nach Usergruppen geordnet aufgerufen werden können.

8.3 Das User-Menü

Bestimmte Tätigkeiten von Frontend-Usern wie z.B. das Anlegen neuer Beiträge werden in der Regel direkt aus einem speziellen User-Menü heraus aufgerufen. Das Menü sollte erst angezeigt werden, wenn sich ein registrierter User eingeloggt hat. Dies funktioniert, wenn in der Modulverwaltung der Zugriff für das Modul BENUTZERMENÜ auf »Registriert« gestellt ist.

Die Einträge im User-Menü enthalten üblicherweise einige Standardposten:

Eintrag	Funktion
Mein Profil	Blendet ein Formular ein, in dem der Nutzer seine Daten und das Passwort ändern kann.
Beitrag einreichen	Über diesen Link können neue Beiträge erstellt werden. Wenn der User keine Veröffentlichungsrechte besitzt, muss der neue Eintrag erst von einem Admin aktiv geschaltet werden.
Weblink einreichen	Hier kann ein Weblink angegeben werden, der in der Liste der Komponente »Weblinks« angezeigt werden soll.

Tabelle 8.4 Standardeinträge im Benutzermenü

Natürlich können Sie das User-Menü in der Menüverwaltung des Backends nach Belieben ausgestalten, um Ihren angemeldeten Benutzern einen schnellen Zugriff auf die wichtigen Seiten zu geben (vgl. Abschnitt 5.2, »Das Menü aufbauen«).

Neben dem Einblenden eines ganzen Menüs für registrierte Nutzer haben Sie auch die Möglichkeit, einzelne Menüpunkte z.B. im Hauptmenü je nach Anmeldestatus anzuzeigen. Gehen Sie dazu in die Menüverwaltung, und rufen Sie die Menüeinträge des Hauptmenüs auf. Wählen Sie einen Menüpunkt aus (z.B. SITEMAP), und ändern Sie die ZUGRIFFSEBENE auf »Registriert«. Für die nicht angemeldeten User wird der Menüeintrag nun nicht mehr angezeigt. Der Inhalt kann auch über die URL nicht mehr aufgerufen werden.

8.4 Einen internen Bereich anlegen

Wir wollen nun den Bereich »Internes« für unsere Gemeindeseite anlegen, auf den nur registrierte Benutzer mit spezieller Berechtigung Zugriff haben. Das ist deshalb wichtig, weil sich bisher jeder Besucher über den Registrierungslink bei der Seite anmelden kann. Sie wollen aber sicher nicht, dass sich jeder die internen Besprechungsnotizen ansehen kann.

- Legen Sie also als Erstes eine Kategorie »Internes« in der Kategorieverwaltung an. Dieser Bereich soll die ZUGRIFFSEBENE »Spezial« haben, damit einfach registrierte Besucher sie nicht sehen können.
- Als Nächstes erstellen Sie die Kategorie »Besprechungen«, weisen ihr als übergeordnete Kategorie »Internes« zu und geben ihr ebenfalls die ZUGRIFFSEBENE »Spezial«.

- Nun brauchen wir noch einen Menüeintrag im Hauptmenü, der auf die Kategorie »Internes« als Liste zeigt. Den nennen Sie »Intern« und geben ihm die ZUGRIFFSEBENE »Spezial«. Das bewirkt, dass auch der Menüeintrag nur von den entsprechenden Usern gesehen werden kann. Nichts ist schlimmer als eine verschlossene Tür. Daher ist es sinnvoll, nicht registrierten Benutzern erst gar nicht zu zeigen, dass es auf der Seite Ecken gibt, in die sie nicht gelangen können.

Zuletzt müssen Sie Ihre Benutzer noch mit den entsprechenden Rechten versehen. Jeder, der mehr Rechte als ein »Registrierter Benutzer« hat, kann in den internen Bereich gelangen.

Die Inhalte können übrigens direkt im Frontend erstellt werden, da alle User mindestens das Recht haben, neue Beiträge einzureichen. Diese Beiträge unterliegen als Mitglieder einer versteckten Kategorie automatisch denselben Zugriffsbeschränkungen wie die Kategorie selbst.

Verschieben von Inhalten

Wird der Inhalt jedoch einer anderen Kategorie zugeordnet, so werden deren Zugriffseinstellungen übernommen. Wenn Sie also wirklich sichergehen wollen, dass der Artikel versteckt bleibt, dann müssen Sie diesen selbst mit einer Zugriffsbeschränkung versehen.

8.5 Übungsaufgaben

1. Wie kann man die Registrierung neuer User über das Frontend kontrollieren?
2. Sperren Sie das Joomla!-System für Neuregistrierungen im Frontend, und legen Sie den Bürgermeister von Tschumgau als neuen Benutzer an, der sowohl im Frontend als auch im Backend Inhalte bearbeiten können sollte.
3. Wie können Benutzer im Frontend neue Artikel anlegen, und was ist dabei zu bedenken?

»Denken wir uns eine Stadt, die von lauter Bäckern bewohnt wäre; was würde dies für eine Stadt sein?«
– Friedrich Buchholz

9 Module, Plugins, Komponenten

In diesem Kapitel erfahren Sie,

- welche Typen von Erweiterungen es gibt.
- wie Sie die vorhandenen Erweiterungen sinnvoll einsetzen.
- wie Sie Erweiterungen aus dem Internet holen und installieren.

Eine der Stärken von Joomla! ist seine Erweiterbarkeit. Mit wenigen Handgriffen können Sie Ihrer Webseite Funktionalität verpassen, die Sie ansonsten aufwendig selbst einbinden und gestalten müssten. Dazu dienen kleine Programmpakete, die der eigentlichen Joomla!-Software hinzugefügt werden können. Einige dieser Erweiterungen bekommen Sie in der Basisinstallation gleich mitgeliefert. Andere können Sie über die einschlägigen Quellen im Netz beziehen.

Joomla! kann auf drei verschiedene Arten erweitert werden: durch Module, Plugins oder Komponenten. Alle drei sind kleine Zusatzprogramme, die entweder vorhandenen Inhalt verändern, neu aufbereiten oder zusätzliche Informationen auf der Seite ausgeben. Diese Dreiteilung ist ungewöhnlich und kann gerade für Leute verwirrend sein, die schon Erfahrung im Umgang mit anderen CMS wie TYPO3 haben, denn hier werden alle Erweiterungen mit einem einheitlichen Namen bezeichnet und auch einheitlich verwaltet. Um etwas Klarheit zu schaffen:

- **Module**
  dienen der Anzeige spezieller Inhalte im Front- und im Backend. Sie können im Template positioniert werden und sind nicht Bestandteil des normalen Inhaltsbereichs. In der Regel werden die Elemente, die Sie im Frontend auf der linken und rechten Seite sehen, über Module gesteuert. Sie werden in der Modulverwaltung angepasst. Beispiele dafür sind das Login- und das Suchformular.
- **Plugins**
  sind kleine Programme, die den Inhalt einer Seite verändern, bevor dieser ausgegeben wird. Viele Plugins werden im Text eines Content-Elements mit

geschweiften Klammern eingebunden. Beispielsweise können so Bilder in den Text eingebunden werden. Auch der TinyMCE-Editor ist ein Plugin. Daneben verrichten Plugins systemnahe Aufgaben wie die Anmeldung der Benutzer oder die Erweiterung der Suche.

- **Komponenten**
  sind in Bezug auf Aufbau und Bedienung die komplexesten Erweiterungen. Sie können eigene dynamische Inhalte verwalten und im Backend und in der Datenbank separate Bereiche haben. Beispiele sind Umfragen oder Banner. Komponenten werden üblicherweise direkt im Inhaltsbereich angezeigt. Einige besitzen sogar zugeordnete Module oder Plugins, um ihre Inhalte anzuzeigen. So können Sie u. a. ein komplettes Shop-System oder ein Wiki als Komponente in Ihre Seite einbinden.

Plugins und Mambots

Plugins hießen in den Vorgängerversionen *Mambots*. Die Namensänderung soll offiziell die tiefe Integration dieser Erweiterungen in das Kernsystem verdeutlichen. Natürlich hat sie auch den Effekt, letzte Spuren des Vorgängersystems *Mambo* zu eliminieren.

Jede der Erweiterungsarten hat eigene Mittel, um über das Backend konfiguriert zu werden. Diese sowie die einzelnen Module, Plugins und Komponenten werden wir uns im Folgenden näher ansehen. In diesem Kapitel werden wir uns den bereits mitgelieferten Erweiterungen widmen. Dabei werden wir auch versuchen, in unserer Beispielseite die Zahl der Elemente auf ein geringes Maß zu reduzieren, um die Übersichtlichkeit zu erhalten. Im Abschnitt 11.1, »Neue Erweiterungen installieren«, zeigen wir Ihnen, wie Sie neue Erweiterungen in Ihr System einbinden können.

9.1 Module

Die mitgelieferten Module erfüllen ganz unterschiedliche Aufgaben. Sie stellen zusätzliche Informationen zur Verfügung, geben funktionale Elemente wie Menüs und Suchfunktionen aus oder erfüllen dekorative Zwecke.

9.1.1 Die Modulverwaltung

Um sich einen Überblick über die installierten Module zu verschaffen und um zu deren Einstellungsseiten zu gelangen, verwenden Sie die Modulverwaltung. Diese finden Sie im Menü unter ERWEITERUNGEN • MODULE. Nach dem Aufruf wird Ihnen eine Aufzählung der installierten Module präsentiert.

Site und Administrator

Achten Sie darauf, dass als erster Filter SITE und nicht ADMINISTRATOR ausgewählt ist (siehe Abbildung 9.1). Neben den Seitenmodulen gibt es auch noch Administratormodule für das Backend. Diese regeln verschiedene Darstellungen und sind hier nicht weiter von Bedeutung.

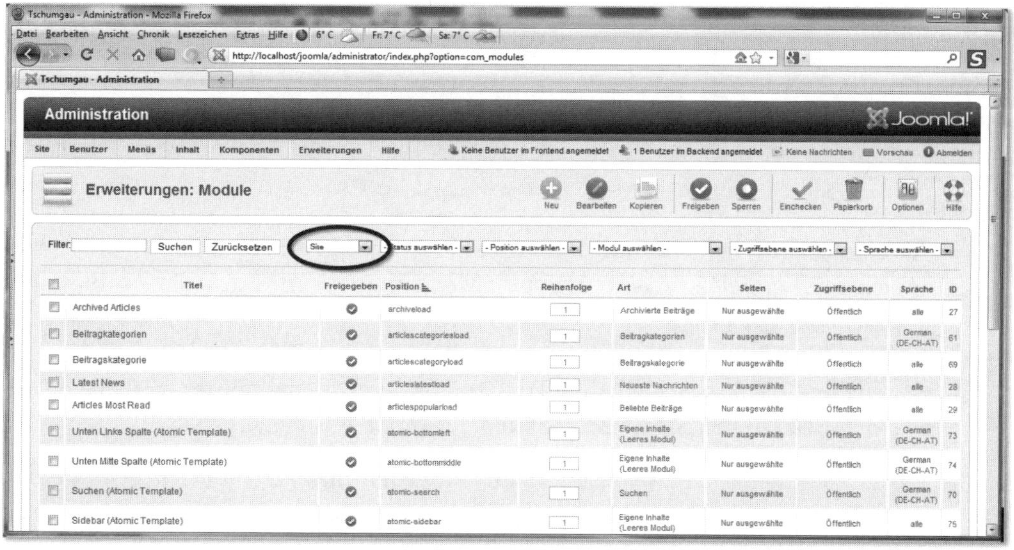

Abbildung 9.1 Die Positionen im Standard-Template

Die Liste der Modulverwaltung wird Ihnen bekannt vorkommen, sieht sie doch so ähnlich aus wie die der Beiträge. Tabelle 9.1 zeigt die Einträge und deren Funktionen.

Detail	Funktion
Titel	Der Name des Moduls und gleichzeitig ein Link auf die Einstellungsseite
Freigegeben	Steht hier ein grüner Haken, wird das Modul im Frontend angezeigt, ansonsten ist es versteckt. Ein Klick auf das Symbol schaltet zwischen den beiden Zuständen um.
Position	Zeigt an, an welcher Position im Template das Modul ausgegeben werden soll.
Reihenfolge	Sind mehrere Module für eine Position registriert, sehen Sie hier, in welcher Reihenfolge die Module angezeigt werden.

Tabelle 9.1 Die Einträge in der Modulverwaltung

Detail	Funktion
Art	Die Art des Moduls. Aus dieser kann auch seine Funktion abgelesen werden.
Seiten	Zeigt an, ob das Modul auf allen Seiten (»alle«), nur auf einigen Seiten (»Nur ausgewählte«), auf bestimmten Seiten nicht (»Alle, außer ausgewählte«) oder auf keiner Seite (»Keine«) angezeigt wird.
Zugriffsebene	Zeigt an, wer das Modul sehen darf. Mehr dazu finden Sie in Kapitel 8, »Benutzerverwaltung«.
Sprache	Die Sprache, die dem Modul zugeordnet ist
ID	Eine interne Identifikationsnummer

Tabelle 9.1 Die Einträge in der Modulverwaltung (Forts.)

Wenn Sie sehr viele Module in Ihrem System installiert haben, dann kann es hilfreich sein, gezielt nur eine Gruppe anzeigen zu lassen. Dazu dienen die Filter rechts über der Liste. Hier finden Sie sechs Auswahllisten, in denen Sie den Ort (Site oder Administrator), den Status, die Position, die Modulart, die Zugriffsebene und die Sprache angeben können, die bzw. der aufgelistet werden soll. Im Feld FILTER können Sie Einschränkungen für den Namen angeben.

Wenn Sie hier beispielsweise »Menü« eingeben und auf ↵ drücken, werden alle Module aufgelistet, die das Wort »Menü« enthalten. Die Filter können auch kombiniert werden. Wählen Sie im Dropdown-Feld STATUS WÄHLEN »Freigegeben«, so sehen Sie nur noch die Einträge, die auch im Frontend angezeigt werden. Mit dem Button ZURÜCKSETZEN wird der Textfilter deaktiviert, und Sie sehen wieder die gesamte Liste. Beachten Sie, dass der Filter für den Status rechts im Bereich mit den Dropdown-Feldern noch immer gesetzt ist.

Relativ leicht können Sie in der Modulverwaltung überflüssige Elemente entfernen. Klicken Sie beispielsweise für den Eintrag »About Joomla!«, der sich auf der zweiten Seite der Liste befindet, auf den grünen Haken in der Spalte FREIGEGEBEN. Jetzt sollte da ein roter Kreis zu sehen sein. Falls die gesamte Zeile verschwunden sein sollte, überprüfen Sie, ob der Filter für den Status noch gesetzt ist. Gehen Sie jetzt mal ins Frontend, und laden Sie die Seite neu. Richtig, das Menü mit den Links zu den Joomla!-Seiten ist verschwunden. Deaktivieren Sie auf diese Art auch das Top-Menü (TOP).

9.1.2 Positionen

Eine wesentliche Eigenschaft der Module ist ihre Positionierbarkeit. Dazu muss man wissen, dass im Template bestimmte Positionen mit einem Namen versehen werden können. Nun kann man ein oder mehrere Module mit dieser Position verbinden.

Ein Vergleich mit der eigentlichen Ausgabe zeigt, dass an einer Position mehrere Module ausgegeben werden können. Dies ist beispielsweise an »atomic-sidebar« der Fall; hier werden das Hauptmenü und das Login-Formular ausgegeben. Andere Positionen wie »position-10« werden gar nicht belegt. Die Ordnung der Module innerhalb einer Position wird in der Spalte Reihenfolge festgelegt. Die Position selbst kann nur auf den Detailseiten ausgetauscht werden.

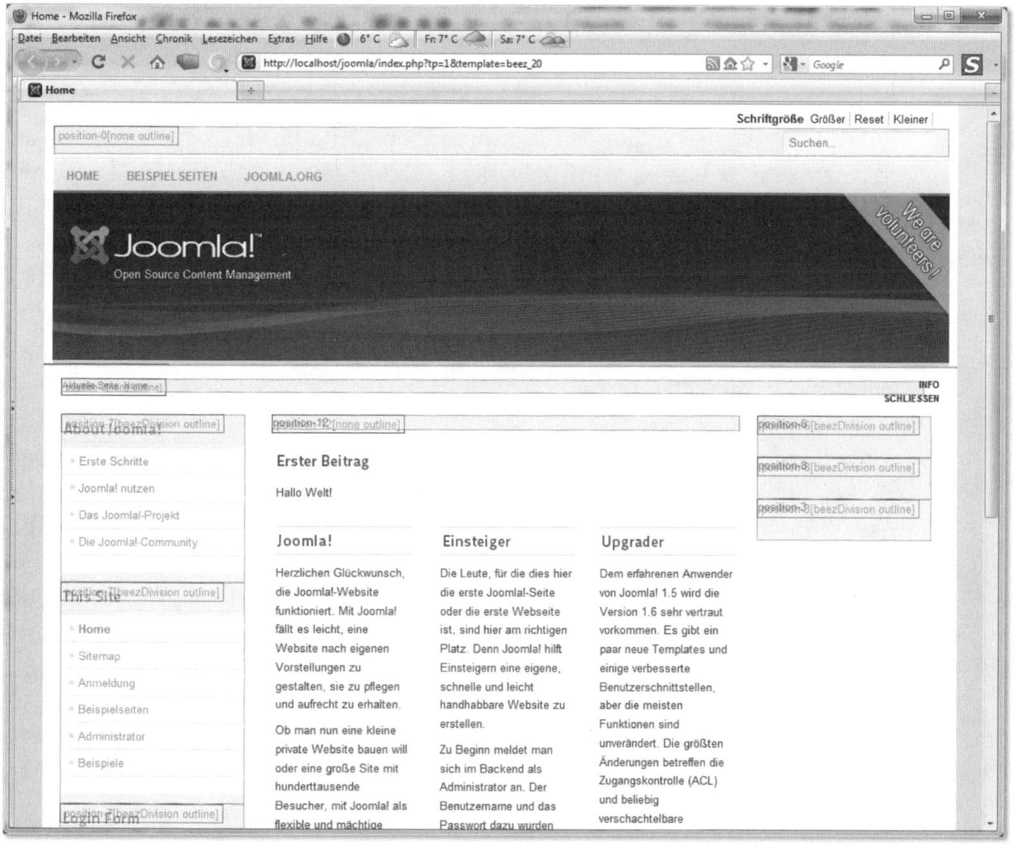

Abbildung 9.2 Die Positionen im Standard-Template

Die Namen der Positionen sind nicht immer aussagekräftig

Beachten Sie, dass der Name einer Position vom Entwickler des Templates willkürlich gewählt werden kann. So ist es nicht selbstverständlich, dass die Position »left« auch wirklich links zu sehen ist. In der Regel können Sie sich aber darauf verlassen.

9.1.3 Die Modul-Detailseite

Wenn Sie auf den Namen eines Moduls klicken, so erhalten Sie dessen Eigenschaftsseite.

> **Etwas umständlicher ...**
>
> Alternativ können Sie auch einen Haken vor das Modul setzen und rechts oben auf das Bearbeiten-Symbol klicken.

Sehen wir uns beispielsweise die Seite des Moduls »Login Form« an.

Die Bereiche Details und Menüzuweisung sind für alle Module gleich. Hier können Sie einige Standardeinstellungen vornehmen, die weitestgehend mit denen auf der Übersichtsseite übereinstimmen. Unter Details legen Sie den Titel des Moduls fest. Wenn Sie den darunter liegenden Radio-Button Titel anzeigen auf Anzeigen gesetzt haben, wird über dem Modul der Titel angezeigt. Das Dropdown-Feld hinter Freigegeben bestimmt, ob die Erweiterung überhaupt im Frontend angezeigt wird.

Abbildung 9.3 Der Modul-Titel

Im Textfeld Position kann angegeben werden, wo das Modul erscheinen soll; ein paar Zeilen weiter unten ist auch die Reihenfolge einstellbar. Hinter der Zahl in dieser Dropdown-Liste steht jeweils der Name des aktuellen Moduls, das an dieser Stelle angezeigt werden soll. Wenn Sie die Position ändern, wird das aktuelle Modul jeweils vor das Modul gesetzt, das Sie in der Auswahl angeben. Das Feld Zugriffsebene zeigt an, wer auf das Modul zugreifen kann. Im Feld Modul Beschreibung finden Sie eine Erklärung der Aufgaben des Moduls. Module können automatisch veröffentlicht und auch wieder versteckt werden. Die entsprechenden Daten tragen Sie in Freigabe starten bzw. Freigabe beenden ein. Weiterhin ist es möglich, ein Modul nur anzeigen zu lassen, wenn Joomla! in einer bestimmten Sprache aufgerufen wurde. Das wird im Feld Sprache festgelegt.

Im Bereich Menüzuweisung können Sie detailliert festlegen, wo ein Modul angezeigt wird. Dies geschieht über die Menüeinträge. Ist ein Eintrag selektiert, so wird das Modul angezeigt, wenn dieser Menüpunkt angeklickt wird. Sie sehen hier also einmal mehr, dass das Aussehen einer Frontend-Seite nicht vom Inhalt, sondern vielmehr vom gewählten Menüeintrag abhängt. Darüber finden Sie eine Dropdown-Liste, mit deren Hilfe Sie einige gängige Einstellungen schnell vornehmen können: Auf allen Seiten lässt das Modul auf allen Seiten erscheinen, Keine

SEITEN auf keiner. Nur wenn Sie NUR AUF DER GEWÄHLTEN SEITE markiert haben, wird die Selektion der darunter liegenden Liste berücksichtigt. Den umgekehrten Fall, nämlich dass das Modul gerade auf den angewählten Seiten nicht angezeigt wird, erreichen Sie mit AUF ALLEN SEITEN MIT AUSNAHME DER GEWÄHLTEN. Vergessen Sie nicht, danach über das SPEICHERN- oder ANWENDEN-Symbol zu speichern!

In den Bereichen BASIS OPTIONEN und ERWEITERTE OPTIONEN tauchen einige Einträge sehr häufig auf:

Detail	Bedeutung
Modulklassensuffix	Damit können Sie angeben, welche CSS-Klasse mit dem Modul verbunden werden soll. Das ist relevant, wenn Sie Änderungen am Template vornehmen (siehe Kapitel 7, »Das Website-Design«).
Caching	Bestimmt, ob der Inhalt des Moduls gecacht werden soll. Dies kann unter Umständen dazu führen, dass Änderungen nicht sofort übernommen werden.
Anzahl	Gibt für Listen an, wie viele Inhalte berücksichtigt oder auf einmal ausgegeben werden sollen.

Tabelle 9.2 Einträge bei »Parameter«

Das Anmeldeformular hat noch einen englischen Titel: »Login Form«. Das sollten wir ändern. Geben Sie also im Feld TITEL stattdessen »Einloggen« ein. Außerdem ist das Formular besser auf der rechten Seite aufgehoben, um die Optik links nicht zu beeinträchtigen. Ändern Sie die POSITION also auf »position-8«. Klicken Sie nun auf SPEICHERN, um die Änderungen zu übernehmen und zur Modulverwaltung zurückzukehren. Im Frontend sollten die neuen Einstellungen jetzt wirksam sein.

Sehen wir uns nun einige der mitgelieferten Module genauer an.

9.1.4 Die Menüs

Bei der zentralen Rolle, die Menüs spielen, ist es doch erstaunlich, dass sie als Module ausgegeben werden. Aber genau das ist es, was die Menümodule machen. Sie stellen die Anzeige zur Verfügung, »verpacken« also die Funktionalität in ein Element, das im Frontend dargestellt und positioniert werden kann. Hierzu bietet das Menümodul einige Möglichkeiten.

Unter den DETAILS ist der Titel hervorzuheben, der bei Menüs sicherlich eine prominente Position einnimmt. Wenn Sie also in Ihrer Homepage statt eines »Main Menu« gern ein »Startmenü« hätten, dann ist dieser Parameter der geeignete Ort, um die Umstellung vorzunehmen.

In den Parametern eines Menüs können Sie unter anderem festlegen, ob Untermenüs aufgeklappt werden sollen. Dies geschieht in der Einstellung UNTERMENÜEINTRÄGE ANZEIGEN. Klicken Sie hier auf JA, so werden alle Menüs aufgeklappt dargestellt. Im Frontend können Sie sehen, welche Auswirkungen die Änderung hat.

9.1.5 Anmeldung

Dieses Modul stellt das Anmeldeformular zur Verfügung. Ist ein User angemeldet, so erscheint stattdessen ein Abmelde-Button.

Achtung: Neuer Name

Beachten Sie, dass wir dieses Modul zuvor umbenannt hatten. Es ist jetzt unter »Einloggen« zu finden.

Es ist naheliegend, dass dieses Modul für alle und nicht nur für registrierte User zugänglich sein soll. Zudem ist die Standardeinstellung, das Formular nur auf der Startseite anzuzeigen, um die Inhaltsseiten nicht zu sehr zu überladen. Der Nachteil ist, dass die User zum Ein- und Ausloggen zur Startseite navigieren müssen. Wenn Sie das nicht wollen, wählen Sie als MODUL ZUWEISUNG »Alle« im Bereich MENÜ-ZUWEISUNG.

Die Texte, die im Anmeldungsmodul ausgegeben werden, sind fest kodiert und können nicht geändert werden. Die Anzeige der Registrierseite erfolgt nur, wenn der Besucher der Seite das Recht zur Registrierung hat.

Zwei Einstellungen sind noch hervorzuheben. Unter BEGRÜSSUNG ANZEIGEN kann ausgewählt werden, ob ein Benutzer nach erfolgreichem Login mit den fröhlichen Worten »Hallo, *Benutzername*« begrüßt wird. Weil dies gestalterisch nicht sehr schön umgesetzt wurde, schalten wir diese Option ab. Hinter dem Punkt URL-WEITERLEITUNG BEIM ANMELDEN können Sie bestimmen, auf welcher Seite ein Benutzer nach erfolgreichem Login landet. Wählen Sie hier die Seite »Die Geschichte der Herzogsburg...« aus. Jetzt können Sie sich zur Kontrolle im Frontend mit Ihrem Administrator-Zugang anmelden. Nach erfolgtem Login sollten Sie auf der zuvor eingestellten Seite landen.

9.1.6 Feed-Anzeige

Im Web 2.0 ist die Zusammenführung von Informationen verschiedener Quellen groß in Mode. Man nennt so etwas »Mashup«. Eine einfache Variante finden Sie auch in den Modulen: das *Feed Display*. Mit seiner Hilfe können Sie einen Newsfeed auf Ihrer Seite anzeigen lassen, beispielsweise die aktuellsten Nachrichten.

Das geht so:

Klicken Sie in der Modulverwaltung auf das Symbol NEU. Jetzt erscheint eine Auswahl von verschiedenen Modularten, die Sie neu anlegen können. Fast alle sind aber im System schon vorhanden. Wählen Sie die FEED-ANZEIGE aus. Jetzt sehen Sie die Detailseite des neuen Moduls. Geben Sie als Titel »Nachrichten« ein. Als Position wählen Sie »position-8«. Die FEED-URL in den Parametern könnte beispielsweise

```
http://www.netzeitung.de/export/news/rss/clean/titelseite.xml
```

sein. Erhöhen Sie die Anzahl der Nachrichten im Feld FEED-EINTRÄGE auf 5. Damit die Anzeige noch übersichtlich bleibt, setzen Sie die Felder FEED-TITEL, FEED-BESCHREIBUNG und BEITRAGSBESCHREIBUNG auf »Nein«. Schließen Sie die Erstellung des Moduls mit SPEICHERN ab. Jetzt haben Sie einen aktuellen Newsticker auf Ihrer Startseite.

Abbildung 9.4 Das Feed-Modul

9.1.7 Weitere Modularten

Die Liste der mitgelieferten Module ist ziemlich lang, und es wäre müßig, bei jedem Eintrag ins Detail zu gehen. Zur Orientierung haben wir Ihnen die verbleibenden Modularten, die in der Spalte ART in der Modulverwaltung vorkommen, in Tabelle 9.3 aufgelistet.

Modulart	Aufgabe
Anmeldung	Zeigt das Anmelde-Formular an.
Archivierte Beiträge	Stellt im Frontend einen nach Monaten geordneten Zugriff auf Inhalte dar, die ins Archiv übernommen wurden.
Banner	Anzeige von Werbebannern, die von der Banners-Komponente zur Verfügung gestellt werden.
Beiträge – Newsflash	In den Schlagzeilen werden die Inhalte aus einer bestimmten Kategorie angezeigt. Dies kann auch zufällig geschehen. Daher eignet sich dieses Modul gut für die Startseite, um den Besucher auf bestimmte Inhalte aufmerksam zu machen, ohne dabei eintönig zu werden.
Beiträge – Verwandte Beiträge	Zeigt eine Liste mit Inhalten, die die gleichen Schlüsselwörter enthalten wie das aktuelle Element.
Beitragskategorien	Zeigt eine Liste mit Unterkategorien der in HÖHERE KATEGORIE festgelegten Kategorie an.
Beitragskategorie	Zeigt eine Liste mit Beiträgen aus einer oder mehreren ausgewählten Kategorien an.
Beliebte Beiträge	In diesem Modul werden die Titel der Inhaltselemente mit den meisten Aufrufen ausgegeben, sofern sie noch aktuell sind.
Eigene Inhalte (Leeres Modul)	Hier können Sie mithilfe des Editors die Inhalte des Moduls frei festlegen.
Feed – Anzeige	Zeigt Informationen von anderen Webseiten, die per Newsfeed verfügbar gemacht werden.
Fußzeile	Gibt am Ende der Seite (Position »footer«) die Copyright-Information von Joomla! aus.
Menü	Zeigt ein Menü an.
Navigationspfad (Breadcrumbs)	Anzeige eines Pfades durch die Seitenhierarchie von der Startseite bis zur aktuellen Seite.
Neueste Benutzer	Hier werden die Benutzer angezeigt, die sich zuletzt registriert haben.
Neueste Nachrichten	In diesem Modul werden die Titel der neuesten Inhaltselemente ausgegeben, sofern sie noch aktuell sind.
Sprachauswahl	Erlaubt es im Frontend, zwischen den verfügbaren Sprachen zu wechseln.

Tabelle 9.3 Weitere Module

Modulart	Aufgabe
Statistiken	Wenn Sie ein Fan von Zahlen und harten Fakten sind, können Sie das Statistikmodul aktivieren. Hier finden Sie Angaben über den Server, auf dem Joomla! läuft, sowie über das System selbst und die Anzahl der Seitenaufrufe.
Suchen	Dieses Modul zeigt ein Suchfeld an, mit dem Sie die Seite nach bestimmten Begriffen durchsuchen können. Wenn Sie nach einem Begriff suchen, wird Ihnen im Content-Bereich eine Liste mit Titeln der Seiten angezeigt, die den Suchbegriff enthalten.
Syndication Feeds	Syndicates oder Newsfeeds sind Zusammenfassungen Ihrer Seite, die mit einer entsprechenden Lesesoftware (z.B. Feed-Reader) abgerufen werden können. Damit die Besucher Ihrer Webseite wissen, unter welcher URL diese Newsfeeds zu finden sind, gibt es das Syndication-Modul, das diese anzeigt.
Weblinks	Zeigt die Verweise ins Internet, die über die Weblink-Komponente festgelegt wurden.
Wer ist online	Dieses Modul zeigt eine Liste der User an, die gerade im System arbeiten. Der Parameter ANZEIGE bestimmt dabei, ob nur die Anzahl der User, nur die Namen der angemeldeten User oder beides angezeigt werden soll.
Wrapper	Mit dem Wrapper haben Sie die Möglichkeit, den Inhalt anderer Webseiten in Ihre Seite einzubinden. Das Modul erzeugt dazu einen Iframe, in dem die Seite angezeigt wird, die sich hinter der angegebenen URL befindet.
Zufallsbild	Hier haben Sie die Möglichkeit, ein zufällig aus einem Verzeichnis ausgewähltes Bild anzeigen zu lassen.

Tabelle 9.3 Weitere Module (Forts.)

9.2 Plugins

Neben der Integration eines Editors erfüllen die mitgelieferten Plugins, die in diesem Buch besprochen werden, vor allem Aufgaben im Inhaltsbereich. So werden Bilder eingebunden und E-Mail-Adressen verschlüsselt, Codefragmente werden formatiert und Seitenumbrüche erzeugt. Einige andere Plugins sind für systemnahe Aktivitäten zuständig, beispielsweise die Benutzeranmeldung oder das Caching. Diese fortgeschrittenen Techniken werden wir hier nicht weiter vertiefen.

9.2.1 Plugin-Verwaltung

Die Einstellungen zu den Plugins nehmen Sie wie in Joomla! üblich über eine Verwaltung vor. Diese können Sie mit dem Menüpunkt ERWEITERUNGEN • PLUGINS aufrufen (siehe Abbildung 9.3).

Plugin Name	Aktiviert	Reihenfolge	Typ	Datei	Zugriffsebene	ID
Authentifizierung - Joomla!	✔	0	authentication	joomla	Öffentlich	401
Authentifizierung - GMail	○	1	authentication	gmail	Öffentlich	400
Authentifizierung - LDAP	○	3	authentication	ldap	Öffentlich	402
Inhalt - Modulpositionen laden	✔	0	content	loadmodule	Öffentlich	406
Inhalt - Joomla!	✔	0	content	joomla	Öffentlich	435
Inhalt - E-Mail-Verschleierung	✔	1	content	emailcloak	Öffentlich	404
Inhalt - Code Hervorhebung (GeSHi)	○	2	content	geshi	Öffentlich	405
Inhalt - Seitenumbruch	✔	4	content	pagebreak	Öffentlich	407
Inhalt - Seiten Navigation	✔	5	content	pagenavigation	Öffentlich	408
Inhalt - Bewertung	✔	6	content	vote	Öffentlich	409

Abbildung 9.5 Die Plugin-Verwaltung

Hier finden Sie alle installierten Plugins und deren Status. Neben den üblichen Listeninformationen gibt es die folgenden Spalten:

Detail	Bedeutung
Aktiviert	Ein grüner Haken bedeutet, dass das Plugin aktiviert ist.
Reihenfolge	Die Reihenfolge der Plugins hat keine Auswirkung auf das Frontend. Es wird lediglich bestimmt, wie Plugins gleichen Typs im Backend und in der Liste angezeigt werden und in welcher Reihenfolge sie intern verarbeitet werden.
Typ	Der Typ eines Plugins bestimmt, wo das Programm tätig wird. Es gibt sieben verschiedene Typen von Plugins: ▸ **authentication** Prüft, ob ein Benutzer existiert, welche Rechte er hat und meldet ihn im System an. ▸ **content** Wirkt direkt im ausgegebenen Inhalt. Beispiel: Ausgabe von Bildern.

Tabelle 9.4 Informationen zu Plugins

Detail	Bedeutung
Typ	▸ **editors** Wird ausgegeben, wenn ein Inhaltselement bearbeitet wird. Beispiel: der WYSIWYG-Editor. ▸ **editors-xtd** Erweitert den Editor. Beispiel: der Button zum Einfügen von Bildern. ▸ **search** Ermöglicht die Suche in bestimmten Elementen. Beispiel: Suche in den Kontakten. ▸ **system** Beeinflusst das Verhalten in den Tiefen des Joomla!-Systems. Beispiel: Protokoll-(Log-)Daten. ▸ **user** Übernimmt die Synchronisation der Benutzer zwischen verschiedenen Quellen.
Datei	Name der Datei, die den Programmcode des Plugins enthält.
Zugriffsebene	Hier wird bestimmt, wer das Plugin verwenden kann. Hat ein User nicht die nötigen Rechte, so wird das Programm bei der Anzeige nicht ausgeführt.

Tabelle 9.4 Informationen zu Plugins (Forts.)

9.2.2 Plugin-Detailseite

Wenn Sie auf den Namen eines Plugins, z.B. *Inhalt – E-Mail-Verschleierung*, klicken, dann gelangen Sie zu dessen Einstellungsseite. Diese ist immer in zwei Bereiche unterteilt: DETAILS und BASIS OPTIONEN. Die erste Sektion ist für alle Plugins gleich und beinhaltet die Einstellungen, die Sie auch auf der Übersichtsseite finden. Zudem gibt es das Feld BESCHREIBUNG, in dem Sie eine kurze Zusammenfassung darüber finden können, was das Plugin bewirkt. In unserem Fall wird jede dargestellte E-Mail-Adresse technisch so verschleiert, dass sie zwar angezeigt und angeklickt werden kann, jedoch nicht von automatischen Programmen kreativer Spammer entdeckt wird.

Tragen Sie auf der Seite »Die Geschichte der Herzogsburg...« eine E-Mail-Adresse ein. Wie Sie sehen, wird diese automatisch in einen E-Mail-Link umgewandelt. Wenn Sie in den Einstellungen des Plugins unter MODUS die Option »Nicht verlinkter Text« auswählen und speichern, können Sie diesen Automatismus unterbinden. Die Kontrolle im Frontend zeigt, dass die E-Mail-Adresse jetzt als einfacher Text dargestellt wird.

Mit dem Joomla!-Paket werden schon einige Plugins mitgeliefert, die wir uns im Folgenden genauer ansehen werden.

9.2.3 Editor – TinyMCE

Wie Sie mit dem Editor arbeiten, wurde schon in Abschnitt 3.3, »Der Editor TinyMCE im Detail«, ausführlich dargestellt. An dieser Stelle können Sie den mitgelieferten WYSIWYG-Editor Ihren Wünschen entsprechend konfigurieren. Die meisten Einstellungen können Sie einfach übernehmen.

Interessant ist das DATUMSFORMAT, das Sie in den ERWEITERTEN PARAMETERN finden.

So kommen Sie zu den erweiterten Parametern

Zu den erweiterten Parametern gelangen Sie, wenn Sie im Bereich BASIS OPTIONEN auf die entsprechende Überschrift klicken. Diese finden Sie am unteren Ende des Bereichs.

Das Datum ist »ab Werk« auf den amerikanischen Standard eingestellt. Um ein deutsches Format zu erhalten, tragen Sie im Textfeld

```
%d.%m.%Y
```

ein. Wenn Sie jetzt einen Artikel bearbeiten und auf den Datumsknopf klicken, sollte das Datum im richtigen Format eingefügt werden.

Tabelle 9.5 listet noch einige nützlichen Parameter auf.

Parameter	Funktion
Funktionalität	Legen Sie hier fest, ob der Editor seine gesamte Button-Leiste anzeigen soll (KOMPLETT). Wenn Sie auf EINFACH umschalten, wird nur eine Reihe mit den allerwichtigsten Standardfunktionen eingeblendet. Mit ERWEITERT sehen Sie die meisten gängigen Elemente außer Tabellen.
Bereinige den Code beim Speichern	Standardmäßig wird der eingegebene HTML-Code vom Editor »aufgeräumt«. Das heißt, es werden sicherheitsgefährdende Tags wie `<script>` und nicht XHTML-konforme Tags wie `<center>` vor dem Speichern entfernt. Wenn Sie das nicht wollen, deaktivieren Sie diese Option.
Verbotene Elemente	Es ist möglich, die Verwendung bestimmter Tags zu unterbinden. Schreiben Sie die unerwünschten Elemente einfach mit Kommas getrennt in dieses Feld. Sie werden vom Editor beim Speichern aus dem Text entfernt.
Neue Zeilen	Legt fest, wie Zeilenumbrüche in HTML umgesetzt werden, entweder als `<P>`- oder als ` `-Tags.

Tabelle 9.5 TinyMCE konfigurieren

Parameter	Funktion
Erweitert	
Werkzeugleiste	Hier können Sie festlegen, ob die Symbolleiste am oberen (Oben) oder am unteren (Unten) Rand des Editorbereichs angezeigt wird.
Horizontale Linie, Smilies, Tabelle, Vollbild	Bestimmen Sie jeweils, ob die genannten Buttons in der Toolbar angezeigt werden sollen. Einige dieser Buttons werden ohnehin nur angezeigt, wenn Funktionalität auf Komplett gesetzt wurde.

Tabelle 9.5 TinyMCE konfigurieren (Forts.)

9.2.4 Inhalt – Bewertung

Ist das Plugin *Inhalt – Bewertung* aktiviert, so wird für jeden Beitrag ein zusätzliches Formular ausgegeben, in dem die Besucher den Inhalt auf einer Skala von eins bis fünf bewerten können. Das Ergebnis aller Bewertungen wird in einer kleinen Grafik ausgegeben (siehe Abbildung 9.6). Die Zahl am Ende zeigt an, wie viele Bewertungen bisher abgegeben wurden.

Abbildung 9.6 Das Bewertungs-Plugin

Damit die Ausgaben, die *Inhalt – Bewertung* erzeugt, auch angezeigt werden, haben Sie drei Möglichkeiten:

1. **Aktivierung pro Beitrag**
   Gehen Sie dazu auf Inhalt • Beiträge, und wählen Sie den Eintrag »Die Geschichte der Herzogsburg...« aus. Dort finden Sie unter Parameter • Erweitert die Option Beitragsbewertung. Wenn Sie hier »Anzeigen« auswählen, wird das Bewertungstool für diesen Artikel im Frontend dargestellt.
2. **Aktivierung pro Menüeintrag**
   Gehen Sie beispielsweise auf Menüs • Hauptmenü. Wählen Sie dort den Eintrag »Die Geschichte der Herzogsburg...« aus. Hier müssen Sie unter Beitrag Optionen nach dem Punkt Beitragsbewertung suchen und diesen auf Anzeigen stellen.
3. **Allgemeine Aktivierung**
   Klicken Sie im Menü auf Inhalt • Beiträge. Dort finden Sie bei den Symbolen das Icon Optionen. Ein neues Fenster geht nach einem Klick auf. Dort können Sie allgemeine Einstellungen für alle Beiträge festlegen, u. a. den Punkt Beitragsbewertung. Stellen Sie diesen auf Anzeigen.

Jetzt können Sie die Bewertung bei den entsprechenden Artikeln ansehen und auch eigene Meinungen abgeben.

Beispieldaten und globale Einstellungen

In den Beispieldaten sind die Einstellungen für jedes Menü vorbelegt. Das hat zur Folge, dass die globalen Einstellungen unwirksam werden. Wollen Sie die Darstellung über die globalen Einstellungen steuern, so müssen Sie leider für jeden Menüeintrag die Parameter entsprechend ändern.

Idealerweise (soweit das feststellbar ist) kann ein User nur einmal abstimmen. Versucht er es ein zweites Mal, so wird eine Meldung ausgegeben, der ihn darauf hinweist, und die Bewertung wird nicht gezählt.

9.2.5 Weitere Plugins

Sie finden neben den beschriebenen Plugins in der Plugin-Verwaltung noch eine Reihe weiterer Einträge. Einen Überblick gibt Ihnen Tabelle 9.6.[1]

Plugin	Funktion
Authentication, Authentifizierung	Diese Plugins übernehmen die Benutzeranmeldung und erlauben beispielsweise die Anbindung an das Active Directory.
Inhalt	Diese Plugins verändern Teile des Inhalts.
Modulpositionen laden	Dieses Plugin erlaubt Ihnen, auch innerhalb eines Content-Elements Module zu laden. Dazu fügen Sie an der gewünschten Position den folgenden Befehl ein:[1] `{loadposition name}`
Joomla!	Verwaltet Updates von Erweiterungen.
E-Mail-Verschleierung	Erkennt E-Mail-Adressen auf der Seite und versteckt diese vor Spammern.
Code-Hervorhebung	Ermöglicht die farbige Darstellung von Programmcode.
Seitenumbruch	Erlaubt das Einfügen eines Seitenumbruchs in einen Artikel.
Seiten Navigation	Bindet am Ende eines Artikels aus einem Bereich einen Link zum nächsten und vorhergehenden Artikel aus diesem Bereich ein. Muss in den Voreinstellungen der Beiträge aktiviert sein.
Bewertung	Erlaubt es Besuchern eines Artikels, diesen zu bewerten.
Editor	Die Aufgabe dieser Plugins ist es, einen Editor zu aktivieren.
CodeMirror	Aktiviert den CodeMirror-Editor.

Tabelle 9.6 Weitere Plugins

1 In Joomla! 1.5 hieß der Befehl noch `{mosloadposition name}`.

Plugin	Funktion
Keine	Dies ist nur ein Dummy-Eintrag, der in der Liste der auswählbaren Editoren erscheint und festlegt, dass kein WYSIWYG-Editor verwendet werden soll
TinyMCE	Aktiviert den TinyMCE-Editor.
Schaltfläche	Diese Plugins steuern die Buttons, die unter dem Bearbeitungsfeld eines Beitrags angezeigt werden.
Beiträge	Aktiviert den Knopf, um aus dem Editor heraus auf andere Beiträge zu verlinken.
Bild	Aktiviert den Knopf für BILD EINFÜGEN.
Seitenumbruch	Aktiviert den Knopf für Seitenumbrüche.
Weiterlesen	Aktiviert den Knopf für die Aufteilung eines Artikels in einen Teaser und den Rest des Beitrags. Dieser wird dann über WEITERLESEN verlinkt.
Suche	Diese Plugins sind dafür zuständig, dass bestimmte Bereiche von Joomla! mit in die Suche aufgenommen werden.
System	Diese Plugins aktivieren Funktionen in den Tiefen der Anwendung, z. B. die Zwischenspeicherung von Daten für eine schnellere Verarbeitung (Cache).
Sprachen Filter	Zeigt den Inhalt gemäß der ausgewählten Sprache an.
P3P-Richtlinien	Sendet Angaben dazu, welche Daten gesammelt und ausgewertet werden, wenn ein Besucher die Seite aufruft. Diese Angaben sind freiwillig und dienen nur der Information der Besucher.
Cache	Aktiviert einen Zwischenspeicher, der das Laden der Seite beschleunigt.
Debug	Zeigt zusätzliche Informationen an, die beim Aufbau einer Seite entstehen und Entwicklern helfen können, Fehler zu finden.
Log	Protokolliert die Aktionen der Nutzer.
Umleitung	Ermöglicht die Umleitung von veralteten Seiten auf die nunmehr aktuellen, so wie sie in der Komponente »Umleitung« angegeben sind.
Erinnerung	Dieses Plugin ermöglicht die dauerhafte Anmeldung am System über den Schalter ANGEMELDET BLEIBEN im Login-Modul.
SEF	Ersetzt die Joomla!-URLs durch solche, die auch von Suchmaschinen gefunden werden können (vgl. Abschnitt 10.1, »Seitenweite Einstellungen«).
Abmelden	Nimmt das Ausloggen eines Nutzers vor.
Benutzer	Ist zuständig für das Anlegen von Benutzern in Joomla!.

Tabelle 9.6 Weitere Plugins (Forts.)

9.3 Komponenten

Anders als bei den anderen beiden Erweiterungstypen gibt es für Komponenten keine zentrale Erweiterungsverwaltung. Vielmehr erhält jede Komponente einen Eintrag im KOMPONENTEN-Menü. Darüber gelangt man zu einer Ansicht, in der man mit der Komponente arbeiten kann. In den meisten Fällen können hier Elemente angelegt und organisiert werden, die von der Komponente verwaltet werden. Diese Inhalte sind unabhängig von den Inhaltselementen, auf die über die Beitragsverwaltung zugegriffen wird. Sehen wir uns die mitgelieferten Komponenten im Einzelnen an.

9.3.1 Banner

Viele Websites finanzieren sich über Werbung. In diesem Zusammenhang hat sich das Format der Werbebanner etabliert. Das sind kleine, meist querformatige Grafiken (häufig 468 × 60 Pixel groß), die mit einem Link zur beworbenen Homepage verbunden sind. Geld wird entweder über die Zahl der Darstellungen oder über die Zahl der Klicks verdient. Die Attraktivität eines Banners wird an der sogenannten Click-Through-Rate gemessen, das ist der prozentuale Anteil der Klicks an den Darstellungen.

Die Banner-Komponente besteht aus drei Teilen: der Banner-Verwaltung, der Kundenverwaltung und dem Banner-Modul zur Anzeige. Zudem gibt es eine Verwaltung für Banner-Kategorien. Zentraler Organisationspunkt ist der Kunde, der Banner in Auftrag gibt. Ihm können mehrere Werbegrafiken zugeordnet werden, und die Ausgabe erfolgt ebenfalls nach Kunden geordnet. Hat ein Kunde mehrere Banner in Auftrag gegeben, wird pro Seitenaufruf zufällig eines ausgewählt und angezeigt.

Sehen wir uns also zunächst die Kundenverwaltung an. Diese finden Sie im Menü unter KOMPONENTEN • BANNER • KUNDEN. Sie sehen eine Liste mit bereits existierenden Kunden, dem Namen der Kontaktperson sowie der Anzahl der aktiven Banner. Über das Symbol NEU legen Sie einen neuen Kundendatensatz an. Es erscheint ein Formular, in dem Sie den Namen des Kunden, den Namen und die E-Mail-Adresse der Kontaktperson sowie zusätzliche Informationen angeben können. Füllen Sie die Felder mit einem Testkunden aus. Nach dem Speichern ist der neue Eintrag in der Liste mit aufgeführt.

Nun müssen Sie die neuen Werbebanner hochladen und dem Kunden zuordnen. Dies geschieht in der Bannerverwaltung, die Sie über den Menüeintrag KOMPONENTEN • BANNER • BANNER erreichen. Es erscheint eine Liste mit verfügbaren Bannern. Wir wollen jedoch ein neues Banner erstellen und klicken dazu auf NEU.

Jetzt sind einige Felder auszufüllen, zunächst natürlich ein NAME für das Werbebild. Es muss auch eine KATEGORIE gewählt werden. Hier können Sie getrost »Nicht kategorisiert« nehmen. Im Feld ZIELADRESSE können Sie eine Webseite angeben, auf die Ihr Besucher gelangt, wenn er auf das Banner klickt. Zuletzt müssen Sie noch im Feld BILD eine Grafik hochladen oder auswählen. Wir haben Ihnen ein Beispielbanner mit auf die CD gepackt, das Sie im Verzeichnis *images* finden. Jetzt können Sie den Eintrag speichern.

Der letzte Schritt ist, das Banner-Modul zu konfigurieren. Gehen Sie dazu in die Modulverwaltung, und rufen Sie die Detailseite des Banner-Moduls auf. Stellen Sie in den Parametern KUNDE auf Ihren Kunden und in KATEGORIE auf »Nicht kategorisiert« um. Da das Modul standardmäßig auf die POSITION »bannersload« gesetzt wird, die es jedoch im Template nicht gibt, ändern Sie diesen Eintrag auf »position-0«. Wenn Sie die Daten jetzt so abspeichern, sollte das Banner im Frontend angezeigt werden.

Abbildung 9.7 Ein Werbebanner

Achten Sie auf die Menüzuweisung

Die Bannerkomponente hat als Standardwert der Menüzuweisung NUR AUF DER GEWÄHLTEN SEITE und wird daher auf vielen Seiten nicht angezeigt.

Sie können sich übrigens auch anzeigen lassen, wie oft ein Banner aufgerufen oder angeklickt wurde. Gehen Sie dazu in die Banner-Verwaltung. In der Liste sehen Sie am Ende zwei Spalten, die statistische Informationen enthalten. ANZEIGEN verrät Ihnen, wie oft die Werbung dargestellt wurde, und KLICKS gibt Ihnen aus, wie oft Besucher dem Banner gefolgt sind, einmal in absoluten Zahlen und einmal in Relation zur Zahl der Darstellungen. Eine detailliertere Filterung können Sie unter KOMPONENTEN • BANNER • NUTZUNGSSTATISTIKEN vornehmen.

9.3.2 Kontakte

Oft dient eine Homepage nicht nur zur Darstellung von Informationen, sondern auch als Einstiegspunkt für die Kontaktaufnahme einer Gruppe mit den Netizens (Webbewohnern). Daher sollte es den Besuchern möglichst leicht gemacht werden, Nachrichten an die Betreiber der Seite zu schicken. Dies ist die Aufgabe der Kontakt-Komponente. Daneben ist es hier möglich, detailliert Daten zu den einzelnen Benutzern zu hinterlegen. Sie können eine oder mehrere Kontaktpersonen angeben. Für jede Person kann ein Formular dargestellt werden, mit dem Besucher direkt eine E-Mail an sie schicken können. Mehrere Kontakte können zu Gruppen, sogenannten »Kategorien« zusammengefasst werden. Daher besteht die Kontakt-Komponente aus zwei Bereichen: einer Kontaktverwaltung und einer eigenen Kategorieverwaltung.

Letztere wird über den Menüeintrag KOMPONENTEN • KONTAKTE • KATEGORIEN aufgerufen. Die Optionen und Möglichkeiten entsprechen denen der Kategorieverwaltung, die Sie schon von der Inhaltsverwaltung kennen. Sie werden daher hier nicht gesondert besprochen. Zu jeder Kategorie können Sie eine Beschreibung angeben.

Die Kontaktverwaltung öffnen Sie über KOMPONENTEN • KONTAKTE • KONTAKTE. Aus der angezeigten Liste geht neben den üblichen Angaben hervor, welchem Backend-Nutzer der Kontakt zuzuordnen ist (»Linked User«). Wir wollen einen Kontakt für den Administrator-Account anlegen. Erstellen Sie dazu einen neuen Eintrag über das Symbol NEU. Tragen Sie im Bereich NEUER KONTAKT im Feld NAME Ihren Namen ein, und wählen Sie als KATEGORIE »Nicht kategorisiert«. Über LINKED USER stellen Sie die Verbindung zum Joomla!-User »Administrator« her. Das hat den Vorteil, dass Sie später in der Benutzerverwaltung (siehe Kapitel 8, »Benutzer und Bereiche«) einen direkten Link auf diese Daten bekommen. Klicken Sie dazu auf BENUTZER WÄHLEN und in der nun erscheinenden Liste auf »Super User«. Die Kontaktinformationen finden Sie im Bereich KONTAKTDETAILS. Sie sehen, dass es eine Vielzahl von Einstellungen dazu gibt, die aber alle selbsterklärend sein sollten. Im Bereich ANZEIGEOPTIONEN können Sie für jede der Informationen einstellen, ob diese auch im Frontend sichtbar sein soll. Wichtig ist noch der Bereich KONTAKTFORMULAR. Wenn Sie das Feld KONTAKTFORMULAR ANZEIGEN auf »Anzeigen« schalten, können Besucher des Frontends diesem Benutzer über die Webseite eine E-Mail zukommen lassen. Dies sollte jedoch nur nach Rücksprache mit der entsprechenden Person gemacht werden, um die Privatsphäre zu würdigen.

Mailversand muss aktiviert werden

Dazu muss der Mail-Versand konfiguriert sein – Näheres dazu finden Sie in Abschnitt 10.3, »Mail-Versand«.

Jetzt können Sie den Kontakt speichern. Damit die Komponente auch im Frontend zugänglich ist, müssen Sie noch einen Menüeintrag dafür erstellen. Gehen Sie dazu über MENÜS • HAUPTMENÜ in die Menüverwaltung, und klicken Sie auf NEU. Im nun erscheinenden Formular finden Sie den Eintrag MENÜTYP, den Sie über AUSWÄHLEN einstellen können. Hier steht unter KONTAKTE der Typ »Einzelner Kontakt«. Zwei Dinge sind jetzt noch zu tun: Geben Sie einen MENÜTITEL an, und bestimmen Sie, welcher Kontakt angezeigt werden soll. Dies können Sie im Bereich BENÖTIGTE EINSTELLUNGEN im Feld KONTAKT WÄHLEN machen. Nach einem Klick auf KONTAKT WECHSELN erscheint ein Dialog, in dem Sie den eben angelegten Kontakt finden sollten. Speichern Sie, und sehen Sie sich die neue Seite im Frontend an (siehe Abbildung 9.8).

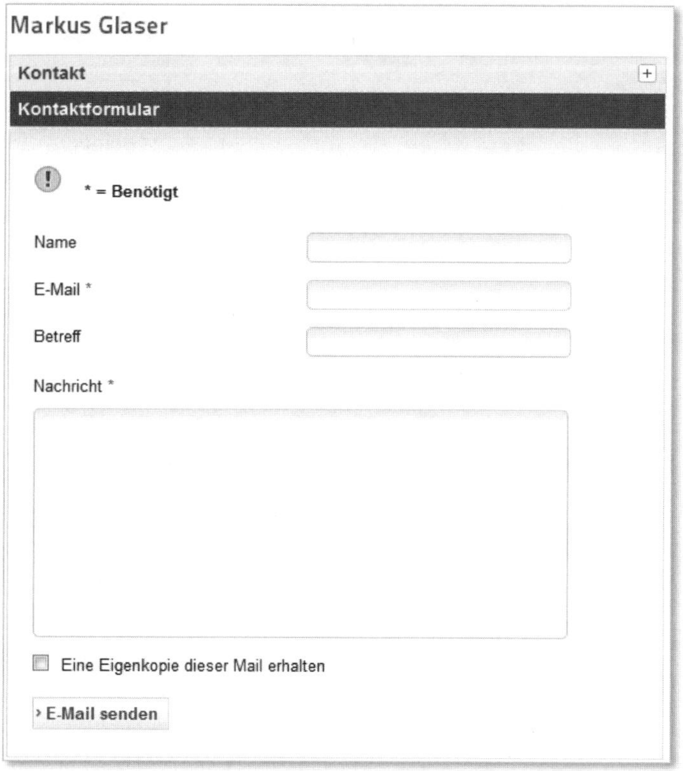

Abbildung 9.8 Das Kontaktformular im Frontend

9.3.3 Nachrichten

Benutzer im Backend können sich gegenseitig Nachrichten zuschicken. Auch das System schickt Botschaften, beispielsweise an den Administrator, wenn im Frontend ein neuer Inhalt angelegt wird. Diese Botschaften kann man in NACHRICHTEN LESEN ansehen, das über den Menüpunkt KOMPONENTEN • NACHRICHTEN aufgerufen wird (siehe Abbildung 9.9). Hier finden Sie eine Liste aller erhaltenen Botschaften.

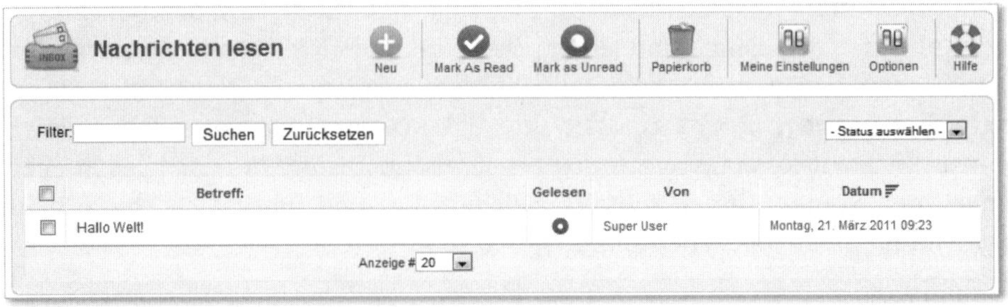

Abbildung 9.9 Die eigene Mailbox mit einer Testnachricht

In der Spalte Gelesen sehen Sie, ob der Eintrag neu dazugekommen ist. Die Anzahl der ungelesenen Neuigkeiten sehen Sie auch neben dem Briefsymbol rechts in der Statusleiste. Um eine Nachricht zu schreiben, klicken Sie auf das Symbol Neu. Es erscheint ein Eingabefeld, das dem eines E-Mail-Formulars sehr ähnlich sieht (siehe Abbildung 9.10).

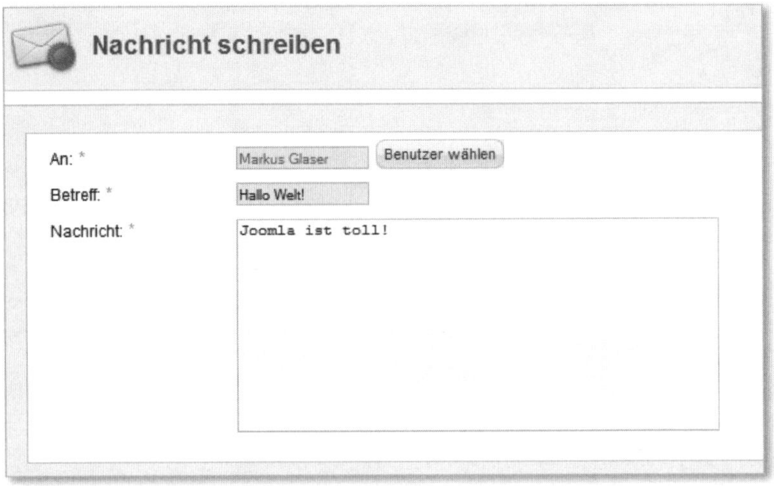

Abbildung 9.10 Eine Nachricht verfassen

Im Feld An wählen Sie den Empfänger aus, dann geben Sie einen Betreff und den Text, den Sie versenden möchten, in Nachricht ein. Mit einem Klick auf Senden wird die Nachricht abgeschickt.

9.3.4 Newsfeeds

Zum Thema Newsfeeds wurde weiter oben schon einiges gesagt. Sie haben über diese Komponente die Möglichkeit, Feeds von anderen Seiten in Ihre Homepage zu integrieren. Auch hier gibt es wieder eine Zweiteilung des Moduls in Kategorien und eigentliche Feeds. Die Kategorien können Sie über die Kategorieverwaltung (KOMPONENTEN • NEWSFEEDS • KATEGORIEN) erreichen, einrichten und verwalten.

Die eigentlichen Feeds steuern Sie in der Newsfeed-Verwaltung, die Sie im Menü unter KOMPONENTEN • NEWSFEEDS • FEEDS finden. Die Auflistung zeigt Ihnen neben den üblichen Angaben die Anzahl der Artikel, die angezeigt werden sollen (# BEITRÄGE) sowie die Zeit in Sekunden, für die ein einmal abgerufener Feed gespeichert werden soll, bis eine neue Anfrage geschickt wird (CACHE-DAUER).

So können Sie den Feed der Netzeitung in Ihr System integrieren: Erzeugen Sie mit dem Symbol NEU eine neue Feed-Seite. Geben Sie als TITEL »Netzeitung« ein, und im Feld LINK schreiben Sie:

```
http://www.netzeitung.de/export/news/rss/clean/titelseite.xml
```

Es muss auch eine Angabe zur Kategorie gemacht werden, am besten »Nicht kategorisiert«. Im Bereich ANZEIGEOPTIONEN können Sie weiterhin festlegen, ob zum Newsfeed ein FEED-BILD, eine FEED-BESCHREIBUNG und die einzelnen Einträge (FEED-INHALT) ausgegeben werden sollen. Speichern Sie den Feed. Jetzt müssen Sie wieder einen Verweis im Menü erzeugen. Gehen Sie also über MENÜS • MAIN MENU in die Menüverwaltung, und klicken Sie auf NEU. In der Auswahl MENÜTYP finden Sie unter NEWSFEEDS den Punkt »Einzelner Newsfeed«. Nun müssen Sie noch ein paar Einstellungen vornehmen: Geben Sie einen MENÜTITEL ein, und wählen Sie im Bereich BENÖTIGTE EINSTELLUNGEN unter FEED den eben erzeugten Nachrichtenticker. Speichern Sie, und sehen Sie sich das Ergebnis im Frontend an.

9.3.5 Suche

In dieser Komponente werden, wenn Sie das wollen, alle Suchanfragen gespeichert, die an Ihre Website gestellt werden. Das kann interessant sein, weil Sie darüber Informationen erhalten, was Ihre Besucher von der Site erwarten, und diese dementsprechend optimieren können.

Um das Suchprotokoll zu aktivieren, rufen Sie die Statistikseite über KOMPONENTEN • SUCHE auf, gehen in die OPTIONEN und stellen das Feld SUCHSTATISTIKEN ERFASSEN auf »Ja«. Speichern Sie die Einstellungen. Wenn Sie jetzt im Frontend nach einem Begriff suchen, sollte dieser im Backend auf der Komponentenseite auftauchen. Gegebenenfalls müssen Sie diese Seite jedoch neu laden, um die Ergebnisse zu aktualisieren.

9.3.6 Umleitungen

Eine Webseite wird im Laufe ihrer Geschichte immer wieder verändert. Das gilt nicht nur für Inhalte, sondern auch für die Struktur. Daher passiert es gelegentlich, dass sich auch Link-Adressen bestimmter Inhalte ändern. Solange man sich innerhalb der Webseite bewegt, ist das kein Problem, weil Menüpunkte und andere automatisch generierte Links von Joomla! selbsttätig aktualisiert werden. Allerdings hat Joomla! keine Kontrolle über die Bookmarks der Nutzer, Links von anderen Seiten oder in Suchmaschinen gespeicherte URLs. Diese können also immer noch auf die alte Adresse zeigen.

Um diesem Problem zu begegnen, gibt es die Umleitungskomponente. Sie funktioniert eigentlich ganz einfach. Wenn Sie die Komponente über KOMPONENTEN • UMLEITUNGEN aufgerufen haben, klicken Sie auf NEU, um eine Umleitung einzurichten. Hier sehen Sie im Wesentlichen zwei Felder: Unter QUELLADRESSE geben Sie die alte, unter ZIELADRESSE die neue Webadresse ein. Achten Sie darauf, dass die Umleitung aktiviert ist. Das wird im Bereich OPTIONEN im Feld STATUS festgelegt. Wenn Sie nun speichern, werden Besucher automatisch auf die richtige Seite weitergeleitet, wenn sie die alte Adresse ansteuern.

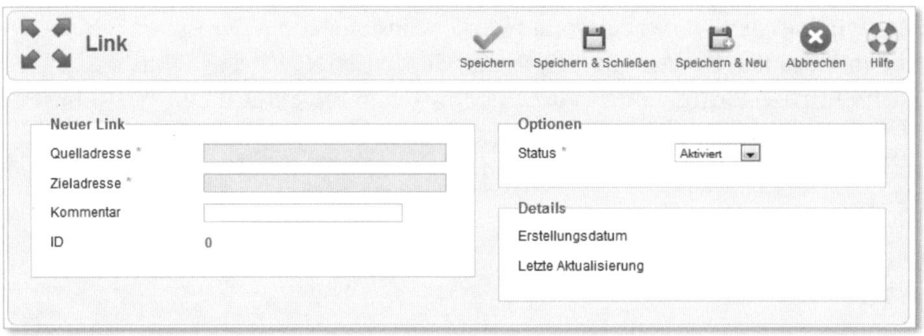

Abbildung 9.11 Umleitungen anlegen

9.3.7 Weblinks

Viele Internetseiten haben eine Rubrik, in der die URLs befreundeter oder thematisch verwandter Homepages zu finden sind. Um so eine Rubrik zu verwalten, gibt es in Joomla! die Weblinks-Komponente. Mit ihr lassen sich Links in Kategorien ordnen, benennen und mit Beschreibungen versehen. Es gibt wieder zwei

Bestandteile: eine Kategorieverwaltung, die im Menü unter KOMPONENTEN • WEBLINKS • KATEGORIEN steht, und eine Weblink-Verwaltung unter KOMPONENTEN • WEBLINKS • LINKS. Die Erstellung und Einbindung dieser Links ähnelt sehr der von Newsfeeds und soll daher hier nicht mehr gesondert beschrieben werden.

9.4 Übungsaufgaben

1. Erklären Sie den Unterschied zwischen den einzelnen Erweiterungsformen.
2. Verschieben Sie das Hauptmenü auf die rechte Seite und die Anmeldung zurück auf die linke.
3. Senden Sie dem Bürgermeister eine Nachricht, und überprüfen Sie, ob diese angekommen ist, indem Sie sich in seinen Account einloggen.
4. Wechseln Sie vom TinyMCE-Editor zum CodeMirror.

»Oft schon musste eine ganze Stadt
für die Übeltaten eines einzigen Mannes büßen.«
– Hesiod

10 Pflege der Webseite

In diesem Kapitel erfahren Sie,

- wie Sie Joomla! entsprechenden Ihren Bedürfnissen gestalten.
- wie Sie Backups erstellen und wieder einspielen.
- wie Sie die Seite auf einen Webhost übertragen.

Wenn Sie ein Joomla!-System betreiben, sind Sie sozusagen der Kapitän der Homepage. Sie legen grob fest, wo's lang geht, brauchen aber eine Crew, die mitmacht. Trotzdem gibt es einige Entscheidungen und Verantwortlichkeiten, die nur bei Ihnen liegen. Das betrifft z. B. das allgemeine Erscheinungsbild, die Funktionalität und die Sicherheit. Die Möglichkeiten, Pflichten und Risiken, die Sie dabei haben, wollen wir in diesem Kapitel besprechen.

10.1 Seitenweite Einstellungen

Dynamische Inhalte werden nicht nur innerhalb von Artikeln erzeugt, sondern betreffen oft die gesamte Seite. Der Titel, der im Browserfenster angezeigt wird, ist so ein Fall, ebenso wie die Metadaten, die mit jeder aufgerufenen Seite ausgegeben werden und den Suchmaschinen beim Indizieren helfen. Viele dieser allgemeinen Einstellungen können Sie in der Konfiguration vornehmen, die Sie unter SITE • KONFIGURATION finden. Lassen Sie sich nicht durch die Fülle der Parameter irritieren. Wir werden im Folgenden die wichtigsten besprechen.

10.1.1 Seite

Der erste Teil der Einstellungen, die Sie im Reiter SITE vornehmen können, betrifft die Erreichbarkeit der Seite. Sie können die Homepage beispielsweise für Wartungszwecke mit einem einzigen Mausklick in der Option WEBSITE OFFLINE deaktivieren. Wenn Sie nun speichern und ins Frontend wechseln, sehen Sie einen Kasten mit der OFFLINE-NACHRICHT und einem Anmeldeformular. Für unangemeldete Benutzer ist die Seite also nicht mehr sichtbar, registrierte Autoren können sich jedoch nach wie vor einloggen. So können Sie in Ruhe Ihre Homepage vorbereiten. Für unser weiteres Vorgehen sollten Sie die Seite jetzt im Backend wieder online schalten.

Den allgemeinen Titel der Site, der auch in der Titelleiste des Browsers und in Bookmarks angegeben wird, stellen Sie im Feld NAME DER WEBSEITE ein. Für Redakteure können Sie in diesem Register zentral festlegen, welcher Editor als Standardoption zur Verfügung gestellt werden soll (EDITOR). Im Core-Paket von Joomla! haben Sie hier die Möglichkeit, TinyMCE oder CodeMirror auszuwählen (vgl. Abschnitt 3.3, »Der Editor TinyMCE im Detail«). Zudem können Sie ein für alle Mal festlegen, wie lang die Listen im Backend sein sollen (LISTENLÄNGE). Der Standard ist hier 20; das kann in der täglichen Arbeit aber unter Umständen zu wenig sein.

10.1.2 Suchmaschinenoptimierung und Metainformation

Im Kasten SEO können Sie die Verwendung suchmaschinenfreundlicher URLs aktivieren (SEO steht für »Search Engine Optimization«). Internet-Adressen, wie sie von vielen dynamischen Webseiten erzeugt werden, enthalten die anzuzeigende Seite meistens als Parameter, d.h. in dem Teil der URL, der dem `?` folgt. Suchmaschinen wiederum nehmen diesen Teil der Adresse nicht in ihren Index auf, was dazu führt, dass diese Seiten nicht mit Suchmaschinen gefunden werden können. Eine Lösung für dieses Problem ist, die Parameter als Teil des URL-Pfads zu tarnen, d.h. mit / anzugeben.

Die Option SUCHMASCHINENFREUNDLICHE URL bewirkt genau das. Ändern Sie testweise in der Konfiguration die Option auf »Nein«, und sehen Sie sich den Link an, der im Browser in der Adressleiste angezeigt wird, wenn Sie auf BEISPIELSEITEN klicken:

```
http://localhost/joomla/index.php?option=com_content&view
=article&id=38&Itemid=238
```

Stellen Sie nun in der Konfiguration die Option auf »Ja« zurück, und sehen Sie sich die URL erneut an. Die sieht jetzt so aus:

```
http://localhost/index.php/sample-sites
```

Übersichtlicher, finden Sie nicht? Das sehen auch die Programme der Suchmaschinen so.

Vorsicht nach der Umstellung

Testen Sie die Seite ausgiebig, nachdem Sie auf suchmaschinenfreundliche URLs umgeschaltet oder diese deaktiviert haben. Die Umstellung bedeutet einen relativ tiefen Eingriff ins System. Gelegentlich kann es vorkommen, dass die eine oder andere Seite im SEO-Modus nicht mehr angezeigt wird.

Ebenfalls zur Suche dienen die sogenannten Metadaten. Das sind in der Seite mitgelieferte Beschreibungen des Inhalts, die Schlüsselbegriffe und typisierte Informationen enthalten. Im Kasten GLOBALE METADATEN können Sie unter META-BESCHREIBUNG einen Text zu Ihrer Seite angeben, der dann in den meisten Suchmaschinen in der Trefferanzeige mit ausgegeben wird. Im Feld META-SCHLÜSSELWÖRTER können Sie durch Kommas getrennt mehrere Schlüsselbegriffe angeben, von denen Sie denken, dass sie die Seite gut charakterisieren. Diese werden von vielen Suchmaschinen bei der Indizierung bevorzugt beachtet. Sie sehen also, dass diesen beiden Einträgen eine große Bedeutung zukommt, wenn Sie wollen, dass Ihre Seite bei Google, Yahoo! & Co. eine gute Position in der Trefferliste erhält. Die Beschreibung sollte nicht zu lang sein, vielleicht ein oder zwei Sätze, die einige für den Inhalt Ihrer Seite charakteristische Wörter enthalten. Bei den Schlüsselwörtern ist es mittlerweile nicht mehr nötig, ja sogar kontraproduktiv, alle möglichen Varianten von Groß- und Kleinschreibung oder Einzahl und Mehrzahl eines einzigen Wortes anzugeben. Besser ist auch hier, eine Reihe von möglichst treffenden Worten zu finden. Unter INHALTSRECHTE können Sie angeben, unter welcher Lizenz die Texte auf Ihrer Seite veröffentlicht werden. Die letzten beiden Optionen steuern die Ausgabe von Titel (TITEL-META-TAG ANZEIGEN) und Autor (AUTOR-META-TAG ANZEIGEN) als Metainformation der Seite und sollten auf »Ja« stehen, um den Suchmaschinen möglichst viele Informationen über eine Seite zu liefern.

10.1.3 Session

Vielleicht ist Ihnen das auch schon passiert: Sie bearbeiten einen Text, denken dabei etwas länger nach, wollen speichern und bekommen die Fehlermeldung, dass Sie nicht eingeloggt sind. Schuld daran ist eine Sicherheitseinstellung, die nach einer gewissen Zeit von Inaktivität – und die Bearbeitung eines Textes im Editor ist für den Server ebenfalls Inaktivität – die Anmeldung deaktiviert. Wenn Ihnen die Zeit zu kurz ist, können Sie das im Reiter SYSTEM im Bereich SITZUNG (SESSION) ändern, indem Sie den Parameter GÜLTIGKEIT bearbeiten. Hier legen Sie fest, wie lange (in Minuten) ein User eingeloggt bleibt, wenn er inaktiv ist. Der Standardwert liegt bei 15 Minuten.

10.2 Länder und Sprachen

Mit Joomla! Version 1.5 wurde das Backend vollständig internationalisiert. Somit können Sie das System in vielen unterschiedlichen Sprachen betreiben. Sprachen sind jedoch nicht automatisch dabei. Sie müssen zuerst installiert werden. Ein Backend-Benutzer kann dann bei der Anmeldung auswählen, in welcher Sprache er arbeiten will. Macht er keine Angabe, greift die Standardsprache. Die Verwaltung finden Sie im Menü ERWEITERUNGEN • SPRACHEN. Hier sehen Sie eine Liste der installierten Sprachen, sowohl für das Frontend (Filterbereich SITE) als auch für das Backend (Filterbereich ADMINISTRATOR). Sie können zwischen den Sprachen umschalten, indem Sie den Radiobutton vor der gewünschten Sprache markieren und auf das Symbol STANDARD klicken.

Um Ihrem Projekt neue Sprachen hinzuzufügen, benötigen Sie die entsprechenden Sprachdateien[1]. Wir haben Ihnen auf der CD unter *erweiterungen/sprachen* eine französische Übersetzung hinterlegt, die Sie installieren können. Gehen Sie dazu in die Verwaltung der Erweiterungen unter ERWEITERUNGEN • ERWEITERUNGEN. Klicken Sie im Bereich PAKETDATEI HOCHLADEN auf DURCHSUCHEN... Suchen Sie jetzt die entsprechende Sprachdatei, und klicken Sie auf ÖFFNEN. Nun sollte der Pfad zur Datei im Textfeld erscheinen, und Sie können das neue Sprachpaket ins System laden (HOCHLADEN & INSTALLIEREN). Wenn alles gut geht, erhalten Sie eine positive Rückmeldung und können die Sprache verwenden. Gehen Sie dazu im Menü auf ERWEITERUNGEN • SPRACHEN (Reiter ADMINISTRATOR), markieren Sie den Radiobutton vor »French (FR)«, und klicken Sie auf das Symbol STANDARD. Schon sollte die Sprache umgestellt sein.

Doppelt gepackte Archive

Beachten Sie, dass die Sprachpakete unter Umständen doppelt gezippt sind. Diese Dateien versteht Joomla! nicht. Sie müssen die Datei einmal manuell auf Ihrer Festplatte entpacken, um das innere Archiv zu bekommen. Das können Sie dann installieren.

Machmal ist es nötig, Joomla! mitzuteilen, in welcher Zeitzone Sie sich befinden. Dies ist beispielsweise der Fall, wenn der Server, auf dem Ihre Seite läuft, sich auf einem anderen Kontinent befindet. Gehen Sie dazu in der KONFIGURATION auf den Reiter SERVER, und ändern Sie im Bereich ZEITZONE den Eintrag auf

```
Berlin
```

1 Sprachdateien finden Sie beispielsweise unter *community.joomla.org/translations/joomla-16-translations.html.*

Nun sollten die Zeitangaben bei Bearbeitungen auch der Zeit in Deutschland entsprechen.

10.3 Mail-Versand

Einige Funktionen von Joomla! operieren mit E-Mails, die vom System aus versendet werden. Dazu gehören die User-Anmeldung und die Kontaktaufnahme in der Kontakt-Komponente. Obwohl Joomla! im Prinzip auch ohne ein funktionierendes E-Mail-System auskommt, ist es doch sinnvoll, den Nachrichtenversand zu aktivieren, um den vollen Leistungsumfang der Software nutzen zu können. Die nötigen Einstellungen können in der KONFIGURATION im Reiter SERVER und Bereich MAILING vorgenommen werden. Tragen Sie hier unter VON E-MAIL einen Standardabsender ein, der verwendet wird, wenn nicht explizit ein anderer Sender angegeben wurde, und versehen Sie diesen noch mit einem ABSENDERNAME. Das kann ein beliebiger Name sein. Er wird in den meisten Mail-Programmen anstelle des Absenders angezeigt. Sinnvoll ist eine Identifikation von Ihrer Seite, da Joomla!-Systemmeldungen unter diesem Namen versendet werden. Nun müssen Sie noch den technischen Aspekt klären.

Joomla! kann von sich aus keine Mails versenden. Der Dreh- und Angelpunkt des Mailversands ist der sogenannte SMTP-Server. Die Daten, unter denen Sie diesen Server ansprechen können, werden Ihnen in der Regel von Ihrem Webhost mitgeteilt. Benötigt werden eine Adresse des Servers (URL), ein Benutzername und das zugehörige Passwort.

10.3.1 Sendmail

Am einfachsten haben Sie es, wenn Sie auf einem Linux/Unix-Server arbeiten. Hier gibt es das Programm *sendmail*, das allgemein den Mail-Versand von diesem Computer aus regelt. Stellen Sie dazu im Feld MAILER die Option »Sendmail« ein, und überprüfen Sie, ob der Pfad in SENDMAILVERZEICHNIS stimmt. Das sollte bei den meisten Systemen der Fall sein.

10.3.2 PHP mail

PHP verfügt über eigene Mail-Funktionen. Diese setzen zwar auch ein externes Programm wie sendmail voraus, dessen Konfiguration ist aber Sache des Administrators. Wenn auf Ihrem System also PHP-Mail funktioniert, so können Sie unter MAILER auch die PHP-MAIL-Funktion aktivieren und brauchen sich um nichts weiter zu kümmern.

10.3.3 SMTP

Wenn die beiden obigen Verfahren bei Ihrem System nicht möglich sind, so haben Sie immer noch die Möglichkeit, direkt aus Joomla! heraus eine Verbindung zu einem SMTP-Server herzustellen. Wählen Sie dazu die MAILER-Option SMTP, und geben Sie im Feld SERVER die URL des Servers an. Wenn der Mailer mit einer Authentifizierung arbeitet, so müssen Sie die Option SMTP-AUTHENTIFIZIERUNG aktivieren und die Felder für Username (BENUTZER) und Passwort (PASSWORT) ausfüllen. Gegebenenfalls sind zusätzlich noch der PORT und die Einstellungen zur SMTP-SICHERHEIT zu ändern. Diese sind von der Konfiguration des SMTP-Servers abhängig, über die Ihnen im Zweifelsfall der Betreiber des Dienstes Auskunft geben kann. Der Nachteil dieses Verfahrens ist, dass Sie auf einen externen Mailserver angewiesen sind und bei der Anmeldung wesentlich weniger Konfigurationsmöglichkeiten haben.

Jetzt können Sie den Mail-Versand beispielsweise über das Kontaktformular testen.

10.4 Datenübertragung per FTP und Safe Mode

Wenn Sie Joomla! auf einem Webhost unter Linux betreiben, kann es zu Zugriffsproblemen kommen. Das hängt mit der Berechtigungsstruktur zusammen. Laden Sie selbst eine Datei per FTP auf den Server, so gehört diese Datei Ihnen und kann von Ihnen verändert werden. Manipuliert Joomla! eine Datei, so geschieht das nominell über den Webserver, der als eigener Benutzer gilt und eigene Berechtigungen hat. Jetzt gehört die Datei ihm. Je nachdem, was der Webserver für Berechtigungen für andere Benutzer vergibt, kann es passieren, dass Sie selbst per FTP gar nicht mehr an die Datei herankommen. Dieses Problem ist altbekannt.

Joomla! beschreitet jetzt einen neuen Weg, um das in den Griff zu bekommen. Für die Datenübertragung verwendet auch Joomla! eine FTP-Verbindung, deren Parameter Sie in der Konfiguration eingeben können. Jetzt sind der Joomla!-Benutzer und Ihr eigener Datenübertragungsbenutzer identisch, und es kann bezüglich der Berechtigungen zu keinen Verwirrungen mehr kommen.

Darüber hinaus ist es nun auch möglich, Joomla! unter PHP im Safe Mode laufen zu lassen. Dieser Modus von PHP ist eine besondere Sicherheitsvorkehrung, die es PHP-Skripten nur erlaubt, auf Dateien des gleichen Benutzers zuzugreifen, unter dem auch das Skript selbst läuft. Und wie wir wissen, ist der Joomla!-Benutzer in der Regel der Webserver und unterscheidet sich damit von Ihrem eigenen Benutzer. Hier hilft der FTP-Zugriff, denn der erlaubt auch Joomla! den

Zugriff auf alle Dateien, die Sie als Benutzer hochgeladen haben, ohne dabei ein Sicherheitsrisiko für die Dateien anderer Benutzer darzustellen, deren Webseite beim gleichen Webhost läuft.

Den FTP-Zugriff aktivieren Sie unter KONFIGURATION • SERVER im Kasten FTP. Stellen Sie FTP AKTIVIEREN auf JA, und geben Sie in den folgenden Feldern die Zugangsdaten ein, mit denen Sie per FTP auf Ihren Webhost gelangen. Wenn Sie nun SPEICHERN, ist der FTP-Zugriff aktiv.

10.5 Backup der Daten

Um die Daten einer Joomla!-Installation zu sichern, sind zwei Schritte notwendig: Erstens müssen die Daten aus dem *joomla*-Verzeichnis kopiert werden, und zweitens brauchen Sie eine Kopie der Datenbank. Um die alte Version dann wiederherzustellen, löschen Sie einfach die bestehende Datenbank und leeren das *joomla*-Verzeichnis. Jetzt kopieren Sie die archivierten Dateien erneut in das Verzeichnis und spielen das Backup wieder in die Datenbank ein.

10.5.1 Backup der Dateien

Am lokalen Rechner ist das Backup der Dateien leicht zu vollziehen. Kopieren Sie einfach den Inhalt des Ordners *htdocs/joomla* in ein anderes Verzeichnis. Geringfügig komplexer ist die Lage bei einem Webhost. Am leichtesten haben Sie es, wenn Ihr Webhost eine Backup-Funktion anbietet. Dann müssen Sie nur das Backup anstoßen und sich um nichts weiter kümmern, da hier in der Regel Datenbank und Dateien gesichert werden. Ist das nicht der Fall, können Sie meistens mit einem FTP-Programm, beispielsweise FileZilla, die Dateien sichern. Verbinden Sie sich mit Ihrem Webhost, und kopieren Sie alle Dateien im dortigen Verzeichnis in ein Sicherungsverzeichnis auf Ihrem Rechner. Wollen Sie die Sicherung wiederherstellen, gehen Sie einfach den umgekehrten Weg und kopieren alle Dateien aus Ihrem Sicherungsverzeichnis per FTP zum Webhost. Einzelheiten zu FileZilla finden Sie in Anhang D.1, »FileZilla«.

10.5.2 Datenbank-Backup per phpMyAdmin

Viele Provider stellen Ihnen zum Zugriff auf die Datenbank das Programm *phpMyAdmin* zur Verfügung, mit dem Sie unter anderem Backups anlegen können. Auch unter XAMPP steht dieses Programm bereit. Geben Sie in der Adresszeile Ihres Browsers einfach die folgende URL ein:

```
http://localhost/phpmyadmin
```

Sie sollen jetzt die Oberfläche sehen, wie sie in Abbildung 10.2 dargestellt ist. Wählen Sie nun links im Navigationsbereich den Eintrag »joomla« aus. Jetzt wird eine Liste der vorhandenen Tabellen angezeigt. Klicken Sie auf den Reiter EXPORTIEREN. Es erscheint eine neue Seite mit einigen Einstellungen (siehe Abbildung 10.3), die Sie in der Regel auf den Standardwerten belassen können. Setzen Sie den Haken bei SENDEN, und klicken Sie auf OK. Es sollte sich ein Download-Fenster öffnen, über das Sie Ihr Backup speichern können.

Um die Daten wieder einzuspielen, rufen Sie phpMyAdmin nochmals auf und wählen die DATENBANK »joomla« aus. Klicken Sie nun auf den Reiter IMPORTIEREN. Es erscheint ein neues Formular. Im Bereich ZU IMPORTIERENDE DATEI klicken Sie auf DURCHSUCHEN... Wählen Sie jetzt die zuvor gespeicherte SQL-Datei aus, und klicken Sie auf ÖFFNEN. Dann sollte der Pfad zur Datei im Feld DATEI stehen. Wenn Sie jetzt auf OK klicken, wird die Datenbank eingespielt.

Weitere Informationen zu phpMyAdmin finden Sie in Anhang D.2, »phpMyAdmin«.

10.6 Übertragung zum Webhost

Wenn Sie Joomla! bei einem Webhost installieren wollen, so vergewissern Sie sich zunächst, dass die erforderlichen Voraussetzungen erfüllt sind. Sie brauchen mindestens 20 MB freien Speicherplatz. Ferner ist Voraussetzung, dass Sie eigene PHP-Skripten ausführen können und Zugriff auf eine MySQL-Datenbank haben. PHP sollte nach Möglichkeit nicht im Safe Mode laufen. Ist das dennoch der Fall, sehen Sie sich bitte Abschnitt 10.4, »Datenübertragung per FTP und Safe Mode«, an. Wenn Sie sich nicht sicher sind, fragen Sie direkt bei Ihrem Webhoster nach.

10.6.1 Datenbank einrichten

Für die Installation benötigen Sie die Zugangsdaten zur Datenbank. Diese finden Sie in der Regel im Kundencenter Ihres Providers.

10.6.2 System einrichten

Um auf die Dateien Ihres Webauftritts zugreifen zu können, wird üblicherweise das Übertragungsformat FTP gewählt. Dazu benötigen Sie ein spezielles Übertragungsprogramm, den sogenannten FTP-Client. Ein beliebtes Exemplar dieser Spezies ist FileZilla, den Sie auch auf der beiliegenden CD im Verzeichnis *tools/filezilla* finden. Wenn Sie das Programm installiert haben (eine Anleitung dazu finden Sie in Anhang D.1, »FileZilla«), rufen Sie es auf. Sie sehen die Oberfläche aus Abbildung 10.1.

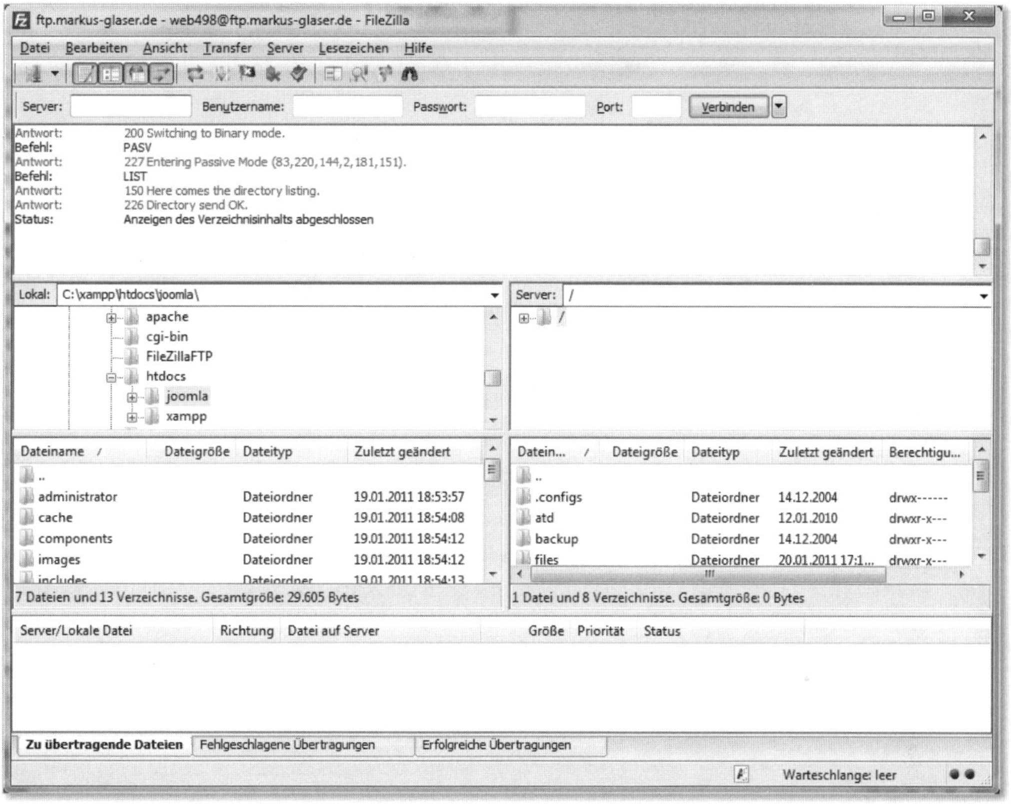

Abbildung 10.1 Das FTP-Programm FileZilla

Das Programm ist in mehrere Bereiche unterteilt. Oben in der Symbolleiste finden Sie Felder für die Zugangsdaten zum FTP-Server Ihres Webhosts. Diese haben Sie bei der Einrichtung des Webspace erhalten. Geben Sie die Daten ein, und klicken Sie auf VERBINDEN. Jetzt wird eine Verbindung zum Webhost aufgebaut. Wenn das geklappt hat, sehen Sie im rechten Teil von FileZilla die Dateien und Ordner, die auf Ihrem Webhost bereits eingespielt sind.

Wenn Sie Ihre Seite nicht ausschließlich mit Joomla! betreiben wollen, sollten Sie das CMS in einem separaten Ordner installieren. Legen Sie in diesem Fall zuerst in Ihrem Webordner das Verzeichnis *joomla* an. Dort hinein kopieren Sie alle Dateien aus dem lokalen Joomla!-Verzeichnis. Markieren Sie dafür zunächst im linken Bereich von FileZilla alle Dateien aus dem lokalen Ordner, und ziehen Sie diese mit der Maus einfach in den rechten Bereich.

Wenn Sie keine lokale Installation haben

Sollten Sie Joomla! nicht lokal installiert haben, müssen Sie das Joomla!-Archiv mit den Programmdateien zuerst in einem temporären Verzeichnis auf Ihrem Rechner entpacken. Jetzt können Sie mit der eigentlichen Installation beginnen, wie sie in Abschnitt 2.3, »Joomla!«, beschrieben wurde, und den Rest dieses Abschnitts ignorieren.

Joomla!-Hosting

Einige Webhosts, z.B. Mittwald (*www.mittwald.de*), haben sich darauf spezialisiert, Joomla!-Seiten zu betreiben. Diese bieten neben einer geeigneten Serverkonfiguration auch an, eine leere Joomla!-Installation zur Verfügung zu stellen. Wenn Sie sich also mit der Einrichtung nicht lange herumschlagen wollen, ist es sicherlich eine interessante Option, sich nach einem solchen Provider umzusehen.

10.6.3 Übertragen der Datenbank

Nachdem die Dateien von Joomla! auf dem Webhost liegen, müssen auch noch die Daten aus der Datenbank übertragen werden. Zunächst werden die Daten auf dem eigenen Rechner exportiert. Das geht am einfachsten mit phpMyAdmin, den Sie bei XAMPP über *http://localhost/phpmyadmin* erreichen. Wählen Sie links Ihre Datenbank aus. In unserem Fall ist das JOOMLA (siehe Abbildung 10.2).

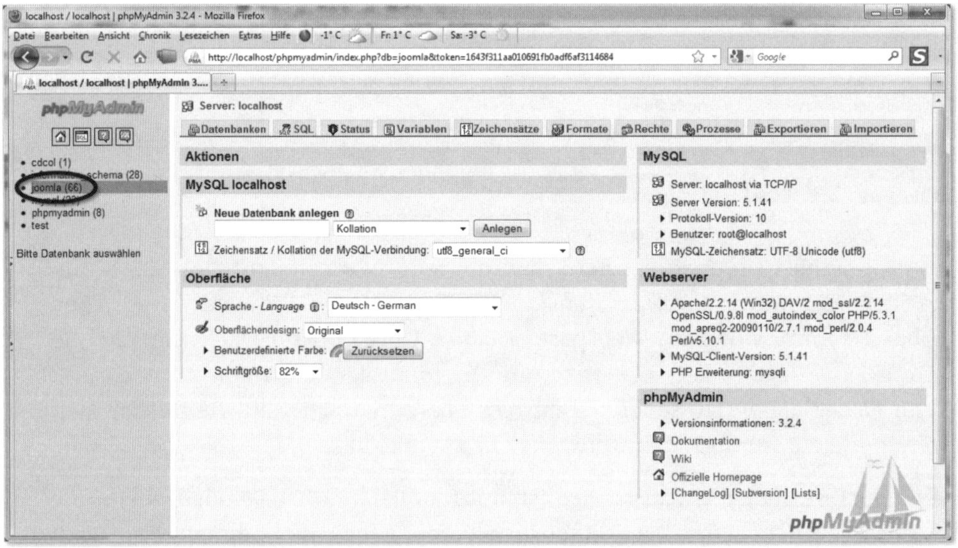

Abbildung 10.2 phpMyAdmin

Klicken Sie nun auf den Reiter EXPORTIEREN. Dort müssen alle Datenbanktabellen ausgewählt sein (siehe Abbildung 10.3).

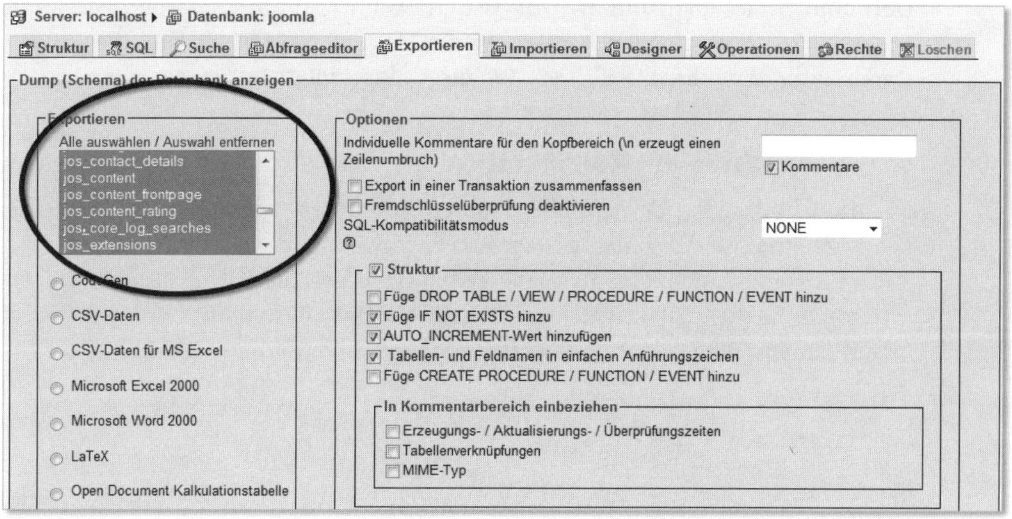

Abbildung 10.3 Die Tabellen der Datenbank exportieren

Setzen Sie als Nächstes den Haken vor SENDEN, und klicken Sie auf OK. Jetzt wird Ihnen eine Datei zum Download angeboten, die Sie auf Ihrem Rechner speichern. Diese Datei enthält alle Daten aus der lokalen Datenbank.

Gehen Sie dann über das Kundencenter Ihres Webhosts zur Datenbankverwaltungsoberfläche. Wählen Sie links die Zieldatenbank aus, und klicken Sie auf den Reiter IMPORTIEREN (siehe Abbildung 10.4).

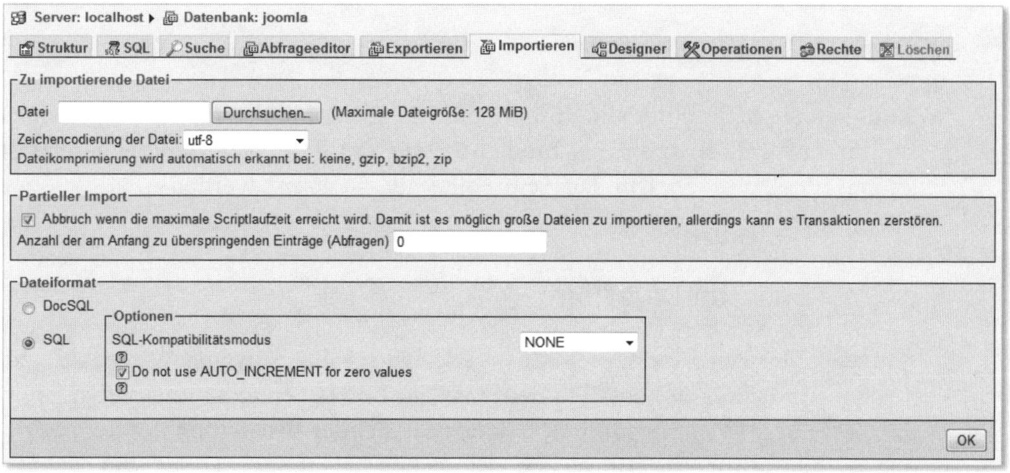

Abbildung 10.4 Die Tabellen importieren

Dort finden Sie einen Button DURCHSUCHEN, mit dem Sie die eben gesicherte Datenbankdatei auswählen können. Wenn Sie jetzt auf OK klicken, werden die Daten in die Datenbank auf Ihrem Webhost eingespielt.

10.6.4 Anpassen der Konfiguration

Für die Übertragung bestehender Joomla!-Seiten geht's jetzt ans Eingemachte. Die Konfiguration der Seite auf dem Server muss angepasst werden, weil ja dort andere Zugangsdaten zur Datenbank gelten. Dies geschieht in der Datei *configuration.php* im Joomla!-Verzeichnis. Erstellen Sie am besten eine Kopie davon in einem temporären Ordner. Diese öffnen Sie mit einem Editor. Suchen Sie die folgenden Zeilen:

```
public $host = 'localhost';
public $user = 'root';
public $password = '';
public $db = 'joomla';
```

Nun ersetzen Sie die Daten in Hochkommas durch Ihre Werte. Die Entsprechungen sind in Tabelle 10.1 aufgelistet.

Variable	Eintrag
`$host`	Servername
`$user`	Benutzername
`$password`	Passwort
`$db`	Datenbankname

Tabelle 10.1 Die Datenbank-Parameter

Kopieren Sie diese Datei nun mithilfe des FTP-Clients in das Joomla!-Verzeichnis auf Ihrem Webhost, und überschreiben Sie die dortige *configuration.php*. Jetzt ist es Zeit für einen Probelauf. Die Seite sollte nun angezeigt werden.

10.7 Zweitinstallation

Gerade zu Testzwecken ist es immer wieder hilfreich, ein zweites System auf dem Rechner installiert zu haben, in dem man nach Belieben experimentieren kann. Das ist kein Problem mit Joomla!. Gehen Sie bei der Installation des neuen Systems genau so vor, wie wir es eben besprochen haben. Zwei Dinge sind dabei zu beachten:

- Kopieren Sie die Joomla!-Dateien in ein neues Verzeichnis mit einem anderen Namen, sonst werden die Dateien der ersten Installation komplett überschrieben. Beim Aufruf geben Sie in der URL dann statt des Verzeichnisses *joomla* Ihren Namen an, also beispielsweise *localhost/joomla_neu*.
- Legen Sie am besten eine neue Datenbank für die Installation an. Dementsprechend müssen Sie bei der Installation den DATENBANKNAMEN anpassen. Wenn Sie nicht die Möglichkeit haben, eine neue Datenbank anzulegen, können Sie auch zwei oder mehrere Systeme in einer einzigen Datenbank betreiben. Dann ist es aber unbedingt nötig, bei der Zweitinstallation ein TABELLENPRÄFIX anzugeben, das sich vom Präfix der ersten Tabelle unterscheidet, also z.B. `jos2_`.

Wenn Sie diese beiden Punkte beachten, ist der Parallelbetrieb ohne Einschränkungen möglich.

10.8 Troubleshooting

Trotz aller Vorsicht kann es vorkommen, dass Sie eine Einstellung geändert haben und daraufhin das System nicht mehr läuft. Keine Panik: In diesem Fall besteht immer noch die Möglichkeit, direkt über den Server auf die Konfiguration Einfluss zu nehmen. Dazu sind im Wesentlichen zwei Bereiche von Bedeutung. Erstens sind alle wichtigen Einstellungen in der Datei *configuration.php* im Joomla!-Verzeichnis gespeichert. Dies ist also der Ort, an dem Sie alle oben genannten Parameter direkt steuern können. Zweitens finden sich einige Informationen, z.B. das Administrator-Passwort, in der Datenbank. Diese können Sie entweder über eine SQL-Konsole oder (meistens) über das Web-Interface phpMyAdmin abfragen und auch verändern.

10.8.1 Fehlerhafte Verbindungsparameter zur Datenbank

Werden die Verbindungsparameter zur Datenbank geändert, ohne dass sich hinter den neuen Zugangsdaten eine valide Quelle befindet, so kann Joomla! nicht mehr aufgerufen werden. Stattdessen erscheint der Hinweis, dass das System nicht mehr erreichbar ist.

Zur Behebung des Problems öffnen Sie die Konfigurationsdatei. Die fünf Datenbankparameter sind in Tabelle 10.2 aufgelistet. Die Werte in den Hochkommas müssen Sie natürlich an Ihre Gegebenheiten anpassen.

Parameter	Bedeutung
`public $host = 'localhost';`	Adresse des Servers
`public $user = 'root';`	Username
`public $password = '';`	Passwort
`public $db = 'joomla';`	Name der Datenbank
`public $dbprefix = 'jos_';`	Tabellenpräfix

Tabelle 10.2 Die Datenbankparameter

10.8.2 Passwort vergessen

Das kann jedem mal passieren: Man vergisst das Zugangspasswort. Problematisch ist das bei Joomla!, wenn es sich um das Administrator-Passwort handelt. Das können Sie nur über einen Eingriff in die Datenbank wieder beheben. Die User-Daten sind in der Tabelle *jos_users* gespeichert.

Beachten Sie das Datenbank-Präfix

Für den Fall, dass Sie ein anderes Datenbank-Präfix verwendet haben, müssen Sie dieses anstelle von »jos« einsetzen. Das gilt auch für die folgenden Angaben.

In dieser Tabelle finden Sie auch das Passwort. Sinnvollerweise ist diese Kennung jedoch mit einem Hash-Algorithmus verschlüsselt, sodass Sie nicht einfach ein neues Passwort eintragen können. Gleiche Passwörter haben aber gleiche Hash-Werte, sodass man das Passwort zurücksetzen kann, indem man den entsprechenden Hash-Wert in die Datenbank einträgt. Wir haben hier den Wert für »admin« hinterlegt:

```
433903e0a9d6a712e00251e44d29bf87:UJ0b9J5fufL3FKfCcOTLsYJBh2PFULvT
```

Wenn Sie phpMyAdmin verwenden, wählen Sie links in der Übersicht die Datenbank »joomla« aus. Es erscheint nun darunter eine Liste mit verfügbaren Tabellen. Klicken Sie auf JOS_USERS und dann im Inhaltsbereich auf den Reiter ANZEIGEN. Suchen Sie den Eintrag, der in der Spalte NAME den Wert »Administrator« enthält, und klicken Sie auf das Bleistiftsymbol am Anfang der Zeile. Nun erscheint eine Eingabemaske. Im Feld PASSWORD tragen Sie den oben gezeigten Wert ein. Klicken Sie dann auf OK. Jetzt können Sie sich wieder mit dem Usernamen »admin« und dem Passwort »admin« einloggen. Sie sollten nicht vergessen, das Passwort gleich auf einen weniger leicht zu erratenden Wert zu setzen.

Arbeiten Sie mit einer SQL-Konsole oder direkt in MySQL, so können Sie das Passwort mit einem einzigen Befehl ändern. Verbinden Sie sich mit dem Datenbankserver, und wählen Sie mit

```
USE joomla;
```

die richtige Datenbank aus. Nun führen Sie folgenden Befehl aus:

```
UPDATE jos_users
SET password='433903e0a9d6a712e00251e44d29bf87:
UJ0b9J5fufL3FKfCc0TLsYJBh2PFULvT'
WHERE name="Administrator";
```

Damit haben Sie den Wert gesetzt und können sich wieder anmelden.

10.8.3 Seiten sind gesperrt

Wenn Sie bei der Arbeit mit dem Browser im Backend doch einmal aus Versehen den Back-Button verwenden, kann es dazu kommen, dass ein Element gesperrt ist. Das bedeutet, dass Sie es weder bearbeiten noch löschen und auch nicht entsperren können.

Ist das Element Ihnen zugeordnet, so haben Sie unter Umständen trotz der Sperrung die Möglichkeit, über einen Klick auf den Titel in die Einzelansicht zu wechseln. Wenn Sie diese jetzt über SPEICHERN oder ABBRECHEN verlassen, sollte das Element wieder freigegeben sein.

Wenn Sie diese Möglichkeit nicht haben, dann können Sie über die Menüoption SITE • WARTUNG • GLOBALES EINCHECKEN alle gesperrten Elemente einchecken. Achten Sie aber darauf, dass nicht in der Zwischenzeit tatsächlich zwei Leute an einem Dokument arbeiten.

10.8.4 Globale Einstellungen für Beiträge sind nicht wirksam

Sie haben unter dem Menüpunkt INHALT • BEITRÄGE und dann OPTIONEN die Möglichkeit, Darstellungsoptionen für Inhalte allgemein festzulegen. Es passiert jedoch immer wieder, dass diese Einstellungen keine Wirkung zeigen. Der Grund ist, dass die Einstellungen an anderer Stelle überschrieben werden. Das sind die Orte, an denen Sie nachsehen sollten:

- **Der Beitrag selbst**
  Hier müssen die entsprechenden Parameter auf GLOBALE EINSTELLUNG stehen.
- **Im Menü**
  Wird der Beitrag über einen Menüpunkt aufgerufen, so kann es sein, dass dort Werte vorgegeben sind. Rufen Sie den Menüpunkt auf, öffnen Sie den Bereich

Beitragsoptionen, und achten Sie darauf, dass auch hier die Globale Einstellung gültig ist.

Gerade wenn Sie mit den bei Joomla! mitgelieferten Beispieldaten arbeiten, ist dieser Punkt sehr wichtig, da hier für alle Menüs feste Vorgaben gemacht wurden.

10.9 Übungsaufgaben

1. Welche Schritte sind generell bei einem Backup der Daten zu tun?
2. Wo müssen Sie eingreifen, wenn die Oberfläche gar nicht mehr funktioniert?
3. Was passiert in Joomla!, wenn man SEO aktiviert?

»Das Haus der Zufriedenen
ist noch nicht gebaut worden.«
– Aus Friaul

11 Joomla! erweitern

In diesem Kapitel erfahren Sie,

- wie Sie mit neuen Komponenten umgehen.
- wie Sie die Bildergalerie *Phoca Gallery* bedienen.
- wie Sie ein eigenes Forum (*Kunena*) einbinden.

Egal, ob Sie eine Bildergalerie, Dokumentenmanagement, ein Shopsystem oder ein Forum einrichten wollen: Das alles können Sie sehr einfach in ihrem Joomla!-System unterbringen. Dazu müssen Sie kein Programmierer sein. Für fast jedes Problem gibt es eine Erweiterung, mit der Sie die gewünschte Funktionalität erreichen können.

In diesem letzten Kapitel wollen wir einige dieser Erweiterungen besprechen und Ihnen ein bisschen Appetit machen auf die Vielfalt an nützlichen Dingen, die Joomla! mitbringt.

Hier zeigen wir Ihnen, wie Sie neue Erweiterungen installieren, sowie einige Quellen, von denen Sie diese beziehen können. Damit Sie die im Folgenden aufgeführten Zusatzprogramme jedoch schnell griffbereit haben, werden sie auf der beiliegenden CD mitgeliefert. Sie befinden sich im Verzeichnis *Erweiterungen*.

Viele der Programme sind so umfangreich, dass es den Rahmen des Buches sprengen würde, alles im Detail zu beschreiben. Wir hoffen aber, dass unsere kleinen Einführungen in zwei der Komponenten Ihnen ein Bild von dem jeweiligen Programm vermitteln und Sie zum Weiterforschen anregen. Darüber hinaus bekommen Sie so einige Sicherheit im Umgang mit neuen Erweiterungen und lernen die eine oder andere Stolperfalle kennen.

11.1 Neue Erweiterungen installieren

Eine Stärke von Joomla! ist der große Reichtum an Erweiterungen, die fast jeden gewünschten Aufgabenbereich abdecken. Das reicht von der Anzeige eines Kalenders bis hin zur voll ausgebauten Webshop-Lösung. Den Zugang zu diesem Schatz wollen wir Ihnen natürlich nicht vorenthalten! Wir stellen Ihnen für Ihre Suche nach Erweiterungen, die auch Extensions genannt werden, zwei besonders empfehlenswerte Seiten vor.

Das ist einmal *www.joomlaos.de*. Dort klicken Sie auf DOWNLOADS, dann in den Bereich JOOMLA! 1.6. Dort finden Sie JOOMLA 1.6 KOMPONENTEN • MODULE • PLUGINS.

Abbildung 11.1 Die Download-Seite von joomlaos.de

Der richtige Weg ...

Folgen Sie den Links im Content-Bereich und nicht im Menü, dann wird Ihnen eine Darstellung gezeigt, bei der die jeweiligen Erweiterungen mit einer Beschreibung versehen sind.

Oder probieren Sie es bei *www.joomla.org*. Gehen Sie hier im oberen Menü mit der Maus über Do More, und klicken Sie dann auf Extensions. Jetzt wird Ihnen eine lange Liste mit Kategorien angezeigt, in denen die Erweiterungen eingeordnet sind (siehe Abbildung 11.2).

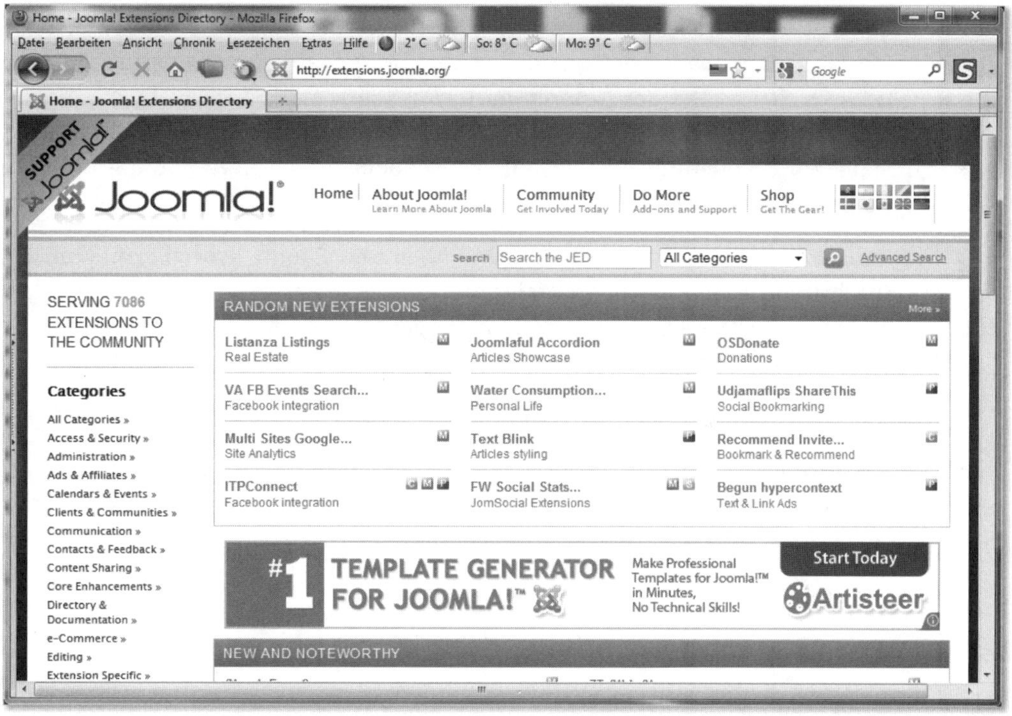

Abbildung 11.2 Die Downloadseite von joomla.org

Gerade bei der letzten Seite besteht eine besondere Problematik. Wie bereits erwähnt, wurde Joomla! unter der Haube beim Versionssprung auf 1.5 komplett und beim Übergang auf 1.6 nochmals überarbeitet. Das hat zur Folge, dass die alten Erweiterungen in der Regel mit Joomla! 1.6 nicht mehr funktionieren. Sie sind also gut beraten, darauf zu achten, dass eine Erweiterung mit diesem Zeichen gekennzeichnet ist:

Abbildung 11.3 Das Zeichen für Joomla! 1.6

Bei *joomla.org* können Sie über die ADVANCED SEARCH direkt auswählen, dass nur die entsprechenden Erweiterungen angezeigt werden. In der linken Navigation gibt es dazu auch einen Link im Bereich DIRECTORY MENU: 1.6 COMPATIBLE.

Da von den Erweiterungen gerade mal ein Bruchteil bisher auf Version 1.5 aktualisiert wurde, wäre es natürlich wünschenswert, die alten Erweiterungen weiter verwenden zu können. Dies war bis zur Version 1.5 auch möglich. Die schlechte Nachricht ist nun leider, dass der sogenannte *Legacy Mode*, der in Joomla! 1.5 noch als Plugin realisiert war, in der Version 1.6 abgeschafft wurde. Einigen glücklosen Versuchen der Autoren nach zu urteilen ist es auch nicht zu empfehlen, Erweiterungen, die für Joomla! 1.5 geschrieben wurden, auf Version 1.6 zu installieren. So bleibt nur die Lösung, konsequent auf das in Abbildung 11.3 dargestellte Zeichen zu achten.

Die Installation von Komponenten, Modulen und Plugins ist nahezu identisch. Zunächst laden Sie sich die Erweiterung, die Sie installieren möchten, aus dem Internet herunter. Die Dateien sind immer gepackte Archivdateien, die Sie direkt ins System hochladen können.

Doppelt gepackte Archive

Gelegentlich kann es vorkommen, dass die Dateien doppelt gepackt sind. In diesem Fall müssen Sie das Archiv einmal manuell entpacken, beispielsweise mit Filezip, das Sie auf der CD-ROM im Verzeichnis *Tools/Filezip* finden.

11.2 Bildergalerie: Phoca Gallery

Wir werden die ausführliche Installation einer Erweiterung anhand der Komponente »Phoca Gallery« durchspielen. Im Anschluss werden wir die Funktionen dieser Komponente im Detail betrachten. Sie können die Installationsdatei unter dieser URL herunterladen.

http://www.joomlaos.de/Joomla_1.6_Downloads/Joomla_1.6_Komponenten/Phoca_Gallery_3_J1.6.html

Zur Erleichterung haben wir die Erweiterung zudem auf die CD ins Verzeichnis *erweiterung* gepackt. Auch hier ist es so, dass die Archiv-Datei doppelt gepackt ist, weil im ursprünglichen Paket noch eine Sprachdatei enthalten ist. Entpacken Sie also zunächst die Datei *phocagallery_v3.0.0_rc4_erst_entpacken.zip* an einem beliebigen Ort, beispielsweise auf dem Desktop. Dort sollten Sie nun zwei weitere Dateien vorfinden:

- *com_phocagallery_v3.0.0_rc4.zip*, die eigentliche Erweiterung, sowie
- *de-DE.com_phocagallery_extract_first_j16.zip*, die Sprachdatei. Diese muss wiederum entpackt werden, um die Datei *de-DE.com_phocagallery.zip* zu erhalten.

Die Installation geht ab jetzt bequem direkt aus Joomla! heraus. Rufen Sie dazu den Installer auf. Sie finden ihn im Joomla!-Backend unter dem Menüpunkt Erweiterungen • Erweiterungen. Das Installiertool sehen Sie in Abbildung 11.4.

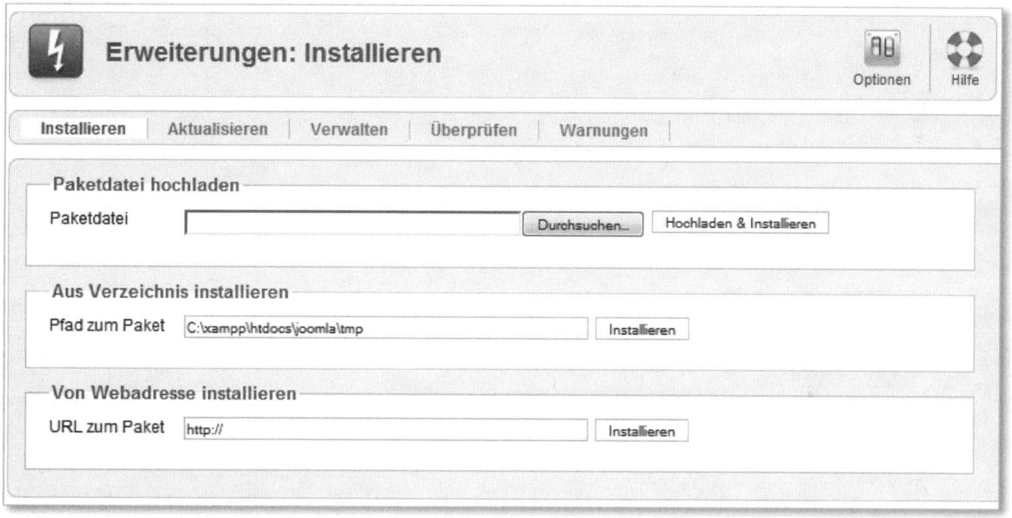

Abbildung 11.4 Der Installer

Klicken Sie nun im Bereich Paketdatei hochladen auf die Schaltfläche Durchsuchen..., und wählen Sie die Datei *com_phocagallery_v3.0.0_rc4.zip* aus. Klicken Sie danach auf Hochladen & installieren. Hat die Installation geklappt, so erhalten Sie eine Erfolgsmeldung.

Wenn's nicht klappt ...

Im Fehlerfall überprüfen Sie, ob das Archiv nicht doppelt gepackt ist und, falls Sie eine andere als die beschriebene Erweiterung verwenden, ob die Erweiterung für Joomla! 1.6 gedacht ist.

Im Fall der Phoca Gallery müssen Sie nach erfolgtem Einspielen der Dateien noch den Button Install anklicken, damit der zweite Schritt der Installation gestartet wird. Jetzt ist die Bildergalerie einsatzbereit. Falls Sie die Anzeige lieber in

Deutsch statt in Englisch hätten, müssen Sie noch die Sprachdatei installieren. Gehen Sie dazu so vor wie schon bei der Erweiterung selbst: mit ERWEITERUNGEN • ERWEITERUNGEN zum Hochladedialog, dann auf DURCHSUCHEN... klicken und das Spracharchiv *de-DE.com_phocagallery.zip* auswählen. Mit einem Klick auf HOCHLADEN & INSTALLIEREN wird die Sprache installiert.

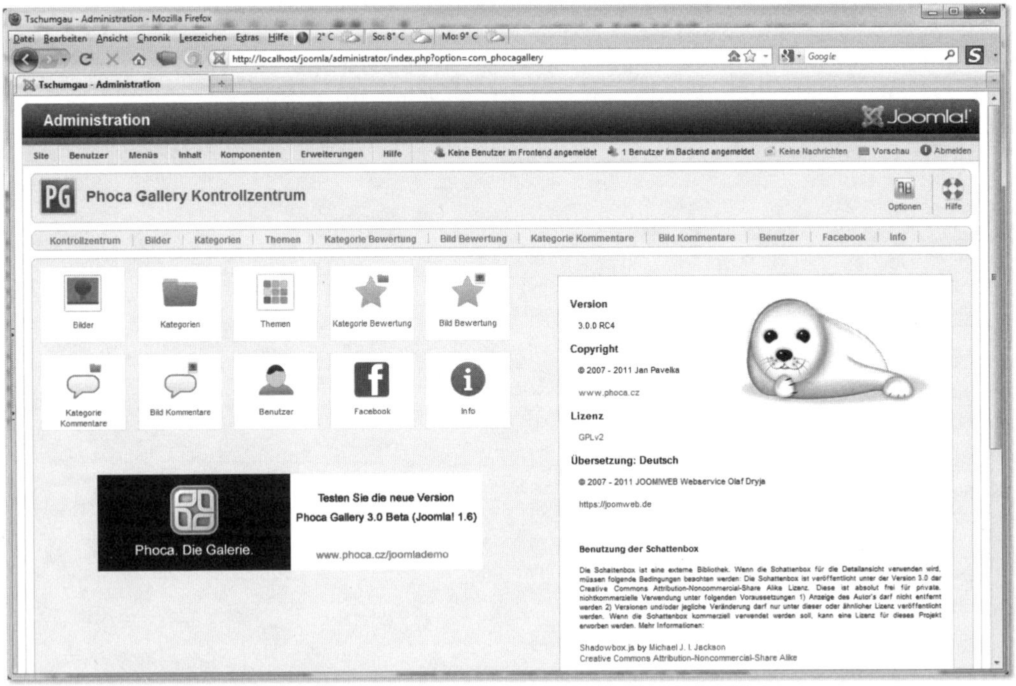

Abbildung 11.5 Die Installation von Phoca Gallery hat geklappt.

11.2.1 Kategorie erstellen

Nach der erfolgreichen Installation werden wir zunächst ein Album anlegen. Phoca bietet dazu keine direkte Funktion, sondern organisiert Bilder in Kategorien. Damit sind die Phoca-Inhalte analog zu den Joomla!-Strukturen aufgebaut. Erzeugen Sie einfach eine neue Kategorie namens »Landschaften« über den Button NEU in der Werkzeugleiste der Kategorie-Verwaltung (siehe Abbildung 11.6).

Eine Besonderheit fällt uns am Ende einer Kategorieseite auf. Sie haben die Möglichkeit, einen Google Picasa- oder Facebook-Account anzugeben. Phoca verbindet sich mit den Accounts und lässt Sie Bilder direkt von Ihrem Picasa- oder Facebook-Konto importieren. Um Ihr Facebook-Konto abzugreifen, müssen Sie allerdings erst einen User anlegen. Klicken Sie dazu einfach auf CONTROL PANEL • FACEBOOK, und erstellen Sie dort über NEU einen User. Danach müssen Sie noch die Verbindung mit Facebook aufnehmen. Folgen Sie den Anweisungen, um eine Facebook-App zu erstellen.

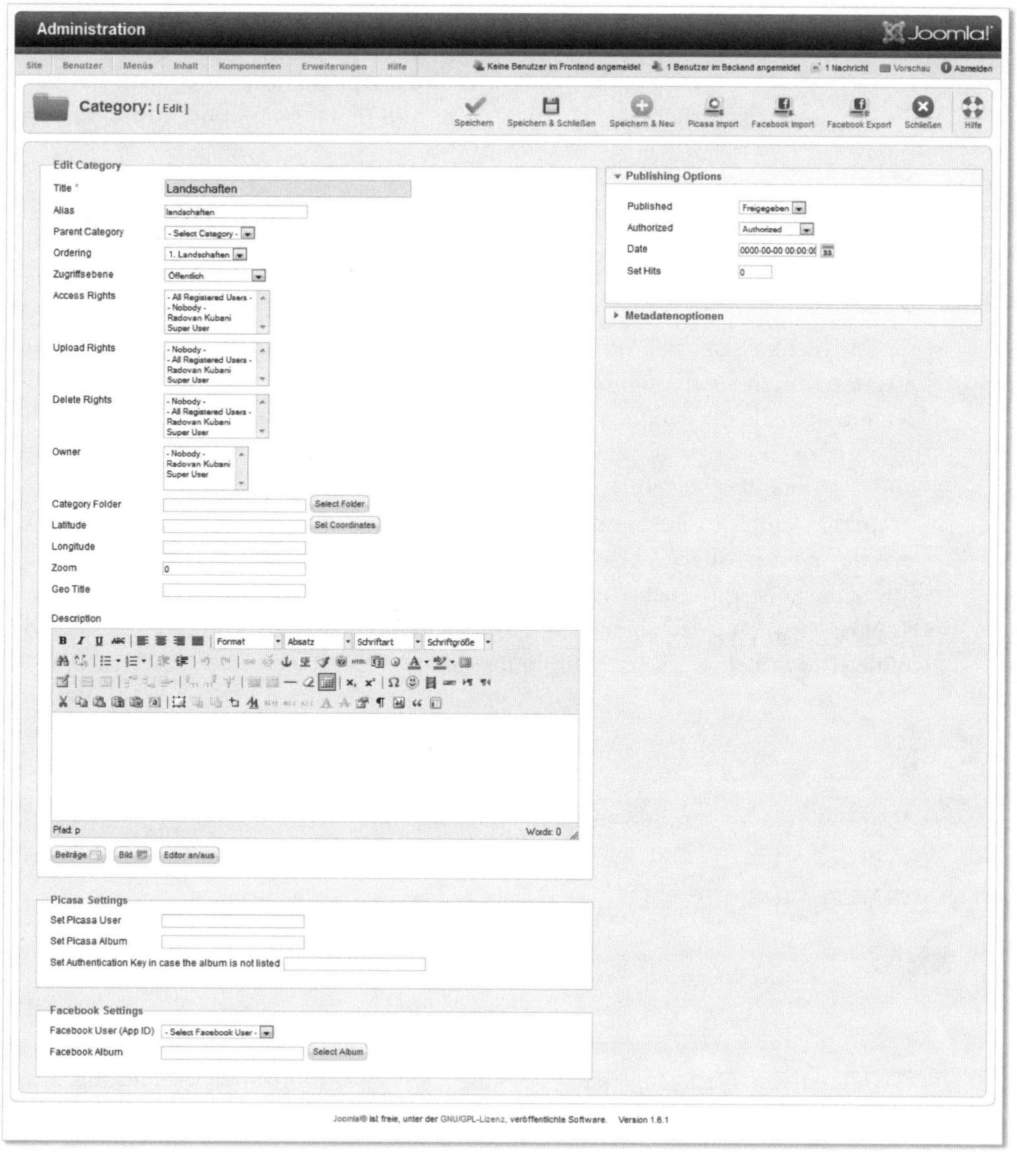

Abbildung 11.6 Phoca lässt sich auch mit Picasa und Facebook verbinden.

Wir fahren mit unserer neuen Kategorie fort. SPEICHERN & SCHLIESSEN Sie die Kategorie »Landschaften«, und wechseln Sie auf den Reiter IMAGES. Hier haben

Sie die Möglichkeit, über NEU der Kategorie ein einzelnes Bild hinzuzufügen oder mit dem Button MULTIPLE ADD gleich massenhaft Bilder auszuwählen.

11.2.2 Bilder hochladen

Betrachten wir die Möglichkeit zum Einzelbild-Upload. Klicken Sie auf NEU, und Sie erhalten ausführliche Möglichkeiten für die Bildauswahl und Konfiguration.

Geben Sie einen Titel ein, und wählen Sie die Kategorie LANDSCHAFTEN. Die dritte notwendige Angabe ist die Datei, die Sie hochladen möchten. Klicken Sie dazu auf SELECT FILENAME. Es öffnet sich ein neues Fenster, und Sie können über DURCHSUCHEN die gewünschte Datei von Ihrem Rechner in das vorher ausgewählte Verzeichnis hochladen. Phoca bietet uns an dieser Stelle aber auch gleich die Möglichkeit an, mehrere Dateien auf einmal auszuwählen. Neben dem Reiter UPLOAD finden Sie die Reiter MULTIPLE UPLOAD und JAVA UPLOAD. In beiden Fällen erhalten Sie die Möglichkeit, eine Mehrfachauswahl zu treffen und die Bilder in einem Schwung auf den Server zu laden. Auf der CD finden Sie im Ordner */images/landschaften* einige Beispiel-Fotos, die Sie für den Upload verwenden können, wenn Sie selbst gerade keine Bilder griffbereit haben. Nach dem Upload erzeugt Phoca Gallery Vorschaubilder und Sie können ein Bild für die Kategorie auswählen. Mehr Einstellungen müssen nicht getroffen werden. SPEICHERN & SCHLIESSEN Sie die Angaben, und Phoca stellt das erste Bild in der Kategorie in der Bilderliste mit einem Vorschaubild dar (siehe Abbildung 11.7).

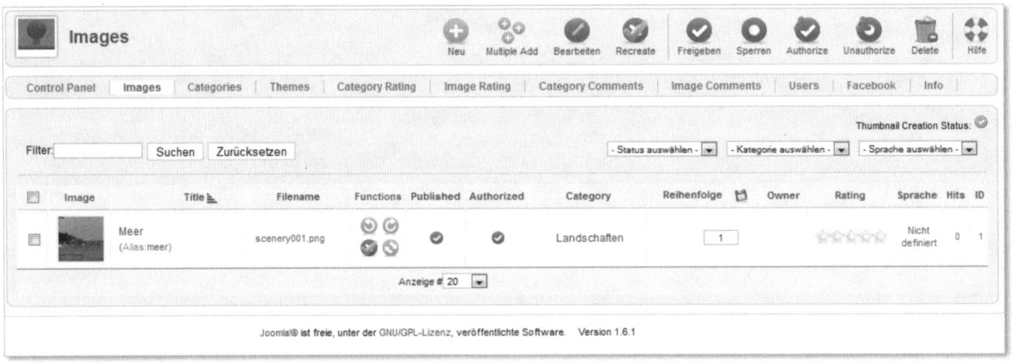

Abbildung 11.7 Das erste Foto in der Kategorie »Landschaften«

Phoca bietet in der Übersicht einige bekannte Sortiermöglichkeiten an. Zudem erhalten Sie über die Spalte FUNCTIONS die Möglichkeit, das jeweilige Bild zu drehen oder das Vorschaubild neu erzeugen zu lassen, falls Sie zwischenzeitlich das Originalbild aktualisiert haben.

Weisen Sie jetzt über MULTIPLE ADD die restlichen Bilder aus dem Verzeichnis */images/landschaften* der Kategorie *Landschaften* hinzu. Klicken Sie dazu auf MULTIPLE ADD, geben Sie anschließend den Titel ein, und wählen Sie über die Checkboxen die Fotos aus, die Sie der Kategorie hinzufügen möchten.

11.2.3 Die Galerie im Frontend

Die Phoca Gallery können Sie nun wie gewohnt in ein Menü des Frontends einbinden (vgl. Abschnitt 5.2.2, »Einen Menüpunkt erstellen«). Wählen Sie als Menüpunkt LIST OF CATEGORIES oder LIST OF IMAGES. Geben Sie noch einen Menütitel ein, wählen Sie gegebenenfalls die gewünschte Kategorie aus, und klicken Sie auf SPEICHERN & SCHLIESSEN.

Im Frontend erscheinen nun über den neuen Menüeintrag die Bilder der Kategorie (siehe Abbildung 11.8).

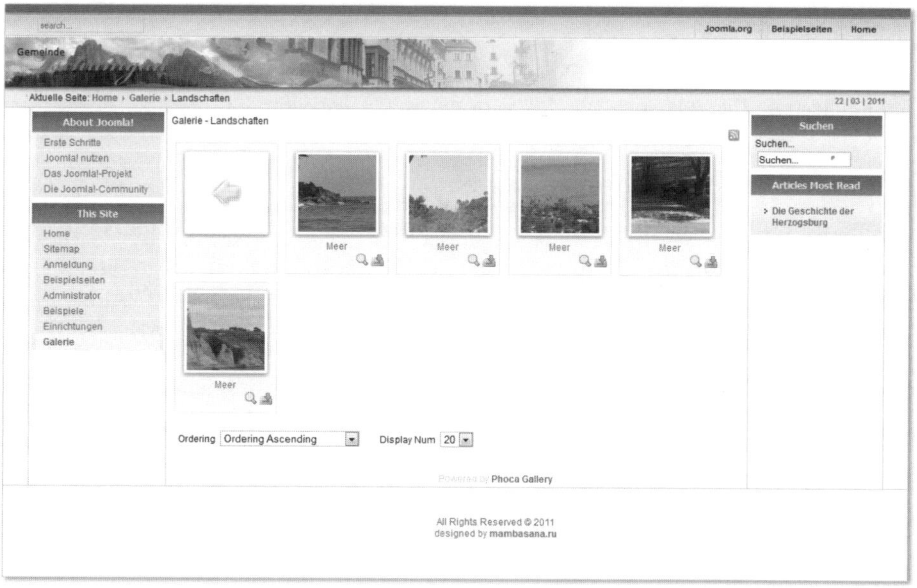

Abbildung 11.8 Der Menüeintrag »Galerie« führt uns zu den Bildern der Kategorie »Landschaften«.

Wenn Sie jetzt auf eines der Vorschaubilder klicken, erscheint das Foto in voller Größe. Sie können in der Vollbildansicht entweder eine Slideshow durch alle Bilder der Kategorie starten oder manuell weiterblättern.

Abbildung 11.9 Die Vollbildansicht des Fotos mit Steuerelementen

11.2.4 Optionen und Anpassungen

Die Phoca Gallery ist eine umfangreiche Erweiterung und bietet Ihnen eine Vielzahl von Anpassungsmöglichkeiten. Rufen Sie Phoca Gallery Control Panel über das Menü Komponenten • Phoca Gallery • Control Panel auf, und wählen Sie in der Werkzeugleiste den Button Optionen.

Es öffnet sich ein neues Fenster. Darin stehen Ihnen fünf Bereiche zur Konfiguration zur Verfügung. Über den Reiter Display können Sie die Ansicht für Kategorien, die Detailansicht von Fotos oder das Verhalten der Slideshow anpassen. Im Bereich Users können Sie neben den Upload-Einstellungen auch die Bewertungs- und Kommentarfunktion anpassen. Stellen Sie unter Rating Settings und Comment Settings die Display Optionen auf Yes. Die Benutzer können dann im Frontend Bilder bewerten und Kommentare hinzufügen (siehe Abbildung 11.11). Misc bietet Ihnen die Möglichkeit, Zusatzinformationen der Bilder anzuzeigen. Über Main können Sie Bildgrößen, Formate oder die Bildqualität konfigurieren. Der Bereich Berechtigungen lässt Sie die üblichen Zugriffsberechtigungen anpassen.

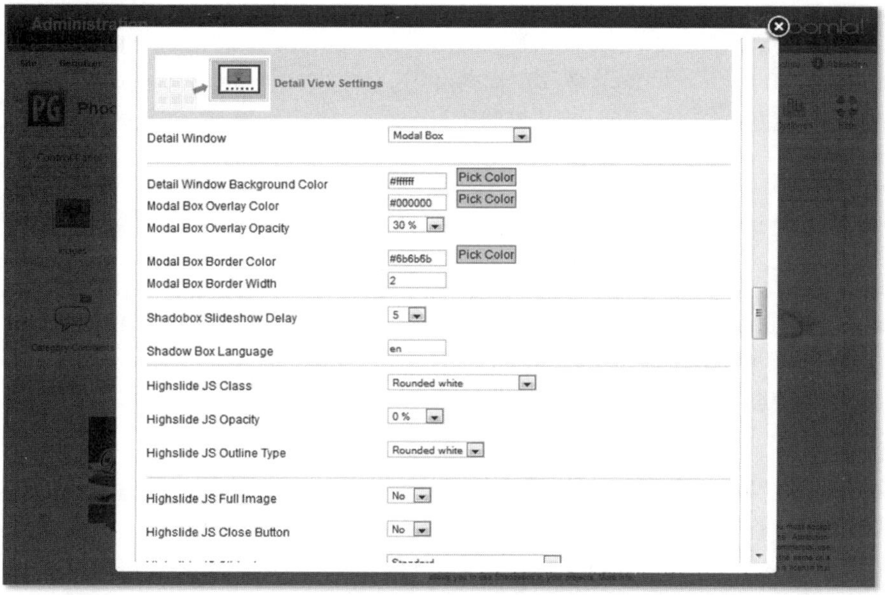

Abbildung 11.10 Umfangreiche Konfigurationsmöglichkeiten

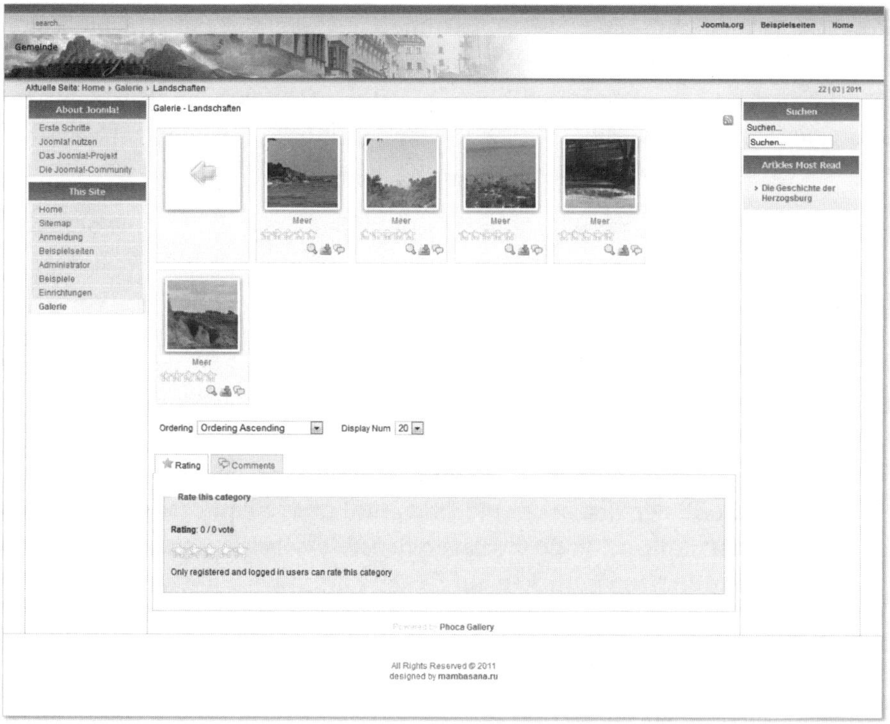

Abbildung 11.11 Bewertungs- und Kommentarmöglichkeiten

Neben der Konfiguration der Optionen bietet Ihnen die Phoca Gallery einen THEMES-Bereich. Klicken Sie auf den Reiter THEMES. Dort können Sie Themes-Dateien hochladen oder selbst Hintergrund-Bilder für Thumbnails (Vorschaubilder) formatieren.

11.3 Forum: Kunena

Diskussionsforen stellen eine der beliebtesten Erweiterungen für Homepages dar. Es gibt unzählige Anwendungsgebiete. So gibt es Foren für Selbsthilfegruppen, für Schulen, die sie als Lernplattform nutzen, oder für User zum Support bei Computerproblemen. Kurz: überall, wo ein Bedarf an Erfahrungsaustausch besteht, ist ein Forum die richtige Wahl.

Wir haben uns für *Kunena*, eine Weiterentwicklung des beliebten *Fireboard* entschieden.

Sowohl für den Administrator im Backend als auch für den Nutzer im Frontend bietet Kunena zahlreiche Vorteile. So kann der Admin alle Bereiche bequem von der Kunena-Bedienungskonsole aus verwalten: Er kann Beiträge löschen, ändern und verschieben und sogar Threads[1] schließen, wenn die Diskussion zu unsinnig wird. Zusätzlich können Moderatoren bestimmt werden, die Sonderrechte genießen und Verwaltungsaufgaben übernehmen können. Der Nutzer hat z.B. die Möglichkeit, sich bei Neuigkeiten über E-Mail benachrichtigen zu lassen, und kann eine Signatur anlegen, die automatisch unter jedem seiner Beiträge erscheint. Sogar Bilder und Dateien können angehängt werden.

Das Forum basiert auf der Joomla!-Userverwaltung, unterstützt aber auch eigene Profilinformationen, die über die normalen Benutzerdetails hinausgehen und von den Teilnehmern selbst editiert werden können.

Die aktuelle Version ist 1.6.3.

11.3.1 Installation

Installieren Sie die Zip-Datei *com_kunena_v1.6.3_b4344_2011-01-31.zip* über das Installationstool. Die deutsche Sprachdatei ist darin bereits integriert. Nachdem Sie das Installationspaket hochgeladen haben, erscheint eine neue Seite mit einem grünen Button. Durch Klicken auf diesen Button wird die weitere Installa-

1 Unter Threads versteht man die verschiedenen Gesprächslinien in einer Diskussion. Ein Teilnehmer eröffnet den Thread mit einer Nachricht, und andere führen das Thema weiter.

tionsroutine gestartet. Wenn dieser Prozess erfolgreich verlaufen ist, sollte Ihnen eine Seite mit dem Installationscheck angezeigt werden. Nach der Installation kann das Forum über den Menübefehl KOMPONENTEN • KUNENA FORUM administriert werden.

Kunena verfügt über eine ebenso komfortable Verwaltungsoberfläche wie Joomla! selbst (siehe Abbildung 11.13).

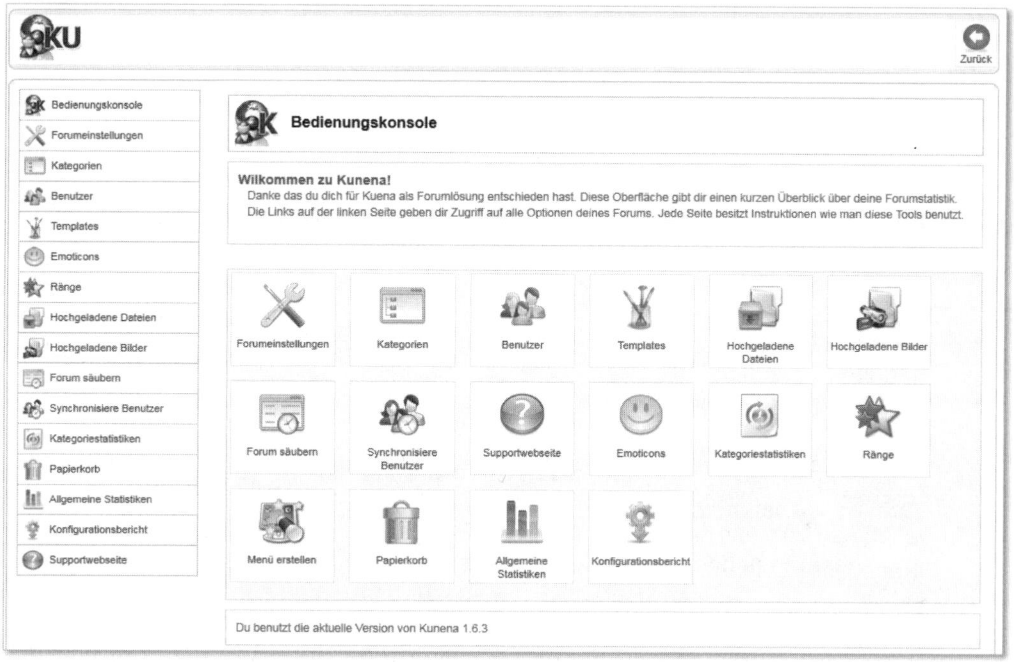

Abbildung 11.12 Die Bedienungskonsole von Kunena

11.3.2 Ein neues Forum anlegen

Nach gängiger Joomla!-Philosophie sind die verschiedenen Foren[2] in Kategorien eingeteilt. Für das Anlegen einer Kategorie und eines neuen Forums nutzen Sie dieselbe Plattform, nämlich die Kategorienverwaltung. Klicken Sie dazu innerhalb der Bedienungskonsole auf KATEGORIEN.

In der Liste befinden sich eine Reihe von Statusanzeigen, die z. B. angeben, ob ein Forum geschlossen oder moderiert ist.

2 Der Begriff »Forum« hat zwei Bedeutungen: Zum einen ist die gesamte Plattform gemeint, zum anderen bezeichnet er aber auch die einzelnen Themenstränge.

Mit NEU können Sie einen Eintrag hinzufügen. Standardmäßig ist als Elternteil HAUPTSEKTION ausgewählt. Wenn Sie diese Einstellung unverändert lassen, so wird eine neue Kategorie und damit ein neues Forum erstellt. Wählen Sie TOP LEVEL als übergeordneten Punkt, erhalten Sie einen Bereich als Strukturierungselement, in dem Sie wiederum Kategorien und damit Foren ablegen können.

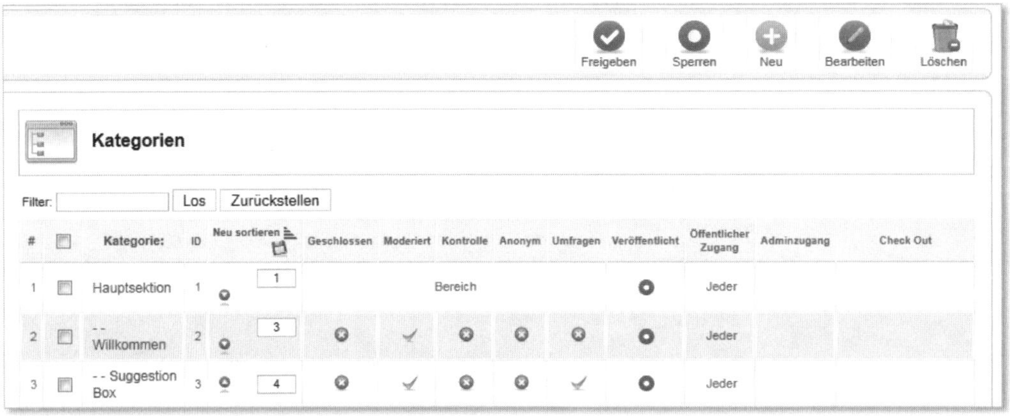

Abbildung 11.13 Übersicht bestehender Kategorien bzw. Foren

Für die neue Kategorie bzw. das neue Forum können Sie eine Reihe von Einstellungen vornehmen.

Nach dem Erstellen eines Forums müssen Sie dieses noch veröffentlichen, indem Sie in der Listenansicht auf das entsprechende Symbol unter VERÖFFENTLICHT klicken.

Legen Sie nun einen Bereich »Feuerwehrfest« und ein Forum »Vorbereitung« an, und veröffentlichen Sie dieses.

11.3.3 Das Forum im Frontend

Wie alle Komponenten muss Kunena über eine Verlinkung in einem Frontend-Menü sichtbar gemacht werden.

Gehen Sie dazu in die Menüverwaltung, und erstellen Sie einen neuen Menüeintrag für das Hauptmenü. Beim Erstellen des Menüpunkts wählen Sie als Erstes den Menütyp KATEGORIE im Bereich KUNENA. In der rechten Spalte können Sie unter dem Punkt BENÖTIGTE EINSTELLUNGEN die gewünschte Kategorie aussuchen, die später angezeigt werden soll. Klicken Sie hier auf VORBEREITUNG.

Nun können Sie das Forum »Vorbereitung« über den Menüeintrag im Frontend aufrufen.

Standardeinstellung

Um im Forum schreiben zu können, müssen Sie angemeldet sein.

Abbildung 11.14 Das Forum im Frontend

Nach der Anmeldung können Sie Ihren ersten Post veröffentlichen, indem Sie ein neues Thema beginnen.

Falls Sie später zur Diskussion beitragen wollen, können Sie sich überlegen, ob Sie über NEUES THEMA einen neuen Thread beginnen wollen oder ob Sie sich in ein bereits bestehendes Thema einreihen wollen. In beiden Fällen erhalten Sie ein Editierfenster mit vielen Formatierungsoptionen für Ihren Beitrag (siehe Abbildung 11.15).

Sie haben hier jedoch keinen WYSIWYG-Editor an der Hand, sondern müssen Ihre Formatierungswünsche über die sogenannten BB-Codes eingeben. Diese entsprechen den gleichnamigen HTML-Tags und werden über die Schaltflächen eingefügt oder per Hand eingegeben, z.B. erscheint `[i]Beispiel[/i]` kursiv.

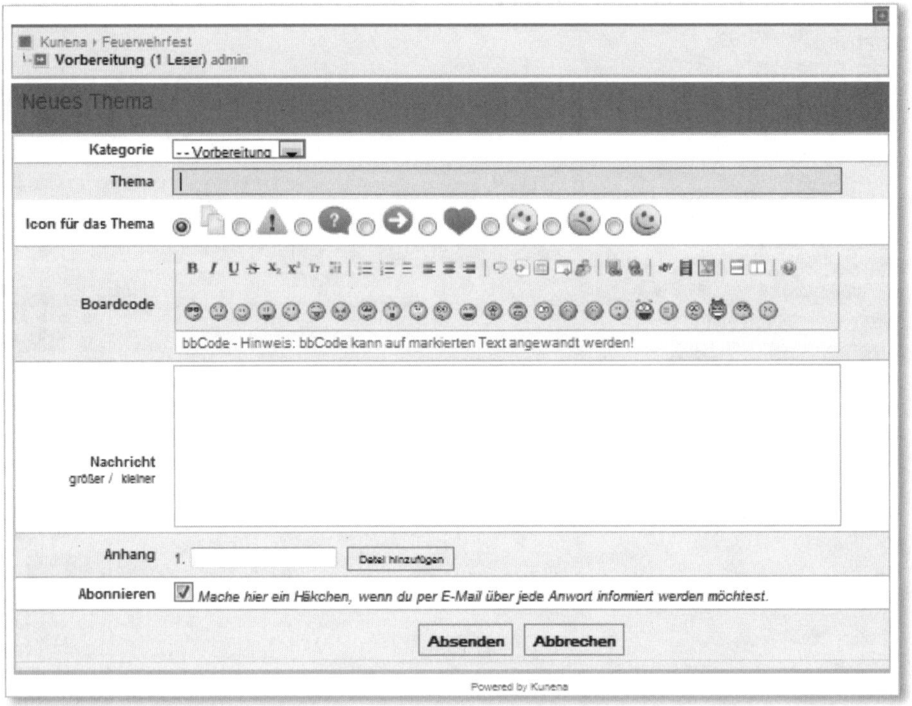

Abbildung 11.15 Das Formular zum Erstellen eines Beitrags

11.3.4 Forumeinstellungen

Über den Link FORUMEINSTELLUNGEN gelangen Sie zur Konfiguration des Forums.

Abbildung 11.16 Die globalen Einstellungen des Forums

Die Register verwalten verschiedene Bereiche, die in Tabelle 11.1 vorgestellt werden.

Register	Funktion
Allgemein	Allgemeine Einstellungen: z. B. Forumstitel vergeben, Forum offline schalten, Ansicht umstellen
Frontend	Darstellung der Nachricht und Nutzer im Frontend: z. B. wie viele Nachrichten auf einer Seite angezeigt werden und ob ein Nutzer seine Posts bearbeiten kann
Benutzer	Grundlegende Benutzer und Benutzerprofileinstellungen, z. B. ob der Benutzername oder der reale Name angezeigt wird
Sicherheit	Einstellung, wer das Forum auf welche Weise nutzen darf: z. B. Aktivierung des Captchasystems
Avatare	Konfiguration der Avatare. Das sind kleine Grafiken, meistens Fotos des Autors, die die Beiträge des jeweiligen Nutzers kennzeichnen: z. B. in welcher Größe die Avatare dargestellt werden sollen
Uploads	Einstellung, wer welche Dateien hochladen darf: z. B. Größenbeschränkungen für Dateien und Bilder, erlaubte Dateiformate
Rangsystem	Optionen zur Rankinganzeige: z. B., ob ein Fortschrittsbalken angezeigt werden soll
BBcode	Einstellungen zum forumseigenen Formatiercode
Integration	Schnittstelle zu anderen Erweiterungen: z. B. können Sie die Avatare aus der Komponente *Community Builder* übernehmen.
RSS	Einstellungen zu den Feeds, z. B. für welche Zeitspanne Beiträge angezeigt werden sollen
Plugins	Erweiterungen für Kunena, u. a. statistische Auswertungen

Tabelle 11.1 Die Register der Kunena-Konfiguration

11.3.5 Weitere Verwaltungswerkzeuge

Neben den Werkzeugen zur Konfiguration gibt es noch weitere wichtige Verwaltungsbereiche im Backend, in denen Sie das Forum steuern können:

- BENUTZER
  Das Forum übernimmt die Userdaten von Joomla!. Doch erst, wenn sich ein Joomla!-Nutzer eingeloggt und das Forum aufgerufen hat, zählt er zu den Benutzern des Forums und erscheint in der Benutzeradministration Kunenas. Hier können zusätzliche Profildetails eingegeben werden, wie z. B. die Signatur, die stets unter den Beiträgen erscheinen soll. Jeder Teilnehmer kann seine

Einstellungen auch im Frontend verändern, wo sogar noch weitere Optionen, wie das Einbinden eines Avatars, bestehen.

- SYNCHRONISIERE BENUTZER
  Über diesen Link können Sie die Benutzer von Joomla! in Kunena übernehmen.
- VERWALTEN VON BILDERN UND DATEIEN
  Dateien und Bilder, die von den Nutzern im Frontend hochgeladen wurden, können über die Symbole HOCHGELADENE DATEIEN VERWALTEN und HOCHGELADENE BILDER VERWALTEN mit Parametern versehen und gelöscht werden.
- DAS FORUM SÄUBERN
  Kunena bietet Ihnen zwei Manager, die Ihr Forum optimieren sollen:
  - BEREINIGEN DER FOREN
    Hier besteht die Möglichkeit, automatisch Threads entfernen zu lassen, für die innerhalb der angegebenen Anzahl an Tagen keine Beiträge mehr geschrieben wurden.
  - BEREINIGEN DER BENUTZERDATENBANK
    Durch die Funktion SYNCHRONISIERE BENUTZER werden die Teilnehmer von Kunena mit der Benutzerverwaltung von Joomla! synchronisiert. Alle Profile, die in Joomla! gelöscht wurden, werden auch in Kunena gelöscht.

11.4 Übungsaufgaben

1. Wie deinstallieren Sie Komponenten?
2. Was tun Sie, wenn die Sprache nicht Deutsch ist?
3. Installieren und aktivieren Sie das Paket »Phoca Gallery Tree Module«, das Sie auf der CD unter *erweiterungen* finden.

Anhang

A Symbole und Parameter

A.1 Funktionen im Editor TinyMCE

Schaltfläche	Funktion
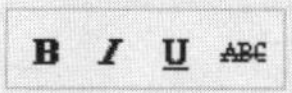	Fett; Kursiv; Unterstrichen; Durchgestrichen
	Linksbündig; Zentriert; Rechtsbündig; Blocksatz
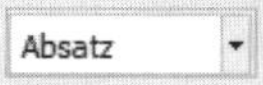	CSS-Stile
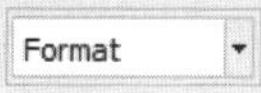	Formatierung der verschiedenen Überschriften 1 bis 6 sowie Sonderformate wie z. B. Preformatted
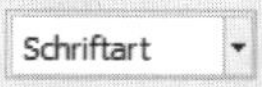	Schriftart
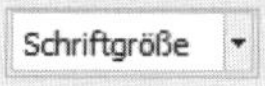	Schriftgröße
	Suchen; Suchen/Ersetzen
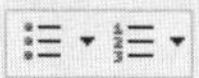	Aufzählung; Nummerierung
	Absatz ausrücken, Absatz einrücken
	Rückgängig; Vorwärts
	Link einfügen; Link entfernen
	Anker einfügen
	Bild einfügen
	Aufräumen
	Ansicht in HTML
	Aktuelles Datum/aktuelle Uhrzeit einfügen

Tabelle A.1 Die Formatierungsoptionen des TinyMCE

Schaltfläche	Funktion
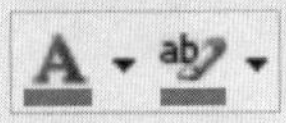	Textfarbe/Hintergrundfarbe ändern
	Umschalten in die Vollbildansicht
	Tabelle erstellen/bearbeiten
	Eigenschaften der Tabellen-Zeile/Zelle
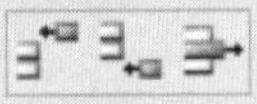	Tabellenzeile oberhalb/unterhalb einfügen; Zeile entfernen
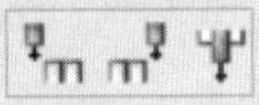	Tabellenspalten links/rechts einfügen; Spalte entfernen
	Vereinte Zellen trennen; Zellen vereinen
	Horizontale Linie einfügen
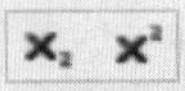	Tiefgestellt; Hochgestellt
	Sonderzeichen/Smilies einfügen
	Multimedia-Dateien (wie z. B. Flash-Filme) einbinden
	Horizontale Linie mit der Möglichkeit der Detaileinstellung
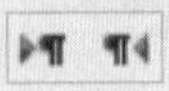	Felder auf linksbündig bzw. rechtsbündig stellen
	Ausschneiden; Kopieren; Einfügen
	Als normalen Text einfügen: Mit Formatierungen (z. B. Word) einfügen; alles auswählen
	Neues Feld einfügen
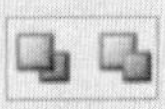	Feld nach vorn/nach hinten
	Feld absolut positionieren

Tabelle A.1 Die Formatierungsoptionen des TinyMCE (Forts.)

Schaltfläche	Funktion
	CSS editieren
	Quellenangabe; Abkürzung; Akronym
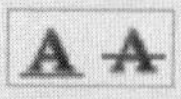	Eingefügter Text; Entfernter Text
	Attribute einfügen/bearbeiten
	Steuerungszeichen anzeigen/verbergen
	Geschütztes Leerzeichen einfügen
	Zitatblock einfügen
	Vorlageninhalt einfügen

Tabelle A.1 Die Formatierungsoptionen des TinyMCE (Forts.)

A.2 Funktionen der Werkzeugleiste

Symbol	Beschreibung
	Erstellt abhängig vom Kontext ein neues Element, z. B. ein neues Menü.
	Veröffentlicht das aktuell ausgewählte Element. In Massenmail bedeutet es das Verschicken einer Mail.
	Schaltet den ausgewählten Inhalt auf der Website unsichtbar.
	Macht den ausgewählten Inhalt auf der Website wieder sichtbar.

Tabelle A.2 Die Symbole der Werkzeugleiste

Symbol	Beschreibung
Haupteintrag	Haupteintrag: Festlegung von Haupteinträgen
Archivieren	Verschiebt das Objekt ins Archiv.
Einchecken	Ein ausgecheckter Beitrag wird wieder freigegeben.
Bearbeiten	Schaltet das jeweilige Objekt in die Editieransicht.
Papierkorb	Papierkorb: Verschiebt Elemente in den Papierkorb.
Papierkorb leeren	Papierkorb leeren: Löscht alle Beiträge aus dem Papierkorb.
Optionen	Blendet Fenster mit Optionen ein.
Löschen	Löschen: Löscht jedes beliebige Objekt permanent. Dies kann nicht mehr rückgängig gemacht werden, es sei denn, man hat vorher die Datenbank gesichert.
Abbrechen	Abbrechen: Beendet den jeweiligen Vorgang, ohne zu speichern.
Wiederherstellen	Wiederherstellen der Menüstruktur.
Kopieren	Kopiert die ausgewählten Objekte an den angegebenen Zielort.
Speichern	Speichert die Ergebnisse der Verwaltungsebene zwischen.

Tabelle A.2 Die Symbole der Werkzeugleiste (Forts.)

Symbol	Beschreibung
	Speichert das bearbeitete Element in der Datenbank und springt auf die übergeordnete Managerebene.
	Speichert das bearbeitete Element in der Datenbank und öffnet ein neues Element.
	Bricht den Bearbeitungsvorgang ab und wechselt in die übergeordnete Ebene. In der Userverwaltung loggen Sie damit Nutzer aus.
	Entfernt Einträge aus der Liste.
	Setzt das Template als Standard fest.
	Kopiert ein bestehendes Template.
	Führt zu den Hilfeseiten.

Tabelle A.2 Die Symbole der Werkzeugleiste (Forts.)

A.3 Parameter der unterschiedlichen Menütypen

Benötigte Einstellungen	Bedeutung
Choose a Kategorie	Verlinkung des Menüpunkts zu einer bereits erstellten Kategorie
Kategorieoptionen	
Kategorietitel anzeigen	Entscheiden Sie, ob der Seitentitel, der in der jeweiligen Kategorie eingetragen wurde, als Unterüberschirift (`h2`) sichtbar sein soll.
Kategoriebeschreibung	Bestimmen Sie, ob die Beschreibung aus der Kategorie unter dem Seitentitel erscheinen soll.
Kategoriebild	Wählen Sie, ob das Bild der Kategorie angezeigt werden soll.

Tabelle A.3 Parameter zum Menütyp »Kategorie-Blog«

Benötigte Einstellungen	Bedeutung
Subcategory Levels	Die maximale Anzahl der anzuzeigenden Kategorieebenen
Leere Kategorie	Zeigt/versteckt Kategorien ohne Inhalte oder Unterkategorien
Keine Beitragsnachricht	Zeigt/versteckt einen Hinweistext, wenn keine Beiträge in der Kategorie vorhanden sind.
Subcategories Descriptions	Beschreibung der Unterkategorien aktivieren/deaktivieren
#Kategorieeinträge	Es wird die Anzahl der Einträge in den Kategorien angezeigt oder verborgen.
Page Subheading	Optionaler Text, der als Titelunterschrift erscheinen soll
Blog-Layout-Optionen	
#Leading Articles	Bestimmt, wie viele Einträge als Hauptbeiträge angezeigt werden sollen (also in voller Breite und ohne Spalten).
#Intro Articles	Bestimmt, wie viele Einträge mit Intro-Text angezeigt werden sollen.
#Spalten	Legt fest, wie viele Spalten pro Zeile für den Intro-Text genutzt werden.
#Links	Bestimmen Sie die Anzahl der Einträge, die als Links dargestellt werden sollen.
Mehrspaltige Sortierung	Entscheiden Sie, ob Beiträge innerhalb der Spalte nebeneinander oder untereinander sortiert werden.
Include Subcategories	Definieren Sie, bis zu welcher Ebene Unterkategorien berücksichtigt werden sollen.
Kategoriesortierung	Reihenfolge der Kategorien
Beitragssortierung	Reihenfolge der Beiträge
Date of Ordering	Nach welchem Datum sollen die Kategorien sortiert werden?
Seitenzahlen	Zeigt/versteckt Seitenzahlen zum Blättern am Ende des Artikels
Seitenzahlen Ergebnisse	Zusätzliche Information zur Seitenzahl
Beitragsoptionen	
Titel	Zeigt/versteckt die Titel der Beiträge.
Verlinkte Titel	Wurde BEITRAGSTITEL ANZEIGEN aktiviert (s. o.), können Sie diese auch verlinken.
Einleitungstext anzeigen	Zeigt/versteckt den Intro-Text von Beiträgen.

Tabelle A.3 Parameter zum Menütyp »Kategorie-Blog« (Forts.)

Benötigte Einstellungen	Bedeutung
Kategorie	Zeigt/versteckt die Namen der zugehörigen Kategorie im Beitrag.
Link Category	Der Kategoriename funktioniert als Link.
Übergeordnete Kategorie	Zeigt/versteckt den Namen der übergeordneten Kategorie.
Link Übergeordnet	Der Kategoriename funktioniert als Link.
Autor	Zeigt/versteckt den Namen des Autors des Beitrags.
Link Autor	Verlinkt auf die Kontaktseite des Autors.
Erstellungsdatum	Zeigt/versteckt das Erstellungsdatum des Beitrags.
Bearbeitungsdatum	Zeigt/versteckt das Datum der letzten Bearbeitung des Beitrags.
Veröffentlichungsdatum	Zeigt/versteckt das Veröffentlichungsdatum des Beitrags.
Seitennavigation	Zeigt/versteckt eine Navigation zwischen den Beiträgen.
Beitragsbewertung	Zeigt/versteckt die Abstimmung zu einem Beitrag.
»Weiterlesen«	Setzt den Link »Weiterlesen« unter den Beitrag.
Weiterlesen	Setzt den Titel des Beitrags auf den »Weiterlesen«-Button.
Symbole/Text	Zeigt/versteckt die nachfolgenden zwei Icons.
Druck Symbol	Zeigt/versteckt den Link/das Icon zur druckerfreundlichen Version eines Beitrags.
E-Mail Symbol	Zeigt/versteckt den Link/das Icon, mit dem der User einen Beitrag per E-Mail verschicken kann.
Seitenaufrufe	Zeigt/versteckt die Auswertung der bisherigen Zugriffe auf einen Beitrag.
Nicht zugängliche Links	Zeigt/versteckt Links auf Inhalte für registrierte Nutzer. Um die Beiträge zu lesen, ist jedoch eine Anmeldung erforderlich.
Integrationsoptionen	
Feedlink anzeigen	RSS-Feedlink als Icon neben dem Artikel anzeigen
Für jeden Feedeintrag anzeigen	Entscheiden Sie, ob nur der Introtext oder der gesamte Beitrag im RSS-Feed erscheinen soll.
Linktypoptionen	
Link Titel Attribute	Definieren Sie ein alternatives Titelattribut für den Menüeintrag (erscheint als Flyout).
Link CSS Stil	Optionale CSS-Eigenschaft für den Menüeintrag
Bildlink	Ein optionales Bild für den Menüeintrag
Menütitel hinzufügen	Soll der Menütitel neben dem optionalen Bild erscheinen?

Tabelle A.3 Parameter zum Menütyp »Kategorie-Blog« (Forts.)

Benötigte Einstellungen	Bedeutung
Seiten Anzeige Optionen	
Browser Seitentitel	Legen Sie hier einen speziellen Seitentitel für den verlinkten Beitrag fest. Andernfalls wird der Menüname als Titel verwendet.
Seitentitel anzeigen	Bestimmen Sie, ob die Seitentitel angezeigt werden sollen (`h1`).
Seitenüberschrift	Alternativer Text für den Seitentitel
Seitenklassss	Optionale CSS-Eigenschaft für den Seitentitel
Metadatenoptionen	
Meta-Beschreibung	Abweichende Beschreibung des Seiteninhalts zu der globalen Einstellung (suchmaschinenrelevant)
Meta-Schlüsselworte	Schlüsselworte, die den Inhalt abweichend von der globalen Einstellung beschreiben (suchmaschinenrelevant)
Robots	Definieren Sie, ob der Beitrag von Suchmaschinen indexiert werden soll und ob die Suchmaschinen wiederkehren sollen.
Secure	Entscheiden Sie, ob der Link über SSL angesteuert werden soll.

Tabelle A.3 Parameter zum Menütyp »Kategorie-Blog« (Forts.)

Listenlayout	Bedeutung
»Anzeige« anzeigen	Die ANZEIGE-Dropdown-Liste anzeigen
Filterfeld	Das Filterfeld anzeigen/verstecken
Tabellenüberschrift	Die Tabellenüberschrift oberhalb der Liste anzeigen/verstecken
Datum	Datumsspalte anzeigen
Datumsformat	Konfigurieren Sie die Datumsdarstellung (D/M/Y).
Seitenaufrufe	Zeigt/versteckt die Auswertung der bisherigen Zugriffe auf einen Beitrag.
Autor in Liste anzeigen	Entscheiden Sie, ob die Autoren in einer Spalte angezeigt werden sollen.
Kategoriesortierung	Reihenfolge der Kategorien
Beitragssortierung	Reihenfolge der Beiträge
Date of Ordering	Nach welchem Datum sollen die Kategorien sortiert werden?
Seitenzahlen	Zeigt/versteckt Seitenzahlen zum Blättern am Ende des Artikels
Seitenzahlen Ergebnisse	Zusätzliche Information zur Seitenzahl

Tabelle A.4 Parameter für die Kategorieliste

Listenlayout	Bedeutung
»Anzeige« anzeigen	Die ANZEIGE-Dropdown-Liste anzeigen
Tabellenüberschrift	Die Tabellenüberschrift oberhalb der Liste anzeigen/verstecken
Position ... Land	Definieren Sie die Kontaktdetails, die in den Spalten angezeigt werden sollen.
Seitenzahlen	Zeigt/versteckt Seitenzahlen zum Blättern am Ende des Artikels.
Seitenzahlen Ergebnisse	Zusätzliche Information zur Seitenzahl
Kontakt Anzeige Optionen	
Display Format	Wählen Sie den Stil, mit dem die Bereiche des Kontaktformulars dargestellt werden sollen (Schieberegler, Reiter, Normal).
Contact Category	Entscheiden Sie, ob und wie die Kontaktkategorie angezeigt werden soll.
Kontaktliste anzeigen	Kontakte aus einer Dropdown-Liste auswählen
Name ... Bild	Entscheiden Sie, welche Kontaktdetails in der Tabelle aufgeführt werden sollen.
vCard	De-/aktiviert die Unterstützung von vCards (elektronische Visitenkarten aus E-Mails, PDAs oder Mobiltelefonen).
Benutzer Beiträge anzeigen	Ist dieser Kontakt auch ein registrierter User, können Sie seine Beiträge anzeigen lassen.
Show Links	Links anzeigen
Link A Label ...Link E Label	Zusätzliche Links für den Kontakt
E-Mail-Optionen	
Kontakt Formular anzeigen	Wählen Sie, ob ein Kontaktformular im Frontend erscheinen soll.
Send Copy to Submitter	Checkbox, mit der der Sender die E-Mail auch an sich senden lassen kann
Blockiere E-Mail	Bestimmen Sie, welche E-Mail-Adressen bei der Eingabe nicht erlaubt sein sollen (Adresse1; Adresse2; ...).
Verbotene Betreffzeilen	Bestimmen Sie, welche Betreffzeilen bei der Eingabe nicht erlaubt sein sollen.
Session Prüfung	Es wird geprüft, ob ein Session-Cookie vorhanden ist. E-Mails können nur von Benutzern mit Cookie verschickt werden. (Cookies müssen beim jeweiligen Benutzer im Browser aktiviert worden sein.)

Tabelle A.5 Parameter für Kontakte in einer Kategorie auflisten

Listenlayout	Bedeutung
Benutzerdefinierte Antwort	De-/aktiviert die automatische Antwortnachricht.
Kontakt Weiterleitung	Es kann eine alternative E-Mail-Adresse hinterlegt werden.

Tabelle A.5 Parameter für Kontakte in einer Kategorie auflisten (Forts.)

Feed Anzeige Optionen	Bedeutung
Feed Bild	De-/aktiviert die Darstellung von Feed-Bildern.
Feed Beschreibung	De-/aktiviert die Beschreibung des Feeds.
Feed Inhalt	Zeigt den eigentlichen Feed-Inhalt.
Characters count	Grenzen Sie die Anzahl der angezeigten Buchstaben pro Feed ein.

Tabelle A.6 Erläuterung zu Newsfeed

Basisoptionen	Bedeutung
Suchbereich verwenden	Zeigt/versteckt die Suchfunktion.
Show Created Date	Zeigt/versteckt das Erstellungsdatum des Beitrags.

Tabelle A.7 Parameter zur Komponente »Suche«

Der Menütyp Benutzer greift auf die Login-Komponente zu und erlaubt Ihnen den Zugriff auf fünf verschiedene Layouts des Logins:

Layout	Bedeutung
Anmeldeformular	Ruft das Standard-Login-Formular auf.
Benutzerprofile (bearbeiten)	Lassen Sie Benutzerprofile anzeigen, oder stellen Sie die Bearbeitung des Benutzerprofils zur Verfügung.
Registrierungsformular	Ermöglicht die Registrierung für neue Benutzer.
Benutzername erneut zusenden	Hat ein Benutzer seinen Benutzernamen vergessen, kann er ihn hier wieder anfordern.
Passwort zurücksetzen	Gibt dem Benutzer die Möglichkeit, sein vergessenes Passwort neu anzufordern.

Tabelle A.8 Beschreibung der Login-Komponente

Weblinks stellen eine einfache Auflistung der vorhandenen Links dar. Das Kategorielisten-Layout zeigt alle Kategorien mit Weblinks in einer Liste. Die Listenparameter haben Sie bereits kennengelernt.

Mit dem *Iframe Wrapper* können Sie externe Webseiten in Form eines Iframes in Joomla! einbinden.

Iframes?

Iframes sind eingebettete Frames, die keine Aufteilung des Fensters verursachen. Sie bilden eigene Bereiche innerhalb einer HTML-Datei, in denen Sie fremde Quellen darstellen können.

So ist es also möglich, bei den Parametern eines Wrappers auch Scrollleisten ein- und auszuschalten oder die Höhe und Breite dieses eingebetteten Frames zu bestimmen.

Basisoptionen	Bedeutung
Webadresse	Geben Sie hier die URL der externen Seite an.
Bildlaufleiste Parameter	
Breite	Bestimmen Sie die Breite des Iframe-Fensters. Für eine absolute Angabe geben Sie Pixel an, die relative Angabe erfolgt in Prozent.
Höhe	Bestimmen Sie die Höhe des Iframe-Fensters. Für eine absolute Angabe geben Sie Pixel an, die relative Angabe erfolgt in Prozent.
Bildlaufleiste (Scrollbar)	Wählen Sie, ob die Scrollbalken nie erscheinen sollen (Nein), immer zu sehen sein sollen (Ja) oder nur, falls es tatsächlich nötig ist (Auto).
Erweiterte Optionen	
Automatische Höhe	Setzt die Höhe des Iframes automatisch auf die Höhe der externen Seite, egal ob bei HÖHE etwas angegeben wurde oder nicht. Dies funktioniert nur mit Seiten der eigenen Domain, ansonsten kann es zu JavaScript-Fehlern kommen.
Automatisch hinzufügen	Bestimmt, ob der URL in der Wrapper-URL automatisch »http://« hinzugefügt wird. Haben Sie NEIN gewählt, müssen Sie die URL selbst vollständig angeben, da der Link sonst relativ zu Ihrer Seite behandelt wird.

Tabelle A.9 Parameter zum Iframe Wrapper

Systemlinks

Details	Bedeutung
Link	springt direkt an eine Internetadresse (URL), die Sie im Bereich DETAILS angegeben haben. Die Parameter bieten Ihnen lediglich die Möglichkeit, einen Titel, eine Formatierung und ein Bild zu bestimmen. Ansonsten wird der externe Link ohne weitere Einstellungen im aktiven Fenster geöffnet.

Tabelle A.10 Erläuterungen zum externen Link

Parameter	Bedeutung
Menü Alias	Verlinkung auf einen bereits bestehenden Menüeintrag. Wählen Sie in den BENÖTIGTEN EINSTELLUNGEN einen beliebigen Menüeintrag aus. So können Sie schnell und unkompliziert vorhandene Menüeinträge verdoppeln und zusätzlich in anderen Menüs einstellen.

Tabelle A.11 Erläuterungen zum Menü »Alias«

Parameter	Bedeutung
Text Trennzeichen	Dieser »Platzhalter« fügt im Menü einen nicht verlinkten Punkt ein und ermöglicht es Ihnen, unterschiedliche Bereiche visuell voneinander abzugrenzen. Bestimmen Sie die gewünschte Zeichenfolge, z. B. »=======«, die als Trennlinie dienen soll, oder wählen Sie ein Bild bzw. den Namen eines Menüpunkts an, der zunächst als Platzhalter dargestellt werden soll

Tabelle A.12 Erläuterungen zum »Text Trennzeichen«

A.4 Inhalte erstellen und verändern (globale Optionen)

Diese Einstellungen sind für alle Artikel gültig, bis in einem Artikel individuelle Einstellungen getroffen werden, die von den globalen Einstellungen abweichen.

Beiträge

Detail	Bedeutung
Layout	Verfügbare Layouts für Beiträge (abhängig von den installierten Templates)
Titel	Zeigt/versteckt die Titel der Beiträge.

Tabelle A.13 Globale Parameter für Beiträge

Detail	Bedeutung
Verlinkte Titel	Wurde BEITRAGSTITEL ANZEIGEN aktiviert (s. o.), können Sie diese auch verlinken.
Einleitungstext anzeigen	Zeigt/versteckt den Intro-Text von Beiträgen.
Kategorie	Zeigt/versteckt die Namen der zugehörigen Kategorie im Beitrag.
Link Category	Der Kategoriename funktioniert als Link.
Übergeordnete Kategorie	Zeigt/versteckt den Namen der übergeordneten Kategorie.
Link Übergeordnet	Der Kategoriename funktioniert als Link.
Autor	Zeigt/versteckt den Namen des Autors des Beitrags.
Link Autor	Verlinkt auf die Kontaktseite des Autors.
Erstellungsdatum	Zeigt/versteckt das Erstellungsdatum des Beitrags.
Bearbeitungsdatum	Zeigt/versteckt das Datum der letzten Bearbeitung des Beitrags.
Veröffentlichungsdatum	Zeigt/versteckt das Veröffentlichungsdatum des Beitrags.
Seitennavigation	Zeigt/versteckt eine Navigation zwischen den Beiträgen.
Beitragsbewertung	Zeigt/versteckt die Abstimmung zu einem Beitrag.
»Weiterlesen«	Setzt den Link »Weiterlesen« unter den Beitrag.
Weiterlesen	Setzt den Titel des Beitrags auf den »Weiterlesen«-Button.
Weiterlesen Textlimit	Anzahl der Buchstaben eines Artikeltitels, die im »Weiterlesen«-Button erscheinen dürfen
Symbole/Text	Zeigt/versteckt die nachfolgenden zwei Icons.
Druck Symbol	Zeigt/versteckt den Link/das Icon zur druckerfreundlichen Version eines Beitrags.
E-Mail Symbol	Zeigt/versteckt den Link/das Icon, mit dem der User einen Beitrag per E-Mail verschicken kann.
Seitenaufrufe	Zeigt/versteckt die Auswertung der bisherigen Zugriffe auf einen Beitrag.
Nicht zugängliche Links	Zeigt/versteckt Links auf Inhalte für registrierte Nutzer. Um die Beiträge zu lesen, ist jedoch eine Anmeldung erforderlich.

Tabelle A.13 Globale Parameter für Beiträge (Forts.)

Kategorien

Detail	Bedeutung
Layout	Entscheiden Sie sich zwischen einem Blog- oder Listen-Layout.
Kategorietitel anzeigen	Entscheiden Sie, ob der Seitentitel, der in der jeweiligen Kategorie eingetragen wurde, als Unterüberschirift (h2) sichtbar sein soll.
Kategoriebeschreibung	Bestimmen Sie, ob die Beschreibung aus der Kategorie unter dem Seitentitel erscheinen soll.
Kategoriebild	Wählen Sie, ob das Bild der Kategorie angezeigt werden soll.
Subcategory Levels	Die maximale Anzahl der anzuzeigenden Kategorieebenen
Leere Kategorie	Zeigt/versteckt Kategorien ohne Inhalte oder Unterkategorien.
Keine Beitragsnachricht	Zeigt/versteckt einen Hinweistext, wenn keine Beiträge in der Kategorie vorhanden sind.
Subcategories Descriptions	Beschreibung der Unterkategorien aktivieren/deaktivieren
#Beiträge in Kategorie	Es wird die Anzahl der Einträge in den Kategorien angezeigt oder verborgen.

Tabelle A.14 Globale Parameter für Kategorien

Blog/Bevorzugte Layouts

Detail	Bedeutung
#Leading Articles	Bestimmt, wie viele Einträge als Hauptbeiträge angezeigt werden sollen (also in voller Breite und ohne Spalten).
#Intro Articles	Bestimmt, wie viele Einträge mit Intro-Text angezeigt werden sollen.
#Spalten	Legt fest, wie viele Spalten pro Zeile für den Intro-Text genutzt werden.
#Links	Bestimmen Sie die Anzahl der Einträge, die als Links dargestellt werden sollen.
Mehrspaltige Sortierung	Entscheiden Sie, ob Beiträge innerhalb der Spalte nebeneinander oder untereinander sortiert werden.

Tabelle A.15 Globale Parameter für das Blog-Layout

Detail	Bedeutung
Include Subcategories	Definieren Sie, bis zu welcher Ebene Unterkategorien berücksichtigt werden sollen.
Kategoriesortierung	Reihenfolge der Kategorien
Beitragssortierung	Reihenfolge der Beiträge
Date of Ordering	Nach welchem Datum sollen die Kategorien sortiert werden?

Tabelle A.15 Globale Parameter für das Blog-Layout (Forts.)

Listen-Layout

Detail	Bedeutung
»Anzeige« anzeigen	Die ANZEIGE-Dropdown-Liste anzeigen
Filterfeld	Das Filterfeld anzeigen/verstecken
Tabellenüberschrift	Die Tabellenüberschrift oberhalb der Liste anzeigen/verstecken
Datum	Datumsspalte anzeigen
Datumsformat	Konfigurieren Sie die Datumsdarstellung (D/M/Y).
Seitenaufrufe	Zeigt/versteckt die Auswertung der bisherigen Zugriffe auf einen Beitrag.
Autor in Liste anzeigen	Entscheiden Sie, ob die Autoren in einer Spalte angezeigt werden sollen.
Seitenzahlen	Zeigt/versteckt Seitenzahlen zum Blättern am Ende des Artikels.
Seitenzahlen Ergebnisse	Zusätzliche Information zur Seitenzahl

Tabelle A.16 Globale Parameter für das Listen-Layout

Integration

Detail	Bedeutung
Feedlink anzeigen	RSS-Feedlink als Icon neben dem Artikel anzeigen
Für jeden Feedeintrag anzeigen	Entscheiden Sie, ob nur der Introtext oder der gesamte Beitrag im RSS-Feed erscheinen soll.

Tabelle A.17 Globale Parameter für Feeds

Textfilter

Bestimmen Sie, ob für bestimmte Benutzergruppen HTML-Inhalte unabhängig vom Texteditor gefiltert werden sollen. Sie können das Filterverfahren jeweils mit eigenen Elementen oder Attributen ergänzen.

Filterverfahren	Bedeutung
Schwarze Liste	Alle HTML-Tags oder Attribute, außer denen, die in der Liste aufgeführt werden. Halten Sie den Mauszeiger über das Dropdown-Feld, um die Liste angezeigt zu bekommen.
Weiße Liste	Es sind nur die Tags und Attribute erlaubt, die von Ihnen in den Feldern festgelegt wurden.
Kein HTML	Sämtliche HTML-Inhalte werden nach dem Speichern aus dem Text entfernt.
Keine Filterung	Die Inhalte werden nicht gefiltert.

Tabelle A.18 Globale Parameter für Textfilter

Berechtigungen

Verwalten Sie die Zugriffsberechtigungen für die einzelnen Nutzergruppen.

Aktion	Einstellunge
Konfigurieren Zugriffskomponente Erstellen Löschen Bearbeiten Status bearbeiten Besitzer bearbeiten	Definieren Sie für die Aktionen, ob sie vererbt sein sollen oder explizit erlaubt/verboten sind.

Tabelle A.19 Globale Parameter für Zugriffsberechtigungen

B Glossar

Accessibility → *Barrierefreiheit*

Add-on Eigenständiges Programm, das für eine bestimmte Software zusätzliche Dienste leistet. → *Plugin*.

Accesskey Tastenkombination für den schnellen Zugriff auf Programmfunktionen.

Administrator (Admin) Softwarenutzer mit besonderen Rechten. Hat die Aufgabe, die Software zu installieren, zu warten, zu erneuern und die Bedingungen herzustellen, dass normale User ihrem Tagesgeschäft mit der Software nachgehen können.

API (Application Programming Interface) Die Schnittstelle, die ein Programm anderen Anwendungen bereitstellt, damit diese auf die Funktionen des Programms zugreifen können.

ASCII (American Standard Code for Information Interchange) Standardisierter Zeichensatz zur Textdarstellung.

Backend Bezeichnet den Teil einer Software-Anwendung, die auf dem Server läuft und die Daten verwaltet. Dagegen wird das Programm, das die Daten auf dem Client darstellt, als Frontend bezeichnet. Der Backend-Bereich ist nur Administratoren zugänglich.

Barrierefreiheit Dabei handelt es sich um ein Designprinzip, bei dem versucht wird, die Nutzung einer Webseite unabhängig von körperlichen Behinderungen und technischen Hürden zu ermöglichen.

Beiträge Stellen die unterste Ebene der Joomla!-Hierarchie dar. Ähnliche Beiträge werden in → *Kategorien* zusammengefasst.

Blog (»Weblog«) Eine Art webbasiertes Tagebuch, in dem der Blogger schnell Artikel publizieren kann. Die Einträge werden beginnend mit dem aktuellsten in einer Liste angezeigt. Sie können meistens von den Besuchern kommentiert, aber nicht verändert werden.

Captcha Bild mit einem verzerrten Text, der für Menschen ohne Probleme lesbar ist, Computern aber Schwierigkeiten bereitet. Wird eingesetzt, um sicherzustellen, dass man es mit einem Menschen als Kommunikationspartner zu tun hat.

Chat Kommunikationsform im Internet. Mehrere Teilnehmer sind gleichzeitig in einem Chatroom (einem Textfeld) anwesend und unterhalten sich schriftlich.

CMT Bezeichnet Komponenten, Module und Templates.

CMTM Bezeichnet Komponenten, Module, Templates und Plugins.

Community (»Gemeinde«) Die Gruppe der Menschen, die zusammen in Wikis, Blogs, CMS etc. arbeiten und interagieren.

Content (»Inhalt«) Bezeichnet den Inhalt bzw. den Inhaltsbereich einer Seite.

Content-Management-System (CMS) Software zur Speicherung, Verwaltung und Suche nach Dokumenten oder Inhalten. Webbasierte CMS werden oft verwendet, um gemeinsam eine Homepage zu erstellen.

Copyleft Lizenzmodell, das die freie Möglichkeit der Vervielfältigung, Verbreitung und Veränderung eines Werks garantiert, indem es diese Rechte nur einräumt, wenn bei der Weitergabe oder Modifikation die freie Lizenz erhalten bleibt.

Cracker Computerfreaks, die Software durch eigene Programmcodes oder sonstige Veränderungen manipulieren. Sie stehen als Synonym für destruktive → *Hacker*.

Creative Commons Freie Lizenz, die die Nutzung eines Dokuments in verschiedenen Abstufungen regelt. Der Urheber hat die Option, die Nennung seines Namens vorzuschreiben, eine kommerzielle Nutzung zu erlauben und Veränderungen zu verbieten, unter Beibehaltung der Lizenz zu erlauben (»Share Alike«) oder generell zu genehmigen. Creative Commons ist daher nicht zwangsläufig mit dem Copyleft-Prinzip konform. Der Lizenztext liegt in drei Fassungen vor: in einer für Laien verständlichen Kurzversion, in der juristisch korrekten Langversion und in einer maschinenlesbaren Version (z. B. für Suchmaschinen). Es gibt eine Vielzahl an Übersetzungen, u. a. auch ins Deutsche.

CSS (»Cascading Style Sheet«) Ein Formalismus, der das Aussehen einer HTML-Datei beschreibt. Mit CSS lassen sich das Layout und die Formatierungen eines Webangebots zentral und mit geringem Aufwand verwalten.

Dokumentenmanagement Verwaltung elektronischer Dokumente. Diese werden als abgeschlossen betrachtet. Der Inhalt des Dokuments ist also im Gegensatz zum Content-Management nicht über das System veränderbar.

Emoticon Kleines Bild oder Smiley, das den Gefühlszustand des Schreibers signalisieren soll.

Extension (»Erweiterung«) Programm, das verwendet werden kann, um die Funktionalität einer bestehenden Anwendung zu erweitern. Extensions sind nicht eigenständig lauffähig.

FDL (»Free Documentation License«) Eine aus der Software-Lizenz → *GPL* hervorgegangene Lizenz für Dokumente. Garantiert, dass die Nutzung des Dokuments dem → *Copyleft* folgt. Die Nutzer verpflichten sich zur Nennung der Namen aller an der Entstehung des Dokuments Beteiligten sowie zur ausschließlichen Weitergabe unter der FDL. Dabei muss der Lizenztext mit abgedruckt werden, was besonders bei kleineren Dokumenten problematisch ist. Außerdem liegt die FDL bisher nur in Englisch vor. Eine Alternative stellt die → *Creative-Commons*-Lizenz dar.

Forum Webanwendung, die sich zur Diskussion eignet. Es können Beiträge eingereicht werden, auf die andere Benutzer dann antworten können.

Frontend Für alle User zugänglicher Bereich einer webbasierten Software. Das Gegenteil von → *Backend*.

GNU GPL (»General Public License«) Software-Lizenz, die das → *Copyleft*-Prinzip begründet hat. Garantiert, dass Programme, die unter dieser Lizenz stehen, vervielfältigt, verbreitet und weitergegeben werden, unter der Bedingung, dass sich die Lizenz nicht ändert. Für Dokumente wurde die → *FDL* als Ableger entwickelt.

Hacker Talentierter Computerspezialist, der in fremde Systeme eindringt oder Sicherheitsbarrieren überwindet. Sein Wissen verwendet er jedoch meist zur Aufklärung der gefundenen Sicherheitslücken.

Inhalt → *Content*

Kategorie Eine Kategorie beinhaltet einzelne, thematisch ähnliche Inhaltsseiten. Kategorien können ineinander verschachtelt werden und somit eine Ordnungshierarchie bilden.

Klickpfad (»Breadcrumbs«) Zeigt den zurückgelegten Weg in einer Menüstruktur an und ermöglicht es, an einen beliebigen Punkt zurückzuspringen.

Komponente Erweiterungen von Joomla!. Sie können eigene dynamische Inhalte verwalten und im Backend und in der Datenbank separate Bereiche haben. Üblicherweise werden Ihre Daten im Frontend direkt im Inhaltsbereich angezeigt.

Kontrollzentrum Bereich auf der Startseite des Backends mit vielen Symbolen, über die verschiedene Aufgaben bewältigt werden können.

Login Die Anmeldung bei einer Website mit Name und Passwort. Ermöglicht häufig den Zugang in einen geschützten Bereich.

Modul Erweiterung von Joomla!, die der Anzeige spezieller Inhalte im Front- und Backend dient. Die Ausgabe erfolgt an speziellen Positionen außerhalb des Inhaltsbereichs.

MySQL Quelloffene Datenbank, die häufig im Zusammenhang mit Webanwendungen verwendet wird.

Newsfeed Computerlesbare Zusammenfassungen einer Webseite, die in regelmäßigen Abständen von einem Leseprogramm abgefragt und für den User aufbereitet werden. So ist er immer über aktuelle Veränderungen informiert. → *RSS*

Open Source Der Quelltext eines Programms ist frei verfügbar und darf von jedem verändert und weitergegeben werden.

PHP Eine Skriptsprache, die häufig dazu verwendet wird, um dynamische Webanwendungen zu betreiben.

Plugin Erweiterungstyp in Joomla! Programmteil, der in eine bestehende Software eingeklinkt werden kann, um diese um weitere Funktionalität zu ergänzen.

Podcast Liste mit Medienbeiträgen, zumeist Audiodateien. Ähnlich wie der → *Blog* eine Webanwendung, die den neuesten Beitrag als ersten anzeigt.

Programmierschnittstelle → *API*

Root-Verzeichnis Ausgangspunkt (Wurzel) einer Verzeichnisstruktur.

RSS Standard für → *Newsfeeds*

Safe Mode Sicherheitsoption von → PHP, bei der ein Skript, das auf eine Datei zugreifen will, und diese Datei selbst den gleichen Eigentümer haben müssen. Das bringt im Allgemeinen Einschränkungen für den Betrieb von PHP-basierten Webanwendungen mit sich.

Screenshot Ein Schnappschuss des aktuellen Bildschirminhalts. Besonders hilfreich bei Layout-Entwürfen, die noch keine Funktionalität haben sollen.

Sitemap Übersicht über alle Beiträge auf einer Homepage.

Skript Kleines Programm, das über einen Interpreter ausgeführt wird, der die Skriptsprache versteht. Liegt im Klartext vor, ist also nicht in Maschinensprache übersetzt.

Skriptkiddie Der Begriff leitet sich von »Skript« und »Kid« ab und hat zwei unterschiedliche Bedeutungen. Er bezeichnet einerseits angehende Programmierer, die sich anfangs auf Skriptsprachen beschränken. Andererseits auch Bezeichnung für Personen, die auf vorgefertigte Programme zugreifen, um Sicherheitsbarrieren zu überwinden oder Vandalismus zu betreiben. Skriptkiddies verfügen im Gegensatz zu → *Hackern* oder → *Crackern* nur über geringe Computerkenntnisse.

Slice Ausschnitt aus einem »zerschnittenen« Layout oder Bild. Die einzelnen Ausschnitte werden später in der HTML-Datei wieder zu einer Seite zusammengesetzt.

Spam Unerwünschte Werbebeiträge jeder Art, insbesondere in Form von E-Mails oder Forenbeiträgen. Wird häufig automatisch generiert.

Statischer Beitrag Ein Inhaltselement, das keiner Kategorie oder keinem Bereich angehört. Es ist also auch keiner Hierarchie untergeordnet und kann nicht dynamisch in einem Blog oder einer Liste aufgeführt werden.

Stylesheet → *CSS*

Tag Element einer Auszeichnungssprache, die bestimmte Bereiche in einem Dokument kennzeichnet. HTML verwendet Tags, um die Formatierung und Strukturierung eines Textes anzugeben.

Teaser Der Teil eines → *Contents*, der auch in Übersichtsseiten und Kurzfassungen angezeigt wird, um den Besucher zum Weiterlesen anzuregen.

Template Layout-Prototyp, in den von einer Software (z.B. einem CMS) weitere Inhalte eingebunden werden.

Thumbnail Miniaturansicht eines Bildes, die zunächst angezeigt wird, damit der Besucher sehen kann, ob ihn die Darstellung so sehr interessiert, dass er gegebenenfalls längere Ladezeiten auf sich nehmen würde.

URL Die Adresse einer Internetseite.

Verweis, intern Verlinkt Seiten innerhalb der Joomla!-Site und kann auch relativ adressiert werden.

Verweis, extern Verlinkt auf fremde Inhalte im WWW und verlässt so den Bereich der Site. Die Adressierung muss immer absolut erfolgen.

Webhost Dienstleister, der Speicherplatz und Adresse für Ihre Homepage zur Verfügung stellt.

Wiki Webanwendung, in der gemeinsam Texte erstellt werden können. Im Gegensatz zum CMS ist die Bearbeitung dabei für alle Besucher möglich. Die Überprüfung der Inhalte erfolgt durch die → *Community*.

WYSIWYG (»What you see is what you get«) Bezeichnet Editoren, mit denen ein Text gleich in der richtigen Formatierung bearbeitet werden kann. Sie sehen also während der Eingabe schon, wie der Text im Druck oder in der Anzeige aussieht.

XML (»Extensible Markup Language«) Standardisierter Formalismus, mit dem Dokumente so gekennzeichnet werden können, dass ihre Struktur sowohl für Menschen als auch für Computer lesbar ist.

C Antworten zu den Übungsfragen

C.1 Zu Kapitel 1

1. Was sind die grundlegenden Aufgaben eines Content-Management-Systems?
   - Darstellung der Inhalte mit einheitlichem Layout
   - Möglichkeit der Bearbeitung der Inhalte
   - Organisation der Inhalte
   - Steuerung von redaktionellen Workflows
   - Kontrolle des Zugriffs auf die einzelnen Inhalte
2. Welche Ordnungsstrukturen finden Sie in Joomla!?
   - Kategorien organisieren den Inhalt im Backend.
   - Über das Menü lassen sich hierarchische Zugriffsmöglichkeiten realisieren.
3. Was versteht man unter Client und Server? Können diese auch auf einem Rechner laufen?
   - Ein Server ist ein Programm, das auf Anfrage durch einen Client Daten an diesen übermittelt. In unserem Fall handelt es sich um einen Webserver, der HTML-Dateien liefert.
   - Ein Client ist ein Programm, das die Antworten eines Servers aufbereitet und darstellt.
   - Beide Programme können auf einem Rechner laufen. Ein Beispiel ist XAMPP, das einen Webserver für den lokalen Rechner zur Verfügung stellt und mit einem Browser auf diesem Rechner abgefragt werden kann.
4. Welche Rollen können Benutzer in einem System wie Joomla! einnehmen?
   - **Besucher**
     Der Nutzer ist passiv und liest nur die veröffentlichten Beiträge. Besucher sind dem System bekannt, können sich im Frontend einloggen und versteckte Bereiche lesen.
   - **Autoren**
     Autoren können eigene Beiträge verfassen und im System einreichen.
   - **Redakteure**
     Redakteure haben zudem die Möglichkeit, Artikel für das Frontend freizuschalten.
   - **Administratoren**
     Administratoren kümmern sich um das System als Ganzes. Sie erstellen Ordnungsstrukturen, kümmern sich um die Benutzer und warten das System.

C.2 Zu Kapitel 2

1. Welche Voraussetzungen sind bei der Installation von Joomla! zu beachten?
   - Zunächst die Software. Achten Sie darauf, dass Apache, MySQL und PHP in den angegeben Versionen vorhanden sind.
   - Beim Webhost: Läuft PHP im Safe Mode?
2. Welche Schritte sind nötig, um Joomla! zu installieren?
   - Sie benötigen als Erstes eine Server-Umgebung.
   - Beim Webhost: Erfragen Sie die Zugangsdaten zur Datenbank.
   - Kopieren Sie die Dateien aus dem Joomla!-Archiv in den Webordner.
   - Rufen Sie im Browser die Seite auf, und folgen Sie den Installationsschritten.
3. Welcher Sicherheitsmechanismus ist zu beachten, wenn die Installation fertiggestellt wurde?
   - Das Installationsverzeichnis (*installation*) muss gelöscht werden. Ansonsten besteht die Gefahr, dass die Installation ein zweites Mal ausgeführt werden kann.

C.3 Zu Kapitel 3

1. Wie wird ein sogenannter interner Link auf eine andere Seite derselben Joomla!-Website gelegt?
   - Positionieren Sie im Editorfenster den Cursor an der Stelle, an der der Link eingefügt werden soll.
   - Klicken Sie auf den Button BEITRÄGE unterhalb des Fensters, und wählen Sie den betreffenden Beitrag aus.
2. Laden Sie ein Bild Ihrer Wahl von Ihrem Computer hoch, und binden Sie es in den Text »Erster Beitrag« ein.
   - Gehen Sie im Text »Erster Beitrag« in den Bearbeitungsmodus.
   - Positionieren Sie den Cursor an der Stelle, an der Sie das Bild einfügen wollen.
   - Klicken Sie unterhalb des Editors auf den Button BILD.
   - Klicken Sie im Bereich DATEIEN HOCHLADEN auf DURCHSUCHEN, und wählen Sie eine Bilddatei aus.
   - Klicken Sie auf HOCHLADEN STARTEN.

- Markieren Sie in der Bilderliste das eben hochgeladene Bild, und klicken Sie auf EINFÜGEN.

3. Fügen Sie eine Tabelle mit drei Spalten und fünf Zeilen ein, verbinden Sie die drei Zellen der ersten Zeile, und löschen Sie die Tabelle wieder.
   - Positionieren Sie den Cursor.
   - Klicken Sie auf das Symbol NEUE TABELLE EINFÜGEN.
   - Tragen Sie im Feld SPALTEN »3« und im Feld ZEILEN »5« ein.
   - Klicken Sie auf EINFÜGEN.
   - Markieren Sie die Zellen der ersten Zeile.
   - Klicken Sie auf das Symbol ZELLEN VEREINEN.
   - Positionieren Sie den Cursor in der ersten Zeile der Tabelle.
   - Klicken Sie so lange auf ZEILE LÖSCHEN, bis die Tabelle entfernt ist.

C.4 Zu Kapitel 4

1. Legen Sie einen weiteren Beitrag »Zweiter Beitrag« über das Backend an, und füllen Sie ihn mit einem beliebigen Inhalt. Was müssen Sie tun, damit er auf der Startseite des Frontends sichtbar ist? Überprüfen Sie das Ergebnis über die Vorschaufunktion.
   - Klicken Sie im Backend auf NEUER BEITRAG.
   - Geben Sie als TITEL »Zweiter Beitrag« und im Editor einen beliebigen Text an.
   - Für die Startseite setzen Sie den HAUPTBEITRAG auf »Ja«.
   - Klicken Sie auf SPEICHERN.
   - Um das Ergebnis zu prüfen, klicken Sie auf VORSCHAU.
2. Wie garantiert das Joomla!-System, dass nicht zwei Benutzer gleichzeitig an einem Artikel arbeiten?
   - Wechselt ein Benutzer in den Bearbeitungsmodus eines Artikels, wird dieser als ausgecheckt gekennzeichnet und für andere Benutzer zur Bearbeitung gesperrt.
3. Fassen Sie in eigenen Worten die Strukturierungsmöglichkeiten der Inhalte zusammen. Wie viele Hierarchiestufen gibt es?
   - Beiträge werden in Kategorien eingeordnet, die sich wiederum in übergeordneten Kategorien befinden. Für die Verschachtelungstiefe der Kategorien gibt es keine benannte Grenze.

C.5 Zu Kapitel 5

1. Erstellen Sie zwei weitere Kategorien »Neues Rathaus« bzw. »Altes Rathaus«, und weisen Sie den Kategorien jeweils die Kategorie »Standesamt« und »Geschichte« zu.
   - Klicken Sie im Kontrollzentrum auf KATEGORIEN.
   - Klicken Sie auf das Symbol NEU.
   - Tragen Sie unter TITEL »Neues Rathaus« ein.
   - Klicken Sie auf das Symbol SPEICHERN.
   - Wiederholen Sie die Schritte mit »Altes Rathaus«.
   - Klicken Sie im Kontrollzentrum auf KATEGORIEN.
   - Klicken Sie auf das Symbol NEU.
   - Tragen Sie im TITEL »Standesamt« ein.
   - Wählen Sie als ÜBERGEORDNET »Neues Rathaus«.
   - Klicken Sie auf das Symbol SPEICHERN.
   - Wiederholen Sie die Schritte für »Geschichte« und hier ÜBERGEORDNET »Altes Rathaus«.
2. Erstellen Sie über die Menüverwaltung zwei neue Menüeinträge »Das neue Rathaus« bzw. »Das alte Rathaus«, und ordnen Sie sie dem vorhandenen Menüeintrag »Rathaus« unter.
   - Gehen Sie über das Menü MENÜS und dann HAUPTMENÜ in die Verwaltung des Hauptmenüs.
   - Klicken Sie auf das Symbol NEU.
   - Klicken Sie in MENÜTYP auf KATEGORIE-BLOG.
   - Geben Sie als TITEL »Das neue Rathaus« ein.
   - Wählen Sie als ÜBERGEORDNETEN MENÜEINTRAG »Rathaus«.
   - Klicken Sie auf das Symbol SPEICHERN.
   - Wiederholen Sie die Schritte für »Das alte Rathaus«.

C.6 Zu Kapitel 6

1. Loggen Sie sich im Frontend ein, und erstellen Sie einen Beispielbeitrag, den Sie der Kategorie »Standesamt« in der Kategorie »Neues Rathaus zuordnen.

- Loggen Sie sich im Frontend ein.
- Klicken Sie im Benutzermenü auf BEITRAG EINREICHEN.
- Wählen Sie einen Titel, und schreiben Sie einen Beispieltext.
- Wählen Sie im Bereich »Freigeben« als KATEGORIE »Standesamt« aus.
- Klicken Sie auf SPEICHERN.

2. Erzeugen Sie nun einen Beitrag über die Backend-Beitragsverwaltung für die Kategorie »Geschichte«.
   - Loggen Sie sich im Backend ein.
   - Klicken Sie im Kontrollzentrum auf das Symbol NEUER BEITRAG.
   - Tragen Sie einen Titel ein, und schreiben Sie einen Beispieltext.
   - Wählen Sie als KATEGORIE »Geschichte«.
   - Klicken Sie auf das Symbol SPEICHERN.
3. Welche wichtigen Möglichkeiten bietet Ihnen das Backend bei der Beitragserstellung zusätzlich im Vergleich zum Frontend?
   - Haben Sie keine ausreichenden Rechte im Frontend, so wird Ihr Beitrag dort nicht umgehend veröffentlicht. Die Freigabe muss von einem Redakteur vorgenommen werden.
   - Die Feineinstellung der Darstellung eines Inhalts kann im Frontend nicht vorgenommen werden.
   - Die Berechtigungen können im Detail nur im Backend eingestellt werden.
4. Erstellen Sie im Mediencenter des Backends ein neues Verzeichnis */rathaus* im Hauptordner, und laden Sie die Bilder von der CD aus dem Verzeichnis *\images\rathaus* auf einmal hoch.
   - Klicken Sie im Kontrollzentrum auf das Symbol MEDIEN.
   - Tragen Sie im Feld neben dem Button VERZEICHNIS ERSTELLEN »rathaus« ein, und klicken Sie auf den Button. Der Ordner wird erstellt und erscheint in der Bilderübersicht.
   - Klicken Sie auf den Ordner, um in diesen zu wechseln.
   - Klicken Sie im Bereich DATEIEN HOCHLADEN auf DURCHSUCHEN.
   - Wechseln Sie im ÖFFNEN-Dialog in das Verzeichnis *images/rathaus*, und markieren Sie alle Bilder.
   - Klicken Sie auf ÖFFNEN. Die Dateinamen werden nun in einer Liste eingetragen.
   - Klicken Sie auf HOCHLADEN STARTEN. Jetzt werden die Dateien hochgeladen.

C.7 Zu Kapitel 7

1. Setzen Sie in der Template-Verwaltung das Standard-Template um auf »Beez2 – Parkseiten«.
   - Klicken Sie im Menü auf ERWEITERUNGEN und dann auf TEMPLATES.
   - Markieren Sie die Checkbox vor dem Listeneintrag »Beez2 – Parkseiten«.
   - Klicken Sie auf das Symbol STANDARD in der Werkzeugleiste.
2. Welche Gefahr besteht für den Inhalt, wenn Sie ein neues Template aktivieren?
   - Nicht alle Templates setzen alle Modulpositionen um. Liegt beispielsweise ein Modul auf der Position »right« und Sie arbeiten mit einem zweispaltigen Template, das diese Position nicht hat, werden alle Module, die dieser Position zugeordnet sind, nicht angezeigt.
3. Öffnen Sie im Backend den CSS-Editor des Templates, und ändern Sie für die Überschrift H1 bei `#main h1,#main2 h1` das Tag `color:#000;` in `color:#b77815`.
   - Klicken Sie in der Templateverwaltung auf den Reiter TEMPLATES.
   - Klicken Sie auf BIZBLUE DETAILS.
   - Klicken Sie nun auf den Link CSS/TEMPLATE.CSS.
   - Nehmen Sie die angegebenen Änderungen vor, und klicken Sie auf das Symbol SPEICHERN.

C.8 Zu Kapitel 8

1. Wie kann man die Registrierung neuer User über das Frontend kontrollieren?
   - Die Registrierung kann komplett gesperrt werden.
   - Die Registrierung ist nur gültig, wenn ein Aktivierungslink angeklickt wurde, der an die E-Mail-Adresse des Bewerbers geschickt wurde.
2. Sperren Sie das Joomla!-System für Neuregistrierungen im Frontend, und legen Sie den Bürgermeister von Tschumgau als neuen Benutzer an, der sowohl im Frontend als auch im Backend Inhalte bearbeiten können soll.
   - Klicken Sie in der Benutzerverwaltung in der Werkzeugleiste auf OPTIONEN.
   - Ändern Sie die Auswahl bei BENUTZERREGISTRIERUNG ERLAUBEN auf »Nein«.
   - Klicken Sie auf das Symbol SPEICHERN.
   - Klicken Sie im Kontrollzentrum auf das Symbol BENUTZER.

- Klicken Sie auf das Symbol NEU.
- Geben Sie NAME und BENUTZERNAME, E-MAIL und PASSWORT ein.
- Wählen Sie als BENUTZERGRUPPE »Manager«.
- Klicken Sie auf das Symbol SPEICHERN.

3. Wie können Benutzer im Frontend neue Artikel anlegen, und was ist dabei zu bedenken?
   - Benutzer können Artikel über das Frontend einreichen, wenn sie eingeloggt sind. Dann wird ihnen ein Link »Beitrag einreichen« präsentiert. Nicht alle Benutzer jedoch haben die Berechtigung, ihre Artikel auch freizuschalten. Das muss gegebenenfalls ein Administrator machen.

C.9 Zu Kapitel 9

1. Erklären Sie den Unterschied zwischen den einzelnen Erweiterungsformen.
   - **Module**
     Anzeige von Daten an verschiedenen Positionen außerhalb des Inhaltsbereichs
   - **Plugins**
     Veränderung von Ausgaben im Inhaltsbereich und systemnahe Aufgaben
   - **Komponenten**
     Eigenständige Einheiten, die eigene Daten verwalten, eigene Bereiche im Backend haben und neue Funktionalität zu Joomla! hinzufügen.
2. Verschieben Sie das Hauptmenü auf die rechte Seite und die Anmeldung zurück auf die linke.
   - Gehen Sie über die Menüpunkte ERWEITERUNGEN und MODULE in die Modulverwaltung.
   - Klicken Sie auf den Link STARTMENÜ.
   - Wählen Sie als POSITION »position-8«.
   - Klicken Sie auf das Symbol SPEICHERN.
   - Wiederholen Sie die Schritte für das Modul ANMELDUNG.
3. Senden Sie dem Bürgermeister eine Nachricht, und überprüfen Sie, ob diese angekommen ist, indem Sie sich in seinen Account einloggen.
   - Klicken Sie im Menü KOMPONENTEN • NACHRICHT auf NACHRICHT SCHREIBEN.
   - Wählen Sie den Benutzer des Bürgermeisters.

- Tragen Sie einen Titel ein, und schreiben Sie eine Nachricht.
- Klicken Sie auf das Symbol SENDEN.
- Loggen Sie sich über ABMELDEN aus dem System aus.
- Loggen Sie sich als Bürgermeister im Backend ein.
- Klicken Sie auf das Nachrichtensymbol rechts oben.
- Klicken Sie auf den Titel der Nachricht, um sie zu lesen.

4. Wechseln Sie vom TinyMCE-Editor zum CodeMirror.
   - Gehen Sie über die Menüpunkte ERWEITERUNGEN und PLUGINS in die Pluginverwaltung.
   - Klicken Sie in der Zeile EDITOR – TINYMCE auf die Spalte AKTIVIERT, um diesen abzuschalten.
   - Klicken Sie in der Zeile EDITOR – CODEMIRROR auf die Spalte AKTIVIERT, um diesen zu aktivieren.

C.10 Zu Kapitel 10

1. Welche Schritte sind generell bei einem Backup der Daten zu tun?
   - Sicherung der Dateien. Kopieren Sie dazu das gesamte Webverzeichnis, in dem sich Joomla! befindet.
   - Sicherung der Daten. Machen Sie dazu einen Datenbank-Export, am besten mit phpMyAdmin.
2. Wo müssen Sie eingreifen, wenn die Oberfläche gar nicht mehr funktioniert?
   - Die letzte Möglichkeit, die Sie haben, ist, die Einstellungen zu überprüfen, die in der Datei *configuration.php* im Joomla!-Verzeichnis gespeichert sind. Überprüfen Sie insbesondere die Pfade und die Datenbankverbindung.
3. Was passiert in Joomla!, wenn man SEO aktiviert?
   - Alle Links werden so umgeschrieben, dass sie von Suchmaschinen interpretiert werden können. Damit wird es diesen erleichtert, die Inhalte der Seite zu indizieren.

C.11 Zu Kapitel 11

1. Wie deinstallieren Sie Komponenten?
   - Gehen Sie über die Menüpunkte ERWEITERUNGEN • ERWEITERUNGEN und VERWALTEN in die Übersicht der Erweiterungen.
   - Suchen Sie die gewünschte Erweiterung.
   - Wählen Sie sie über die Checkbox aus.
   - Klicken Sie in der Werkzeugleiste auf DEINSTALLIEREN.
2. Was tun Sie, wenn die Sprache nicht Deutsch ist?
   - Laden Sie die deutschen Sprachdateien zur Komponente herunter.
   - Vergleichen Sie die Verzeichnisstruktur mit der von Joomla!.
   - Kopieren Sie die Dateien an die entsprechenden Orte.
3. Installieren und aktivieren Sie das Paket »*Phoca Gallery Tree Module*«, das Sie auf der CD unter *erweiterungen* finden.
   - Gehen Sie über die Menüpunkte ERWEITERUNGEN • ERWEITERUNGEN und INSTALLIEREN in das Installationstool.
   - Klicken Sie auf DURCHSUCHEN, und wählen Sie die Modul-Datei aus.
   - Klicken Sie auf HOCHLADEN & INSTALLIEREN.
   - Gehen Sie nun über die Menüpunkte ERWEITERUNGEN und MODULE in die Modulverwaltung.
   - Suchen Sie den Eintrag »Phoca Gallery Tree Module«, und klicken Sie in dieser Zeile auf die Spalte FREIGEGEBEN, um das Modul zu aktivieren.

D FileZilla und phpMyAdmin

Bei der Arbeit mit Webseiten kommt es immer wieder vor, dass Sie direkt auf Dateien bzw. die Datenbank zugreifen müssen. Das geht los, wenn Sie Joomla! zum Webhost kopieren oder wenn Sie Backups machen. Aber auch im Fehlerfall kann es nötig werden, sich die Seite mal genauer aus der Datei- bzw. Datenbankperspektive anzusehen.

D.1 FileZilla

Um auf Dateien auf dem Webhost zuzugreifen, wird in der Regel das FTP-Protokoll verwendet. Das heißt, Sie können nicht – oder nur sehr eingeschränkt – mit einem Browser arbeiten, sondern Sie benötigen einen FTP-Client. Die Zahl dieser Programme ist sehr groß. Wir haben eine freie Variante herausgepickt, die alles bietet, was man für die Arbeit benötigt: FileZilla.

D.1.1 Installation

Laden Sie sich FileZilla von der Seite *www.filezilla.de* herunter. Alternativ finden Sie das Programm auf der CD im Verzeichnis *tools/filezilla* unter *FileZilla_3.2.7.1_win32-setup.exe*.

Starten Sie die Installation mit einem Doppelklick auf die Datei. Unter Windows Vista und 7 erscheinen die üblichen Sicherheitsfragen, die Sie zunächst bestätigen müssen. Dann beginnt die eigentliche Installation. Als Erstes müssen Sie die Lizenz akzeptieren. Klicken Sie dazu auf I AGREE (siehe Abbildung D.1).

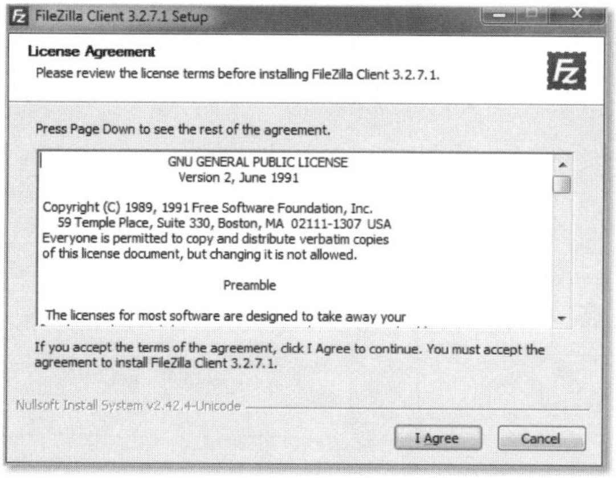

Abbildung D.1 Lizenz akzeptieren

Nun werden Sie gefragt, wer das Programm nutzen darf. In der Regel können Sie die Einstellung so lassen, dass alle Benutzer des Computers auch Zugriff auf das Programm haben (siehe Abbildung D.2). Sollten Sie selbst keine Administratorrechte auf dem Rechner haben, müssen Sie die zweite Option, ONLY FOR ME, auswählen.

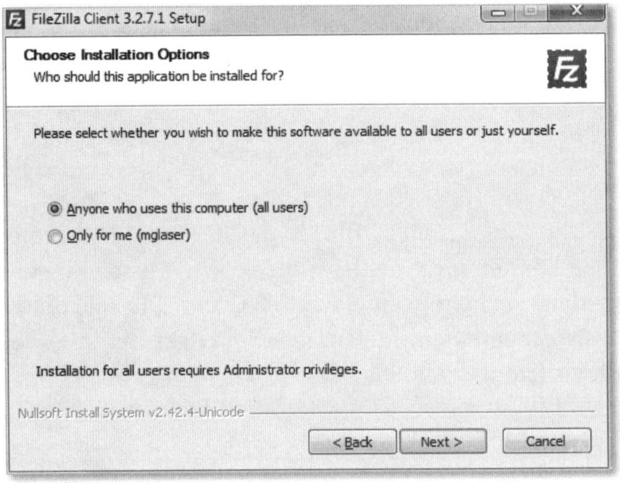

Abbildung D.2 Wer kann FileZilla nutzen?

Klicken Sie wieder auf NEXT >. Sie haben nun die Möglichkeit, zu spezifizieren, was installiert werden soll (siehe Abbildung D.3). Wir empfehlen, es hier bei der Standardeinstellung zu belassen.

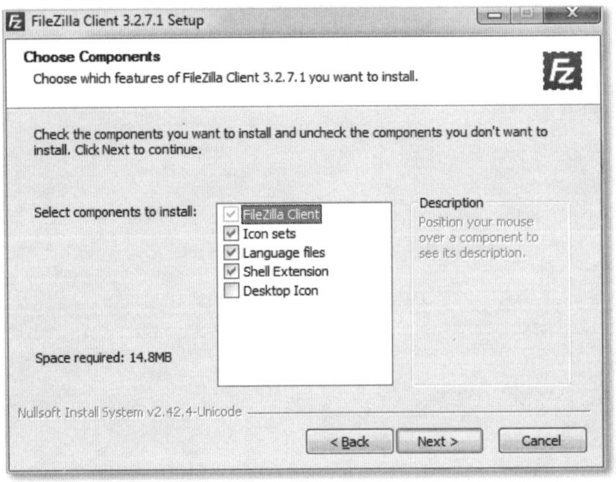

Abbildung D.3 Zu installierende Komponenten auswählen

Mit NEXT > gelangen Sie zur Angabe des Installationspfades (siehe Abbildung D.4).

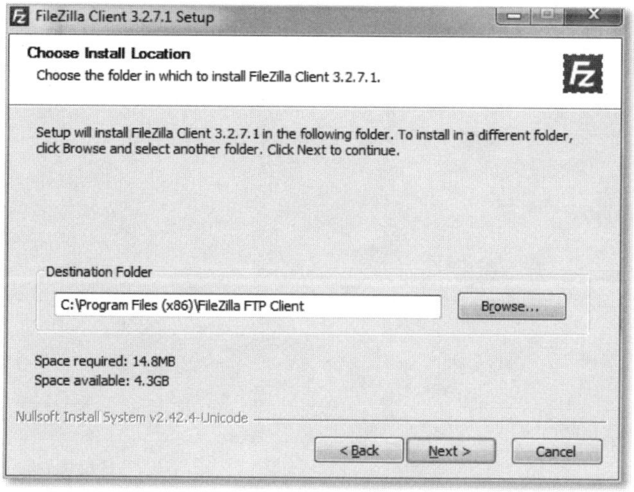

Abbildung D.4 Installationspfad auswählen

Geben Sie im Feld DESTINATION FOLDER an, wohin FileZilla installiert werden soll. Auch hier können Sie in der Regel die Standardeinstellung übernehmen (siehe Abbildung D.5). Bestätigen Sie mit NEXT >.

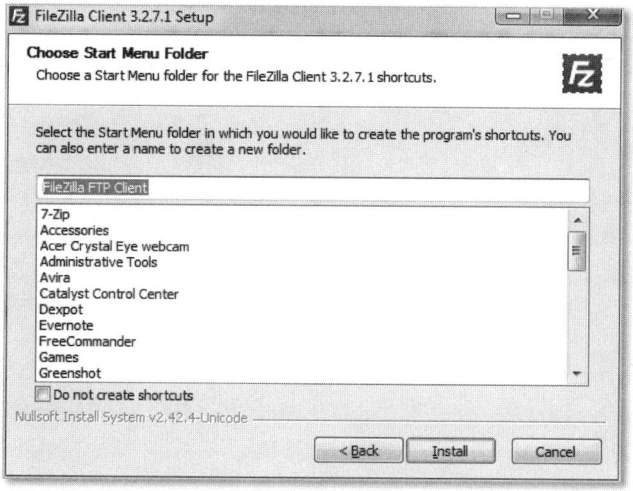

Abbildung D.5 Startmenüeintrag festlegen

Jetzt können Sie noch angeben, ob ein Eintrag im Startmenü erstellt werden soll. Wir belassen es bei den Standards und klicken auf INSTALL.

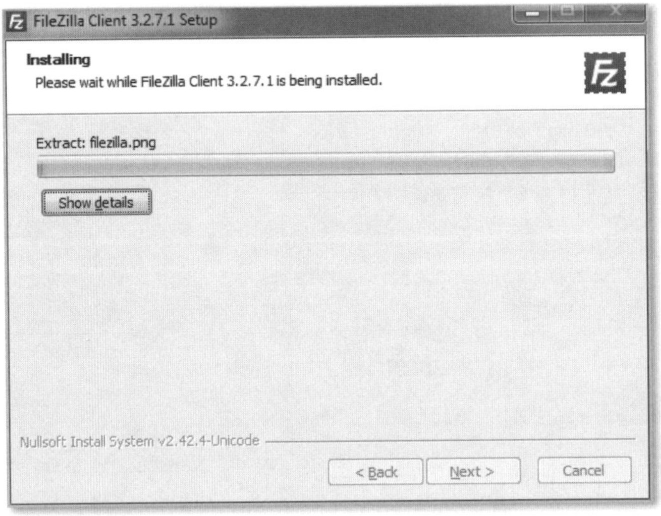

Abbildung D.6 Während der Installation

FileZilla wird nun installiert (siehe Abbildung D.6). Ist der Vorgang abgeschlossen, erhalten Sie eine Bestätigungsmeldung, die Sie mit FINISH wegklicken können (siehe Abbildung D.7).

Abbildung D.7 Fertigstellen der Installation

Öffnen Sie das Programm nun, indem Sie im Startmenü den Eintrag FILEZILLA FTP CLIENT • FILEZILLA aufrufen. Beim ersten Start erhalten Sie eine Willkommensmeldung, die Sie mit OK wegklicken können.

Firewalls

FileZilla versucht nun, auf das Internet zuzugreifen. Wenn Sie eine Firewall installiert haben, erhalten Sie möglicherweise eine Nachricht. Sie können den Zugriff getrost erlauben, ansonsten kann FileZilla seinen Zweck als Kommunikationsprogramm mit dem Webhost nicht erfüllen.

Updates

Sollte eine neuere Version von FileZilla verfügbar sein, werden Sie benachrichtigt, und es wird angeboten, diese herunterzuladen. Wenn Sie das nicht wollen, klicken Sie auf ABBRECHEN.

Sie sehen nun die Oberfläche aus Abbildung D.8.

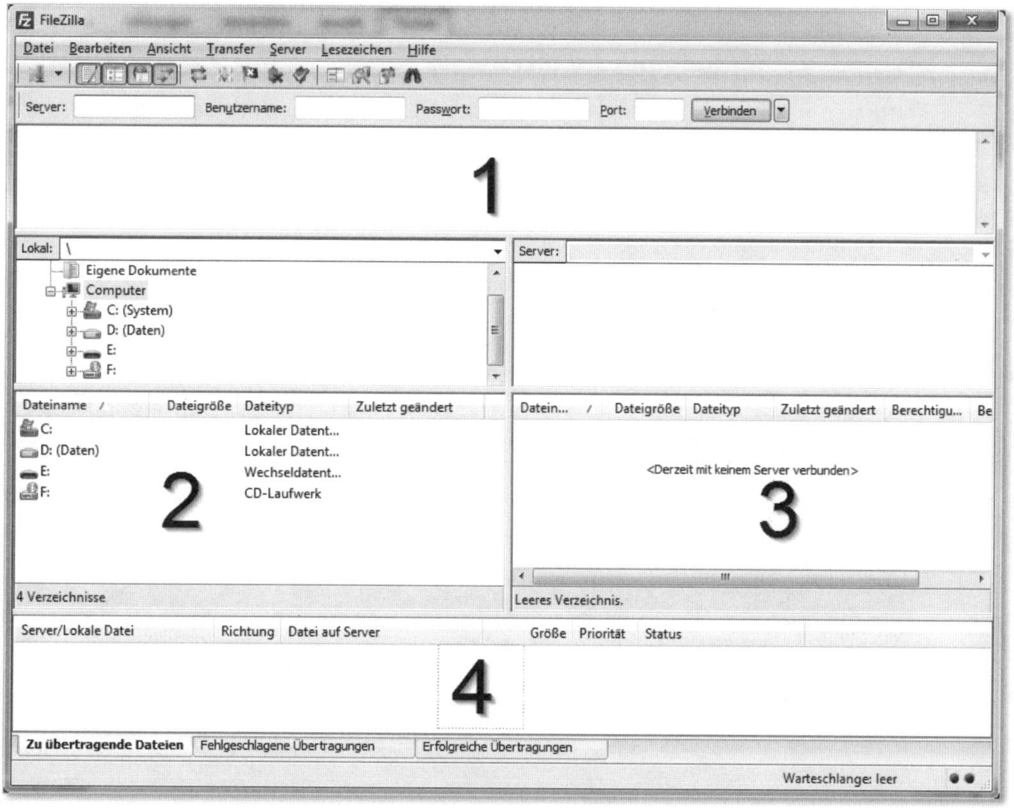

Abbildung D.8 Die Oberfläche von FileZilla

Die Oberfläche lässt sich in vier Bereiche einteilen:

1. Im oberen Drittel sehen Sie zum einen die Felder für eine Schnellverbindung, zum anderen eine Art Verbindungsprotokoll darüber, welche FTP-Befehle gesendet werden. Rote Ausgaben bedeuten hier, dass etwas schiefgelaufen ist.
2. Der linke Bereich stellt einen Dateibrowser für Ihren Rechner zur Verfügung. Hier können Sie auswählen, welches Verzeichnis Ihrer Festplatte gerade für die Übertragung aktiv ist.
3. Der rechte Bereich ist ebenfalls ein Dateibrowser, jedoch für den Server, mit dem Sie verbunden sind. Da wir noch keine Verbindung aufgebaut haben, sind hier keine Einträge zu sehen.
4. Das Transferfenster zeigt Ihnen, welche Dateien übertragen werden und wie deren Status ist.

D.1.2 Verbindungen verwalten

Um sich mit einem Rechner im Netz per FTP zu verbinden, benötigen Sie mindestens diese drei Angaben:

- Adresse des Servers
- Benutzername
- Passwort

Diese Zugangsdaten werden Ihnen von Ihrem Webhost zugeteilt und meistens mit der Bestätigungs-E-Mail versandt, wenn Sie ein Webpaket bestellen. Haben Sie die Zugangsdaten nicht erhalten, fragen Sie noch einmal beim Webhost nach.

Schnell eine Verbindung aufzubauen, ist einfach. Geben Sie die Zugangsdaten einfach im Bereich (1) in die Felder SERVER (Adresse des Servers), BENUTZERNAME und PASSWORT ein, und klicken Sie auf VERBINDEN.

Port

Der Port ist sozusagen die Frequenz, auf der FTP-Client und -Server miteinander sprechen. Für FTP gilt Port 22 als Standard. Sollten Sie jedoch von Ihrem Provider einen anderen Port mitgeteilt bekommen haben, müssen Sie diesen im Feld PORT mit angeben.

Haben Sie sich erfolgreich verbunden, so sollten Sie im rechten Bereich jetzt auch eine Liste von Dateien sehen (siehe Abbildung D.9).

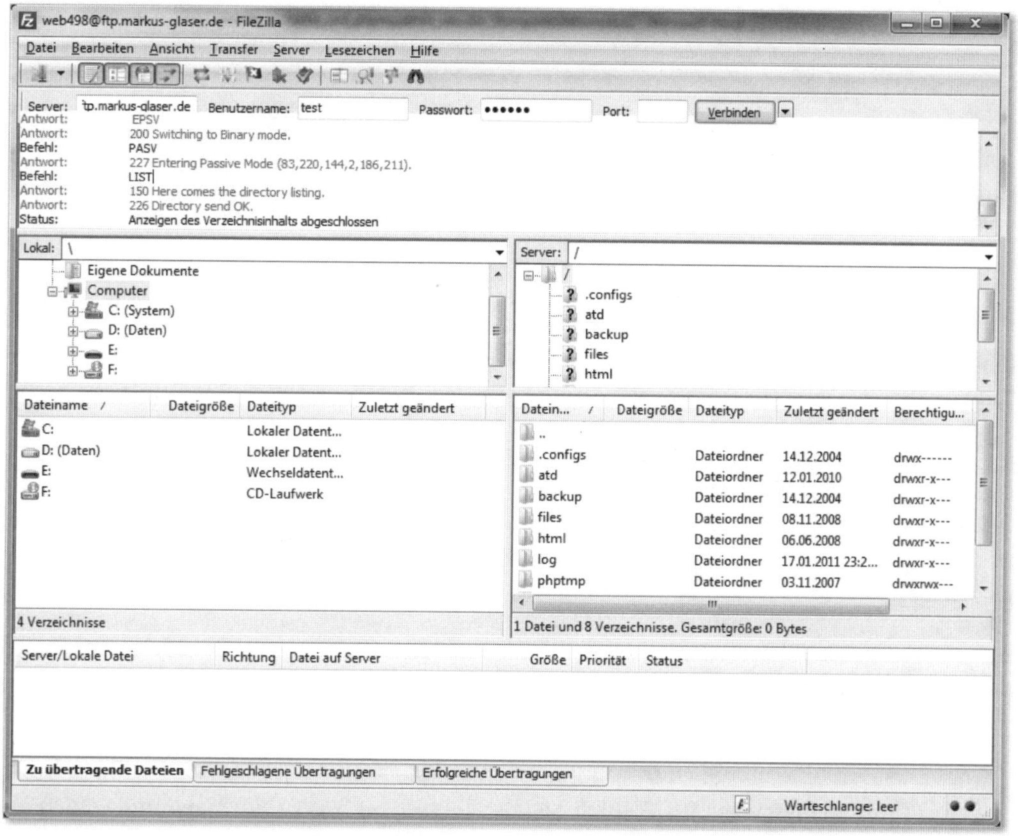

Abbildung D.9 Verbunden mit dem Webhost

Fast immer ist es so, dass Sie eine Verbindung zum Webhost nicht nur einmal aufbauen, sondern immer wieder brauchen. Zudem haben viele Leute mehr als eine Adresse im Netz. Um Zugangsdaten dauerhaft zu speichern, bietet FileZilla den sogenannten Servermanager. Diesen öffnen Sie über das Menü DATEI • SERVERMANAGER oder einfach, indem Sie auf das Symbol direkt unter dem Datei-Menü klicken.

Abbildung D.10 Das Servermanager-Icon

Es öffnet sich ein neuer Dialog, in dem Sie all die Server verwalten können, zu denen Sie sich regemäßig verbinden.

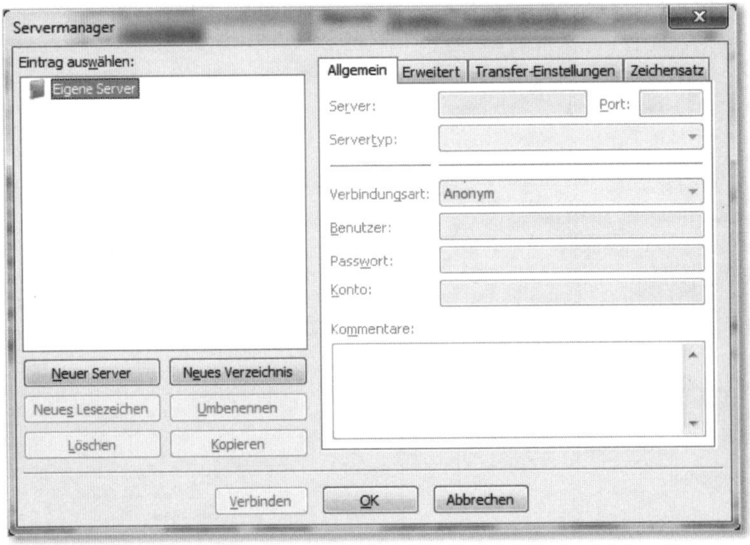

Abbildung D.11 Der Servermanager

Um eine Adresse einzutragen, klicken Sie auf NEUER SERVER. Die Maske verändert sich ein wenig: Es erscheint ein neuer Eintrag in der Serverübersicht. Benennen Sie diesen gleich so, dass Sie später Ihren Server wieder identifizieren können.

In den allgemeinen Einstellungen links geben Sie im Feld SERVER die Adresse Ihres Webservers ein. Wählen Sie als VERBINDUNGSART »Normal«, und tragen Sie für BENUTZER und PASSWORT die entsprechenden Daten ein.

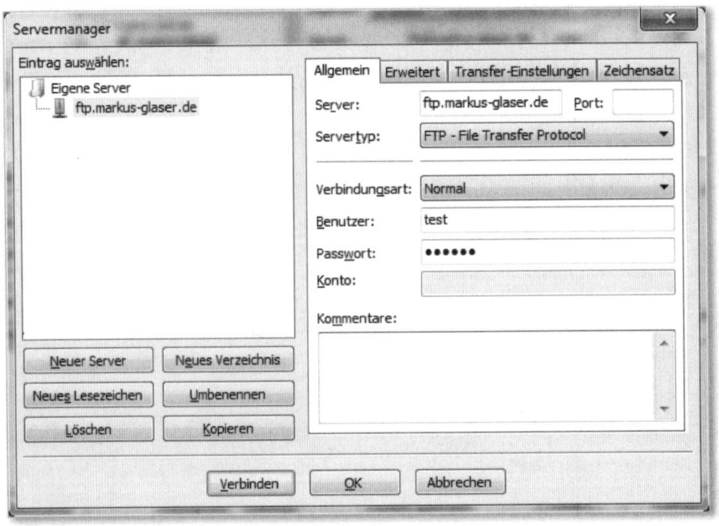

Abbildung D.12 Ein Server wurde eingetragen.

Klicken Sie jetzt auf OK, um die Verbindung zu speichern. Um sich in Zukunft mit dem FTP-Server zu verbinden, reicht es nun aus, im Servermanager die Verbindung auszuwählen und auf VERBINDEN zu klicken. Noch einfacher ist es, wenn Sie auf den kleinen Pfeil neben dem Servermanager-Symbol klicken. Dann erscheint eine Liste mit allen gespeicherten Verbindungen, und mit einem Klick können Sie den entsprechenden Server aufrufen.

Abbildung D.13 Eine Verbindung aufrufen

D.1.3 Dateien transferieren

Die Übertragung von Dateien vom eigenen Computer zum Webhost und umgekehrt ist denkbar einfach.

1. Wählen Sie zuerst im linken Bereich das Verzeichnis auf Ihrem Rechner, in dem die Dateien liegen, die übertragen werden sollen.
2. Wählen Sie nun im rechten Bereich das Verzeichnis aus, in das die Dateien kopiert werden sollen.
3. Markieren Sie nun im linken Bereich die Dateien, die übertragen werden sollen, und ziehen Sie diese mit der Maus in den rechten Bereich. Jetzt werden die Dateien hochgeladen. Umgekehrt laden Sie Dateien herunter, indem Sie diese im rechten Bereich markieren und mit der Maus in den linken Bereich ziehen.

Alternativ können Sie auch über das Kontextmenü gehen. Klicken Sie dazu mit der rechten Maustaste in den markierten Bereich, und wählen Sie HOCHLADEN bzw. HERUNTERLADEN (siehe Abbildung D.14).

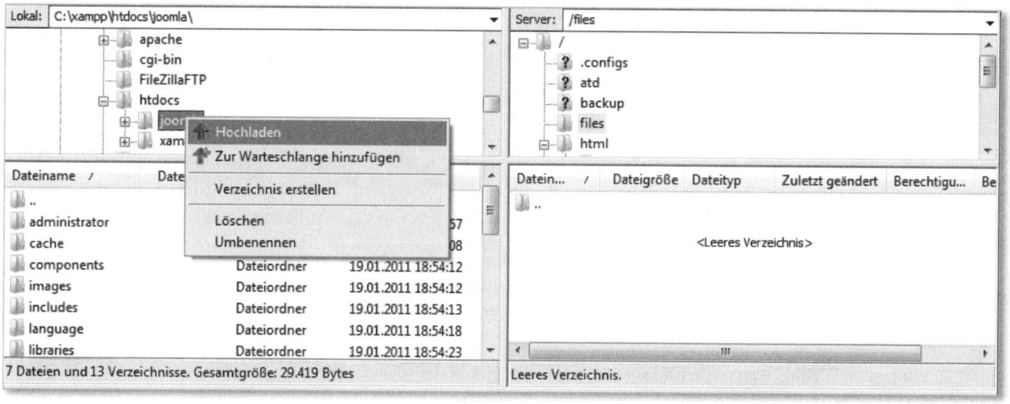

Abbildung D.14 Eine Datei hochladen

Wenn die Datei erfolgreich transferiert wurde, wird der Dateiname auch im jeweiligen Zielbereich angezeigt, sodass Sie eine direkte Erfolgsmeldung haben.

D.1.4 Rechte vergeben

Immer wieder kommt es vor, dass man die Zugriffsberechtigungen für bestimmte Dateien festlegen muss. Dies geht nur im rechten Bereich, also auf dem Webserver. Markieren Sie dazu die entsprechenden Dateien und Verzeichnisse, und öffnen Sie mit der rechten Maustaste das Kontextmenü. Wählen Sie dort den Punkt DATEIATTRIBUTE. Jetzt öffnet sich ein neuer Dialog (siehe Abbildung D.15).

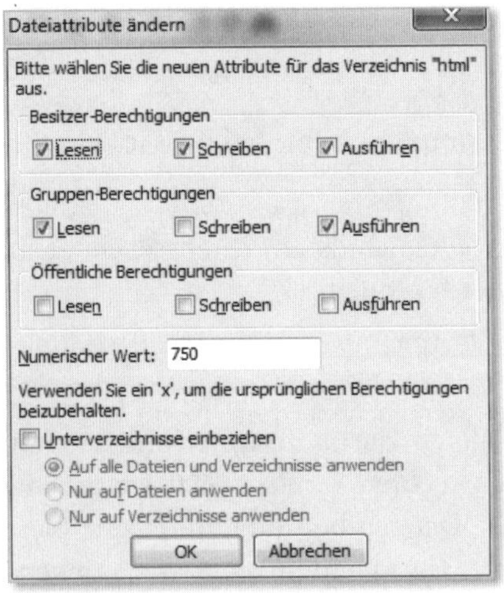

Abbildung D.15 Dateiberechtigungen

Die Zugriffsrechte werden in drei Gruppen vergeben. Der Besitzer einer Datei ist derjenige, der die Datei hochgeladen hat. Dieser gehört zu einer bestimmten Gruppe. Öffentliche Berechtigungen sind diejenigen, die für alle Benutzer gelten. Der Besitzer sollte immer alle Rechte haben. Als Faustregel für Gruppen und Öffentlichkeit gilt: Diese haben immer gleiche Rechte. Wenn also eine Datei oder ein Verzeichnis beschreibbar gemacht werden soll, aktivieren Sie den Haken vor SCHREIBEN im Bereich GRUPPEN-BERECHTIGUNGEN und ÖFFENTLICHE BERECHTIGUNGEN.

Wenn Sie eine Änderung an Verzeichnissen vornehmen, sollten Sie immer den Haken vor UNTERVERZEICHNISSE EINBEZIEHEN setzen, um den gesamten Unterverzeichnisbaum mit entsprechenden Rechten zu versehen.

Um die Änderungen vorzunehmen, klicken Sie auf OK.

Vorsicht beim Entfernen von Rechten

Bitte überlegen Sie genau, bevor Sie Rechte von einer Datei entfernen, insbesondere bei den Besitzer-Berechtigungen. Sollten Sie die Schreib- oder Leserechte entfernen, kann es passieren, dass Sie selbst nicht mehr auf diese Datei zugreifen können.

D.2 phpMyAdmin

Für den Zugang zur Datenbank wird in XAMPP wie bei den meisten Webhosts das Programm phpMyAdmin verwendet. Damit können Sie die Datenbank analysieren, kopieren und die einzelnen Datensätze verändern. phpMyAdmin zu installieren ist einigermaßen aufwendig. Glücklicherweise stellen die meisten Webhosts die Anwendung direkt zur Verfügung. Auch im XAMPP-System wird eine vorinstallierte Version mitgeliefert, sodass wir uns darum keine Gedanken machen müssen.

Sie rufen das Programm unter XAMPP auf, indem Sie diese URL im Browser eintippen:

```
http://localhost/phpmyadmin
```

Es erscheint die Oberfläche von phpMyAdmin (siehe Abbildung D.16).

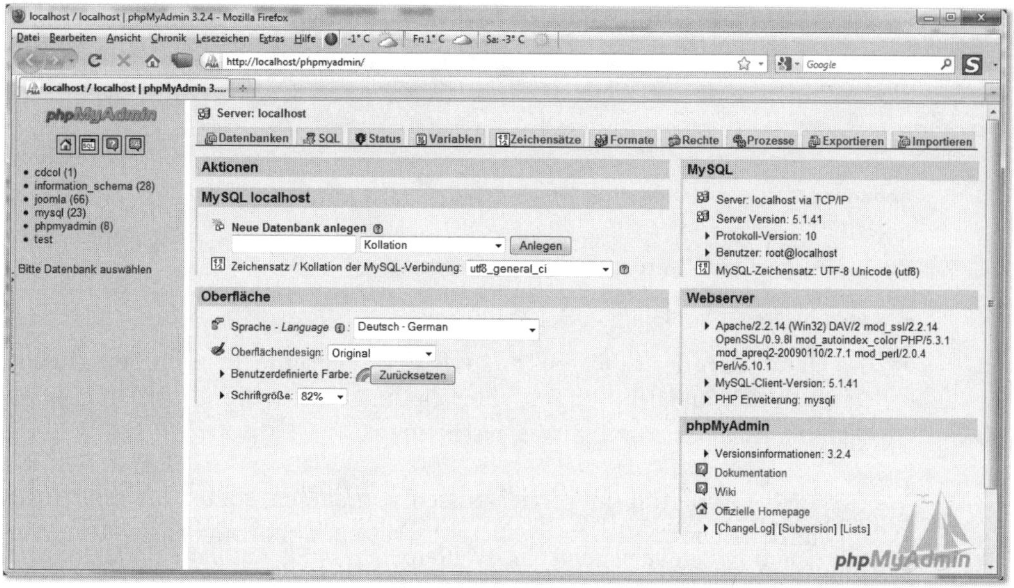

Abbildung D.16 phpMyAdmin

Wenn Sie die Datenbank auf einem Webhost bearbeiten wollen, benötigen Sie die Zugriffsadresse. Diese können Sie beim Webhoster direkt erfragen.

D.2.1 Datenbankverwaltung

Als Erstes müssen Sie die Datenbank auswählen, mit der Sie arbeiten wollen. Im Fall von Joomla! heißt diese üblicherweise *joomla*. Klicken Sie also im Navigationsbereich links auf JOOMLA. Jetzt werden im Bereich rechts die Tabellen angezeigt, die in der Datenbank vorhanden sind (siehe Abbildung D.17).

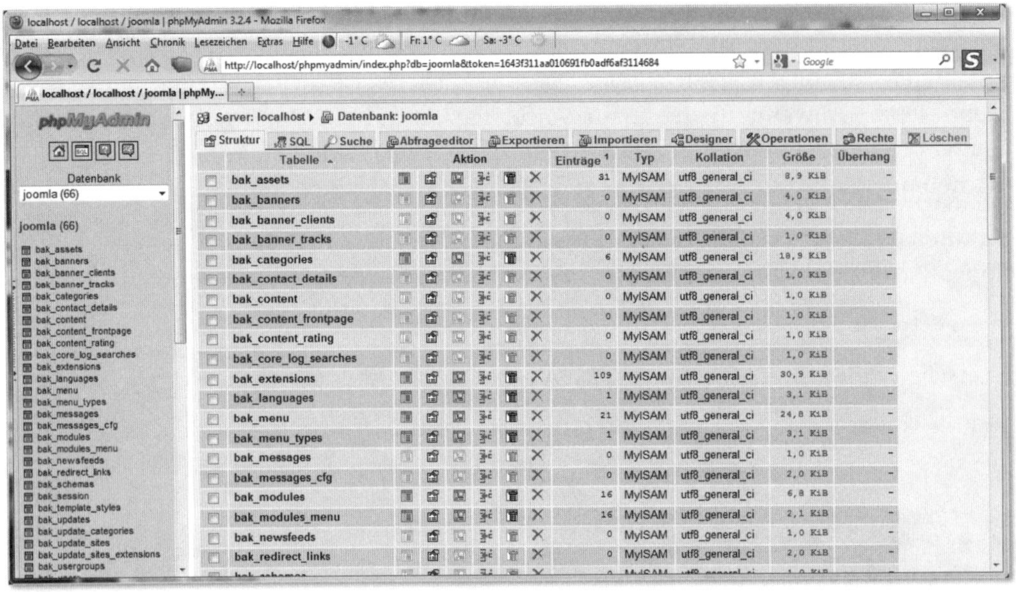

Abbildung D.17 Ansicht der Tabellen

Zwei Aktionen sind in dieser Ansicht interessant:

- das Löschen aller Tabellen der Datenbank
- das Optimieren der Tabellen: Im Laufe der Zeit sammeln sich überschüssige Daten in den Tabellen, die mit einer Optimierung entfernt werden können. Dadurch wird der Zugriff etwas beschleunigt.

Um die Datenbank zu leeren, scrollen Sie in der Ansicht ganz nach unten. Dort finden Sie den Link ALLE AUSWÄHLEN. Jetzt sollten die Checkboxen vor den Tabellen mit einem Haken versehen sein. Wählen Sie nun im Auswahlfeld MARKIERTE: entweder LÖSCHEN oder OPTIMIERE TABELLE aus.

Vorsicht, direkte Aktion

In dem Moment, in dem Sie auf die entsprechende Auswahl klicken, wird diese ausgeführt.

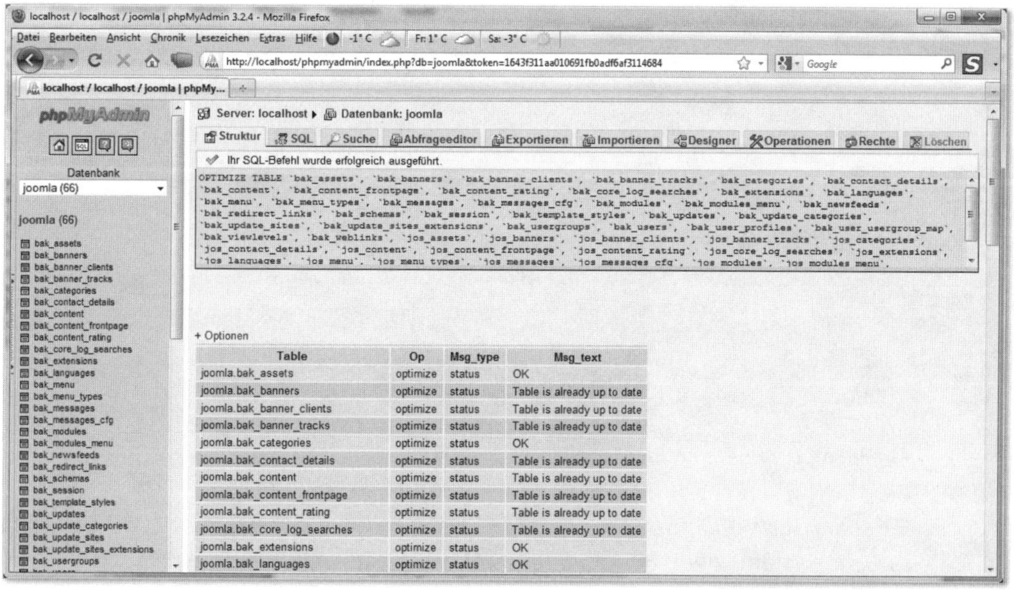

Abbildung D.18 Die Optimierung wurde ausgeführt.

Nun wird die Aktion ausgeführt, und Sie erhalten eine Rückmeldung (siehe Abbildung D.18). Die Tabellenansicht können Sie über den Reiter STRUKTUR wieder aufrufen.

D.2.2 Tabellenansicht

Um die Daten einer Tabelle anzusehen, klicken Sie in der Zeile der jeweiligen Tabelle auf das Icon ANSEHEN.

Abbildung D.19 Symbol zum Ansehen einer Tabelle

Für die Tabelle *jos_users* sieht das Ergebnis so aus wie in Abbildung D.20.

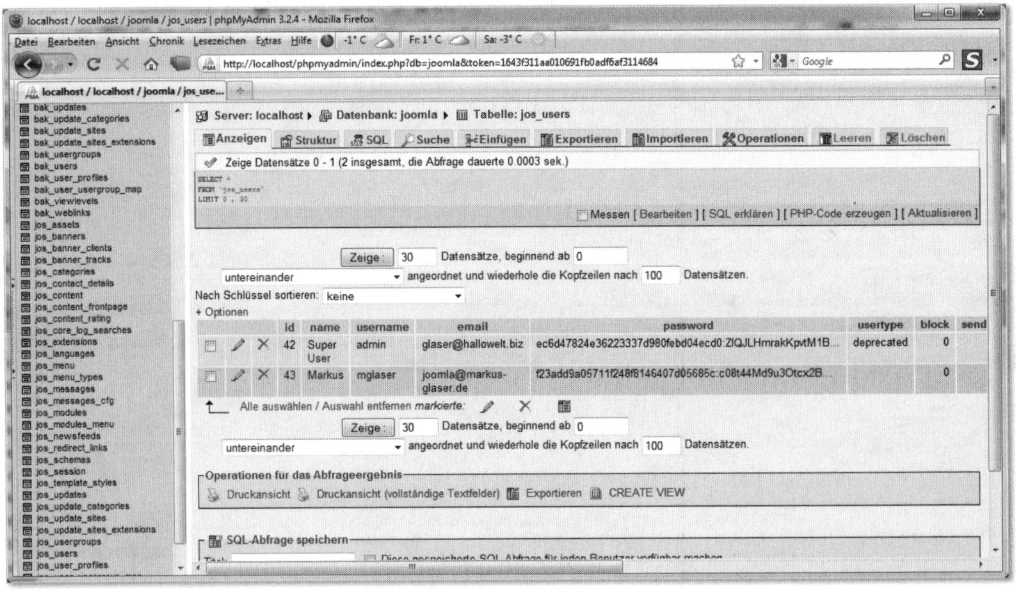

Abbildung D.20 Ansicht der Tabelle »jos_users«

Sie sehen jetzt die einzelnen Einträge in dieser Tabelle, beispielsweise, dass es in diesem System zwei Benutzer gibt. Wollen Sie nun einen dieser Datensätze ändern, klicken Sie einfach auf den Stift in der entsprechenden Zeile. Damit gelangen Sie in die Einzelansicht eines Datensatzes.

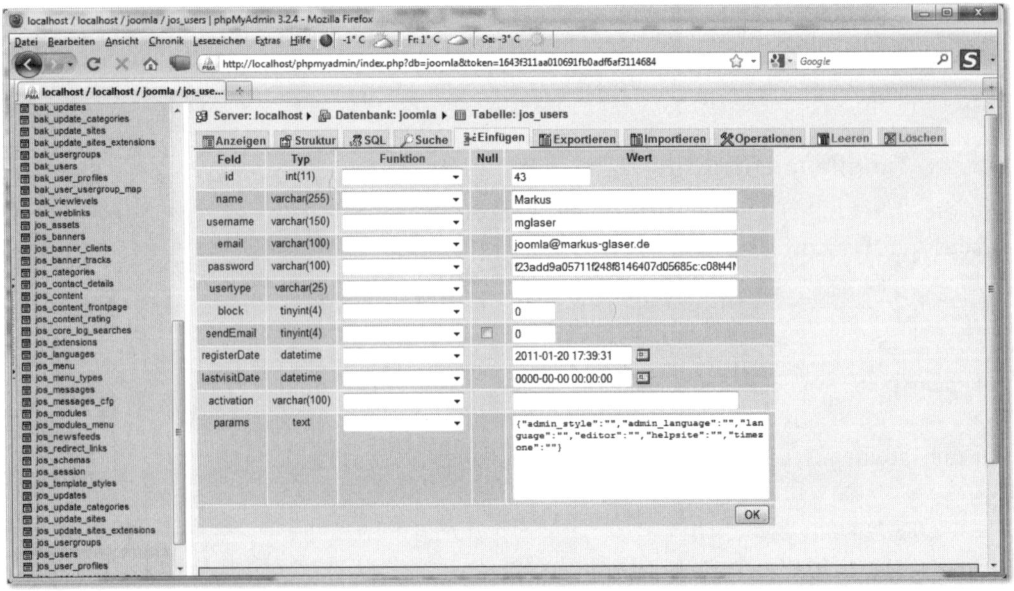

Abbildung D.21 Einzelansicht eines Datensatzes

In der Spalte Wert können Sie die einzelnen Einträge ändern. Sind alle Änderungen durchgeführt, speichern Sie den Datensatz mit einem Klick auf OK.

D.2.3 Datenbank exportieren und importieren

Die Übertragung einer Datenbank wurde in Abschnitt 10.6.3, »Übertragen der Datenbank«, bereits besprochen. Deshalb hier der Vollständigkeit halber das Wichtigste nur in Kürze:

Um eine Datenbank zu exportieren und auf Ihrer lokalen Festplatte zu speichern, klicken Sie auf den Reiter Exportieren. Setzen Sie in der nun erscheinenden Ansicht den Haken vor Senden, und klicken Sie auf OK. Jetzt wird Ihnen eine Datei zum Download angeboten, die Sie auf Ihrem Rechner speichern. Diese Datei enthält alle Daten aus der lokalen Datenbank.

Für den Import einer Datenbank wählen Sie links die Zieldatenbank aus und klicken auf den Reiter Importieren. Über den Button Durchsuchen wählen Sie die Datei mit der gesicherten Datenbankdatei aus. Wenn Sie jetzt auf OK klicken, werden die Daten in die Datenbank auf Ihrem Webhost eingespielt.

E Inhalt der CD-ROM

Auf der beigefügten CD befinden sich die Programme und Codebeispiele, die wir im Buch besprochen haben. Der Inhalt ist in folgenden Verzeichnissen organisiert.

- *erweiterungen*
  Hier finden Sie die Module, Plugins und Komponenten sowie Sprachdateien, die im Buch besprochen werden.
- *images*
  Bilder, die im Buch verwendet werden, liegen hier.
- *joomla*
  In diesem Verzeichnis liegt die bei Drucklegung aktuelle Version von Joomla! (1.6.1).
- *template*
  Dies ist das Verzeichnis mit der Designvorlage, die im Kapitel über Templates entwickelt wird.
- *tools*
  Im Buch werden diverse Zusatzprogramme und Hilfsmittel erwähnt. Soweit dies lizenzrechtlich möglich war, haben wir diese ebenfalls auf die CD gepackt. Dazu zählen der Browser Firefox mit der Firebug- und Web Developer-Erweiterung, das Archivprogramm FileZip und der FTP-Client FileZilla.
- *XAMPP*
  Damit Sie Joomla! auch ohne Webserver zu Hause auf Ihrem Rechner unproblematisch testen können, gibt es die Testumgebung XAMPP. Sie finden auf der CD die Versionen für Windows, Mac OS X bzw. Linux in den jeweiligen Unterverzeichnissen.

Index

A

B

C